相变

LOONSHOTS

[美] 萨菲·巴赫尔（Safi Bahcall）著
王铮 等译

中信出版集团 | 北京

图书在版编目（CIP）数据

相变 / (美) 萨菲·巴赫尔著；王铮等译. -- 北京：中信出版社，2020.12 (2022.7重印)

书名原文：Loonshots

ISBN 978-7-5217-1805-8

Ⅰ. ①相… Ⅱ. ①萨… ②王… Ⅲ. ①企业管理—创新管理—研究 Ⅳ. ① F279.23

中国版本图书馆 CIP 数据核字（2020）第 069248 号

相变

著　　者：[美] 萨菲·巴赫尔

译　　者：王铮　等

出版发行：中信出版集团股份有限公司

（北京市朝阳区惠新东街甲 4 号富盛大厦 2 座　邮编　100029）

承 印 者：北京诚信伟业印刷有限公司

开　　本：787mm × 1092mm　1/16　　印　　张：20.75　　字　　数：300 千字

版　　次：2020 年 12 月第 1 版　　印　　次：2022 年 7 月第 2 次印刷

京权图字：01-2020-4927

书　　号：ISBN 978-7-5217-1805-8

定　　价：79.00 元

目录

第二部分

科学的突变

第三部分

创新的起源

Moonshot：（1）登月；（2）一个雄心勃勃、代价高昂的目标，被广泛认为具有重大意义的项目。

Loonshot：一个被忽视的项目，总是被拒绝，它的拥护者常常被视为“疯子”。

推荐序1

相变，揭开群体行为的神秘面纱

群体的行为规律及其成因，一直是困扰科学界的难题之一。随着社会经济的发展，群体涌现出的复杂、神秘的现象及其分析和解决方法已引起人们的极大关注。在过去的几年中，关于群体行为和群体智能的研究非常火热。许多高校、科研院所乃至企业都启动了针对群体科学的研究。事实上，群体行为学和群体科学在欧美发达国家已有很多学者进行了研究，并且在一些场景中进行了应用。可以预见，在 21 世纪的科学版图中，群体科学必将是不可或缺的重要组成部分。

2019 年 3 月，美国《自然》杂志推荐了萨菲·巴赫尔教授的《相变》一书："所有这些奇思狂想都与'相变'有关，而群体的动态决定了它是被解散还是能够培育新的想法。通过一系列例证，巴赫尔揭示了一个群体的结构、规模和沟通方式对其取得新突破能力的深刻影响。"我意识到这是一本蕴含群体科学原理的非常重要的专著，仔细阅读，收获颇丰，并愿意推荐给广大读者。

这是全球第一本全面讲述群体相变科学的图书，书中展现了巴赫尔教授多年来对医学、历史、军事和企业运营等问题的融合和深入思考，汇集了工业界、学术界以及教育界众多专家学者的不同见解和案例。最为宝贵的是，作者通过长期的观察和思考，总结出了一系列复杂现象背后的本质规律，并提出了珍贵的、切实可行的解决方法。

作者从不同层面和角度为读者描述了群体的相变现象及其内在的科学原理，并基于此阐述了培育创新项目、保持群体活力所应遵循的基本原则，同时对一些典型的群体行为进行了解读。对于中国读者来说，可以从以下几个方面全面了解这本书的内容：

（1）群体行为的相变特征是什么？为什么群体常常具有培育原创创新和垄断经营两种相态？作者通过 5 个不同凡响的人生故事，生动详细地阐述了群体行为的相变特征及其成因，并且做出了群体只有在两相的边缘才能更好地发展的论断。在此基础上，作者介绍了作为一个企业家培育创新项目并同时做好企业经营的三个原则，对于科研机构、高等院校抑或大型企业的发展均有重要的参考价值。

（2）群体常常会产生很多神秘的行为，或者涌现很多难以解释的现象。这些行为或现象应该如何理解？比如城市交通拥堵、恐怖活动的蔓延和森林火灾等。长期以来，这些问题一直困扰着众多专家、学者和政府官员。作者基于相变理论，对这些现象进行了完美的解释，并且给出了解决办法的建议。同时，作者还将这些行为与企业的运营类比，进一步阐释了企业变迁的深层次原因。

（3）国家和社会本质上也是一个复杂群体。在漫长的历史长河中，出现了众多至今无法解释的历史谜团。比如，为什么工业革命最先发生在英国，而不是人口众多、经济强劲的中国？为什么国土、人口处于劣势的英国能够在 19 世纪击败印度和清帝国这样的庞然大物？作者指出，国家的命运、民族的兴衰在一定程度上也可以使用相变理论进行解释。基于此，作者还总结出“相变之母”这一概念，并且归纳了相变发生的几个前提。

总之，巴赫尔教授的这本书来的正逢其时。书中的核心概念“相变”，可谓打开群体科学之门的钥匙。书中提到的一系列关键原则，具有重要的借鉴意义和研究价值。作者的语言生动有趣、浅显易懂；译者则努力实现对英文原版准确而不失生动的翻译。对于各行各业、不同境遇的读者来说，都不妨静下心来阅读此书，也许会获得意想不到的收获。

袁建平
西北工业大学教授
中央军委科技委创新特区领域首席科学家
曾任国家高技术 863 航天航空领域专家组组长
2020 年 6 月

推荐序2

相变，最初指物质在外界条件发生各类变化的过程中产生状态突变的现象，而这本书的作者向读者展示了相变作为科学思考的新方式是如何改变我们周围的世界的。作者通过使用各行各业生动有趣的例子作为案例进行分析，并且应用相变科学的原理从新颖的角度引领读者进行思考。

这本书最重要的观点是通过介绍“奇思狂想”（loonshots）的概念来诠释另辟蹊径所带来的巨大成就和相应的风险。其中，通过解释贝尔公司的惊人成就诠释了产品中惊人突破所反映的“P型奇思狂想”，这种奇思狂想中的技术一般在最终成功之前被忽略，但其倒台也是迅速和富有戏剧性的。另一种“S型奇思狂想”则指代策略中的惊人突破，文中通过列举沃尔玛、脸书、谷歌等公司的成功之路，反驳了人们说的“这根本不可能赚钱”的固定思维。而这种奇思狂想所带来的没落是渐进的，因为人们根本搞不懂当时这些公司是如何成功的。通过阅读这本书，您将发现一个概念的提出会带来多大的市场价值，并且通过培养自身对这些“奇思狂想”的敏感度，帮助您在各行各业中击败更大、更强的对手。

作者通过讲述宝丽来拍立得彩色相机的发明者埃德温·兰德的事迹，诠释了如何通过不懈的努力和突发奇想，发明了可以支撑宝丽来公司近35年的辉煌的奇思狂想。并通过分析这个被创新和资本挟持的奇思狂想及其产生的资产泡沫，印证了“P型奇思狂想”的快速没落。同时，通过分析宝丽来的失败，引出了这本书的另一个重点——“摩西陷阱”。作者认为，当人仅仅被一个崇高的思想主导并因此喜悦前进时，他的一切行为就都出于对奇思狂想的热爱，而不是策略的压迫。但就是因为完全依赖一个人的智慧，才促使了摩西陷阱的发生。因此，读过此书的您应该引以为戒，切勿摒弃他人的建议和智慧，祝您成功脱离摩西陷阱。

这本书同时讲述了集体力量在奇思狂想中的重要性，通过描述两种相变中有名的例子，以及第四原则，说明正确的团队构架，以及针对不同层级的管理策略，可以极大地扩大奇思狂想带来的利益，并且有效地识别和避免不正当的激励，从而实现有限时间内的利益最大化。因此，通过阅读这本书，您将获得新的视野，有能力在日常生活中通过观察发现潜在商机，并且有方法、系统性地付诸实践，祝您成功！

郑志明
中国科学院院士
北京航空航天大学教授

推荐序3

1922年9月的一天，两位美国海军研究人员在波托马克河的两岸架设了无线电通信设备，他们想测试一下自己设计的舰艇之间的通信情况。可是在测试的时候，发现原本设定好的信号，频率突然增高了一倍，然后信号消失了一小会儿，之后频率又增加了一倍，最后一切恢复正常。他们抬头往河中间一看，有一艘大船正好刚刚开过去。他们意识到，原本作为通信的设备，却成功地探测到了一艘轮船。由于无线电波不受天气、光线和烟雾的影响，这一发现可以在肉眼不可见的情况下，发现军事目标。他们把这个方案向上级汇报，希望申请到一笔5 000美元的研究经费。上级官员却说，别做梦了，哪有那么多钱，又花那么多的时间。于是，这个最早的雷达研究计划一拖再拖，最后虽然终于立项，但在1941年12月7日日本袭击珍珠港的时候，装配在那里的这一设备还在实验阶段，没有派上用场，2 403名美国人在袭击中丧生。差不多在同一时间，英国在丘吉尔的坚持下，在自己的海岸线上布置了最早的雷达设备。1940年9月15日，希特勒的德国空军大规模空袭英国。在这些雷达设备的帮助下，英国皇家空军以13对144的战绩大胜德国，使希特勒快速消灭英国的计划受挫。雷达技术被说成二战中打败法西斯的有效武器一点儿也不为过。

相同的技术在两个不同的地方有着不同的命运。而这种一开始看似不起眼的技术在之后大放异彩的情况，不论是在军事还是在工业上都屡见不鲜，这本书就是作者想系统地介绍一下什么样的研究及管理方式对新技术的发展有最大的帮助。他以物理学上的相变为框架，主张把早期不被人重视的技术的研发与一般成熟技术或商业模式的扩张及应用分开，把这两种活动当成两种不同的状态（相），就像水和冰。如果我们把新技术的研发当作“冰”，把成熟技术或商业模式的推广当成“水”，那么在早期新技术的研发阶段，一定要把两者分开，否则水就把冰全化掉了。但这两者之间一定要有相互的平衡作用，“冰”最后还是要进入水，才得以应用和扩张。

作者建议，在新技术的研发早期，要把拥有“奇思狂想”的部门与其他部门分开，以保证奇思狂想的研发者们有足够的空间。当新产品或技术有一定的成熟度之后，要小心地安排新技术向其他部门的转接，两个部门之间一定要有一个好的平衡，就像“水”和“冰”可以共存，处于平衡状态一样。作者还把他的这个相变理论应用到对恐怖分子和其他暴力行为的监控与预报上。有研究发现，当一个网上的恐怖组织发展到一定的规模之后，他们就会采取实际的行动，对社会造成直接的伤害，也就是作者所说的相变。

开卷有益。如果这本书能够启发大家有关如何创新的思考，那么，这着实是最大的收获了。

孟光

上海交通大学讲席教授、校务委员会副主任

杰青、长江学者

上海航天技术研究院高级技术顾问

序

十几年前，一位朋友带我看过一部简略版的《莎士比亚全集》戏剧。三名演员跳过所有冗长的情节，在 97 分钟内完成了 37 幕演出，其中《哈姆雷特》的表演仅用了 43 秒。不久之后，我应邀在一场商业聚会上做演讲。演讲的主题是我自己选的，但与我的工作无关。我也跳过那些复杂无趣的内容，用 45 分钟介绍了 3 000 年来物理学史上最伟大的 8 个理论。

那次像精选专辑一样的演讲不断地被肯定又被否定，直到 2011 年，我将个人爱好与专业结合，这一切才被完全肯定。当时，我应邀加入一个组织，为美国总统就国家科研工作的未来出谋划策。第一天，我们的主席就给我们定下了任务：美国总统应该做些什么来确保当前的研究能在未来 50 年内继续提高人民的福祉和保证国家的安全？会议主席说我们的任务是创造下一代的范内瓦・布什报告。

不幸的是，我从来没有听说过范内瓦・布什或他的报告。但我很快就了解到范内瓦・布什在二战期间开发了一套新的体系，并以惊人的速度取得了突破性进展。他的体系帮助同盟国在二战中获胜，从此美国在科学和技术方面就一直处于世界领先地位。范内瓦・布什的目标是：美国应该成为创新的引领者，而不是跟随者。

范内瓦・布什的目标和动机，正好对应了物理学八大理论之一的状态转移，又被称作“相变”（phase transitions）理论。

在这本书中，我将向大家展示相变科学是如何提出一种令人惊讶的新方法来思考我们周围的世界——群体行为的奥秘的。我们将看到为什么优秀的团队也会扼杀伟大的想法，为什么丰厚的利益反而使群体的智慧变成了群体的暴政，以及为什么这些问题可以在一杯水里找到答案。

我首先将跳过那些无聊的东西，简单地描述一下相变科学。然后我们将会看到，结构上的细微变化，而不是文化上的调整，是如何改变群体行为的，这就像温度上的一点点变化就可以把坚硬的冰融化成流动的水一样。认识到这一点有助于我们所有人成为创新的发起者，而不是被动接受者。

在此过程中，你将了解鸡是如何拯救数百万人的生命的，詹姆斯·邦德和立普妥有什么共同点，以及艾萨克·牛顿和史蒂夫·乔布斯的想法是从哪儿来的。

我一直很欣赏那些能直截了当地阐述自己观点的作者。下面是一些简单的论点：

1. 最重要的突破往往源于“奇思狂想”（loonshot），因为我们总是容易忽视一些想法，并把那些拥有这种想法的人视为疯子。

2. 世界需要大量的人才将这些突破性的想法转化为赢得战争的技术、拯救生命的产品或改变产业的战略。

3. 将相变科学应用到团队、公司或任何肩负使命的群体中，可以为更快更好地培育奇思狂想提供实用的原则。

在用这种方式思考大群体的行为时，我们也正在加入一场不断发展的科学运动。在过去的十年中，研究人员一直在运用相变的工具和技术来理解鸟类如何聚集、鱼类如何游泳、大脑如何工作、选民如何投票、犯罪行为如何产生、思想如何传播、疾病如何暴发以及生态系统如何崩溃等一系列问题。如果说 20 世纪的科学是由对量子力学、引力等基本定律的探索定义的，那么 21 世纪的科学就将由这种新型科学来塑造。

事实上，很少有物理学研究会与人类行为相结合，能做到融合研究的就更少了。所以某种解释是合理的。我出生在农村，父母都是科学家，我跟着他们进入家族企业。几年后，像许多追随长辈的人一样，我决定去外面的世界看看。令我父母惊讶的是，我选择了从商。对于我放弃学术研究，他们的悲伤分为五个阶段。从否认开始（告诉亲朋好友这只是一个阶段），然后迅速从愤怒过渡到讨价还价和沮丧阶段，最后才接受我的辞职。事实上，我还是非常怀念和向往科学研究工作的，所以最终我与几位生物学家和化学家联手创办了一家生物技术公司，开发新的抗癌药物。

不久之后，我去了一家医院，并对大群体的奇怪行为产生了兴趣。

引言

2003 年冬天的一个早晨，我开车到波士顿的哈佛大学贝丝·伊斯雷尔女执事医疗中心去见一位名叫亚历克斯的病人。亚历克斯 33 岁，有着运动员那种健美的身材。他被诊断患有一种叫作“卡波西肉瘤”的恶性肿瘤。医生制订的 6 种化疗方案并没有阻止他病情的发展。他的身体变得很差。我和几个科学家花了两年时间来为这一刻做准备——亚历克斯成了第一个使用我们新的抗癌药物治疗的病人。

当我走进亚历克斯的房间时，他正躺在床上输液，轻声对护士说着话。我们的药物——一种淡黄色的液体，正慢慢地注入他的手臂。医生走出病房后，一直在角落里记笔记的护士合上文件夹也挥手离开了。亚历克斯转向我，脸上带着温柔的微笑和疑惑的表情。到今天为止，所有疯狂的活动——许可证讨论、融资、实验室研究、安全实验、生产检查、美国食品和药物管理局（FDA）备案、协议起草以及多年的研究已经全部结束。亚历克斯的眼睛仿佛在问唯一重要的事情：这种淡黄色的液体真的能救他的命吗？

医生们经常会看到这种表情，但我之前从来没有看到过。

我拉了把椅子坐下。在亚历克斯输液的过程中，我们交谈了将近两个小时，谈及餐馆、运动和波士顿最好的自行车道。亚历克斯停顿了一会儿，问我如果我们的药不起作用，下一步他会怎么样。我吞吞吐吐地说了一些并不是正确答案的话。我们都知道，尽管美国国家实验室和大型研究公司每年要花费数百亿美元进行研究，但治疗肿瘤的方法几十年来从未有过大的改变。吃药已经是最后的手段。

两年后，我坐在了另一家医院的另一张病床旁。我的父亲患了一种侵袭性白血病。一位上了年纪的医生遗憾地告诉我，他能提供的仍然是 40 年前住院医生开的那种化疗方案。第二、第三、第四种观点和几十个绝望的电话证实了他所说的话——没有新的药物，甚至没有任何有希望的临床试验。

米勒的食人鱼

理查德·米勒对我说："别人看我，就像看一个疯子一样。"

米勒 60 多岁，是一位和蔼可亲的肿瘤学家，他提出了用他一直在研究的一种新药治疗癌症患者的建议，并向我解释了大型制药公司的研究团队对此做出的反应。这是一种实验室里的化学物质，看上去和漂白剂没什么差别。

大多数药物的工作原理是：将自身温和地附着在细胞内那些引发疾病的过度活跃的蛋白质上。这些蛋白质就像一群电量强劲的机器人，会导致细胞失控。之后，这些细胞开始失控增殖，癌症就是这样造成的。或者它们会攻击人体本来的组织，比如导致严重的关节炎。药物通过附着在过度活跃的蛋白质上，降低它们的活性，使这些细胞安静下来，恢复体内的秩序。

然而，米勒的药并没有温和地附着在蛋白质上，它就像食人鱼一样，紧紧抓住蛋白质不放。对化学家来说，这是一种不可逆的黏合剂。而它的问题就是即使产生错误，它也无法从你的系统中被清除出去。也就是说，如果它附着在错误的蛋白质上，就会引起严重的，甚至致命的毒性。所以不能给病人吃类似食人鱼的药物。

米勒是一家陷入困境的生物科技公司的首席执行官。该公司的第一个项目是在米勒的新药问世前10年开发的，当时并没有成功。公司的股价跌至1美元以下，并收到了纳斯达克的退市通知。这意味着这家公司将很快被逐出市场，并进入过时公司的炼狱之中。

我问米勒，为什么遭到那么多拒绝甚至嘲笑，他还要坚持开发食人鱼药物。米勒说，他理解所有反对这种药物的理由。但另一方面，这种药物的药性非常强大，以至只要很低的剂量就可以起到治疗的效果。身为斯坦福大学兼职医生，米勒解释说，他认识的许多病人只剩下几个月的生命，他们绝望地寻找机会，却也明白其中的风险。在这种背景下，承担潜在的风险是合理的。

米勒说："我很喜欢弗朗西斯·克里克的一句话。"克里克和詹姆斯·沃森一起发现了DNA（脱氧核糖核酸）的双螺旋结构，并获得了诺贝尔奖。当被问及他是如何赢得诺贝尔奖时，克里克说："哦，这很简单。我的秘密是我知道该忽略什么。"

米勒与几位医生分享了食人鱼药物的早期实验结果，这些医生同意对晚期白血病患者进行临床试验。但米勒的投资者并不相信。米勒说："直到今天，如果你问他们（这种药物是如何起作用的），他们也不知道。"他在一场董事会的争斗中败北，辞去了首席执行官一职。

然而，实验仍在继续。米勒离开后不久，早期实验就获得了令人鼓舞的结果。该公司开始了一项大规模的关键研究。一半的病人接受标准治疗，另一半则接受新药治疗。2014年1月，监测这项研究并招募了近400名患者的医生建议停止实验。结果如此惊人——与接受标准治疗的患者相比，接受米勒提供的药物（依鲁替尼）的患者，其反应率高出了近十倍——以至拒绝对照组的患者使用依鲁替尼被认为是不道德的。

不久之后，美国食品和药物管理局为这种新药颁发了批文。几个月后，米勒的公司——Pharmacyclics，被一家曾经对此药不屑一顾的大型制药公司以210亿美元收购。

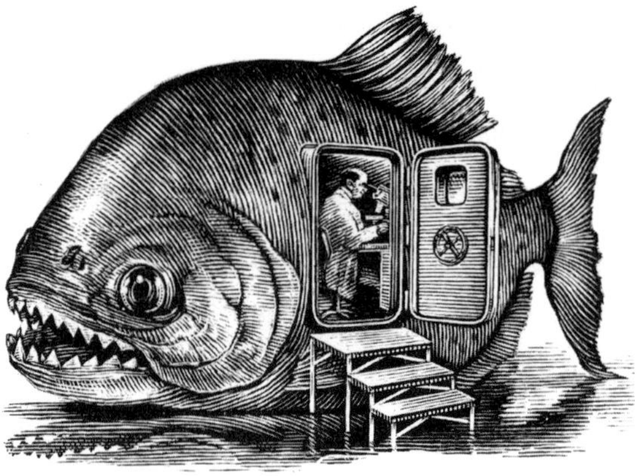

图 0–1 科学家与食人鱼

米勒的食人鱼药物是一个经典的奇思狂想案例。其最重要的突破是在很长一段时间的无人问津之后，美国政府为它们提供了大量的资金和支持。这些起初不被人们理解的事物非常脆弱，要穿过充满怀疑和不确定性的黑暗隧道，结果通常是要么被碾碎，要么被忽视。它们的拥护者常常被视为疯子，或者像米勒一样干脆被抛弃。

***

拯救生命的药物，就像改变产业的技术一样，往往都是从那些支持疯狂想法的孤独发明家开始的。但是需要大量的人将这些想法转化为可行的产品。当有能力开发这些想法的团队拒绝这些想法时，就像所有大型研究机构拒绝米勒的药物一样，这些突破要么被埋在实验室里，要么被困在失败公司的废墟下。

米勒只是勉强保留了他的想法。但绝大多数的奇思狂想都没有这种机会。

尽管在这个主题上有大量令人麻木的文章，但还是无法帮助我们理解大群体行为的核心。每年，时尚杂志都会为创新团队的成功文化庆祝，封面上笑容满面的员工举着闪闪发光的新产品，就像运动员举着奥运火炬一样。领导者会透露他们的秘密。然后，这些公司往往会破产倒闭。人是一样的，文化也是，它们似乎在一夜之间就发生了转变。这是为什么呢？

我总觉得关于文化的文章和书籍缺少力量。听到“文化”这个词，我总会想到“酸奶”。例如，一本讲文化的畅销书（典型的此类作品）通常只是根据少数几家顶尖公司的股价表现，列出它们的名字，然后从它们在创造成功文化方面的相似之处中提炼一些模糊的经验教训。安进公司就是一个例子，我很熟悉这家生物科技公司，它给读者提供的经验包括：“面对无数可能的危险，将自己置于优势地位。”

安进公司真正的故事发生在几年之后，该公司当时几乎破产，所有最初的项目（包括鸡生长激素和猪疫苗）都失败了。最后一个项目（研制一种刺激红细胞生长的药物）所剩的时间也不多了，好几家公司也在同时研发，但安进比竞争对手提前到达终点。这在很大程度上要归功于芝加哥大学的尤金·戈德瓦瑟教授。戈德瓦瑟研究这个问题已有20年之久，他掌握着赢得比赛的关键：从2 550升人类尿液中精心提取一瓶8毫克的纯化蛋白质，这种蛋白质中含有制药的代码。他决定把这瓶药给安进公司，而不是它的主要竞争对手波根公司。很快，波根公司就破产了。

这种名为促红细胞生成素（简称epo）的药物投产后，每年能带来100亿美元的收入，比任何人想象的都要成功得多。安进就像中了彩票一样成功研制了该药物。安进刚一拥有这种药物，就和行业内的其他所有人（包括它的合作伙伴强生，在安进陷入困境时强生救过它）打起官司，以阻止它们参与竞争。虽然在接下来的15年里，安进再也没有重现epo的成功，从被授予的专利数量来看，安进的研究产出也很差，但它仍是一家非常成功的公司。因此，如果纯粹从文化的角度分析，创新似乎不太重要。

安进可能没有很好的研发团队，但它有很好的律师。它赢得了每一场诉讼，它的竞争对手也放弃了。业内人士将该公司称为“一家生产药物的律师事务所”。

安进的故事给我们上了有益的一课，包括为晚餐买单和聘请优秀的律师。但从该公司出色的股价表现中提取文化要素，就像让刚刚中奖的人描述他买彩票时穿的袜子一样。

我对事后分析文化的抵触来自我所接受的物理学训练。在物理学中，你会找出揭示基本真相的线索，建立模型，看看它们能否解释你周围的世界。这就是我们在这本书中要做的事。我们将证明为什么结构比文化更重要。

***

在医院接受了几个月的治疗后，亚历克斯康复了。在我写这本书的时候，他还活着，但我的父亲没能康复。我找不到任何治疗方法，没有电话打来，没有任何专家朋友和同事可以帮我，我的所有努力都于事无补，没有任何改变。他在确诊后几个月就去世了，但在那之后的许多年里，我觉得自己仍在与病魔做斗争，因为我始终相信，只要我足够努力，就能找到适合他的治疗方法，这很重要。我不会让他失望的。我的梦中反复出现一个场景——我递给护士一个小瓶子，护士将药物注入我父亲的静脉，然后他的病就好了。

几十种有希望治疗我父亲疾病的候选药物被抛弃了，直到今天，它们仍然没有被接受。

为了解放那些被抛弃的药物和其他有价值的产品和技术，我们需要理解为什么即使是优秀的团队、怀有美好意愿的优秀人才，也会把伟大的想法扼杀在摇篮中。

当团队转变时

20 世纪 70 年代，诺基亚是一家工业集团公司，主要以生产橡胶靴和卫生纸闻名。在接下来的 20 年里，它开创了第一个蜂窝网络，研制出了第一部汽车电话和第一部全网络模拟电话，以及第一部成功的 GSM（全球移动通信系统）手机。到 21 世纪初，该公司的智能手机销量占全球总量的一半。简而言之，它是欧洲当时最有价值的公司。《商业周刊》的一篇封面文章大胆地写道："诺基亚已成为成功的代名词。"《财富》杂志揭示了诺基亚的秘密：它是“世界上最不看重等级制度的大公司”。其首席执行官解释说，关键在于公司文化，“你可以享受一些乐趣，可以不按常规思考……甚至犯错误”。

2004 年，几位诺基亚工程师发明了一种新型手机：可以上网，并配有彩色触摸大屏和高分辨率摄像头。为了配合这款手机，他们还提出另一个奇思狂想：在线应用商店。但是，广受赞赏的幕后团队否决了这两个项目。3 年后，工程师们看到他们的奇思狂想在旧金山实现了——史蒂夫·乔布斯发布了 iPhone（苹果手机）。5 年后，诺基亚已无关紧要，该公司于 2013 年卖掉了自己的移动业务。在其手机业务达到顶峰至黯然退场前，诺基亚的市值下降了大约 2.5 万亿美元。

一个极具创新精神的团队转变了方向。

几十年来，默克公司一直是医学研究领域最受尊敬的公司之一。在 1987—1993 年连续 7 年的调查中，它在《财富》年度最受欢迎的公司调查中一直名列第一，直到苹果公司在 2014 年打破这一纪录。默克公司推出了世界上第一个降胆固醇的药物，还研制出了世界上第一个治疗河盲症的药物，并将这种药物免费捐赠给非洲和拉丁美洲的许多国家。然而，在接下来的 10 年里，默克公司几乎错过了药物研制领域的每一个重大突破。它不仅忽视了基因工程，而且忽视了治疗癌症和自身免疫系统疾病，以及精神疾病的药物——这是 20 世纪 90 年代和 21 世纪初医疗行业取得突破的三大重点领域。

在每一个创意领域，我们都会看到传奇团队突然而神秘地转向。埃德·卡特穆尔在撰写有关他在皮克斯的辉煌经历时，是这样描述迪士尼的：

> 《狮子王》于 1994 年上映，最终在全球获得 9.52 亿美元的票房，之后该工作室开始缓慢衰落。起初，原因可能是领导层发生了一些变化，但大多数人仍然在那里，他们仍然有才能和志向去做意义重大的工作。
>
> 尽管如此，在 1994—2010 年的 16 年里，没有一部迪士尼动画电影能

在票房上独占鳌头……我感到有必要去了解一下背后隐藏的因素。

让我们来谈谈那些隐藏的因素。

量变引起质变

团队和公司的行为模式突然发生变化——人们突然以截然不同的方式行事——这在商业和社会科学中是一个谜。例如，企业家们经常说大公司的失败是因为大公司的人保守且不愿意冒险。最令人兴奋的想法来自小公司，因为我们告诉自己，我们是真正充满激情的冒险家。但如果把这种大公司类型的人放到创业公司里，他就会支持一些奇思狂想。同一个人在一种情况下可能是扼杀项目的保守派，而在另一种情况下也可能成为挥舞旗帜的企业家。

在商业社会中，行为的变化可能是一个谜，但类似的模式是一种被称为“相变”的奇妙现象的本质。想象一个装满水的大浴缸，用锤子敲击水面：锤子碰到液体会溅起水花；但如果降低水温，直到水结冰，再用锤子击打，冰面就会破碎。

同分子物质在一种情况下是液体，而在另一种情况下则是固体。

为什么？分子如何“知道”它们的行为突然改变了？换句话说，这让我们更容易了解所谓的风险规避型大公司的奥秘：如果我们把一个水分子滴到一块冰上，会发生什么？它会冻结。如果我们把同样的水分子投到水池里，会发生什么？它会和所有其他水分子混在一起。这该怎么解释呢？

物理学家、诺贝尔奖得主菲尔·安德森曾用“量变达到一定程度会产生质变”这句话来概括这些问题答案背后的核心思想：“整体不仅比部分之和更大，而且与部分之和非常不同。”他不仅描述了液体的流动性和固体的刚性，还描述了金属中电子更奇特的运动方式（他因此获得了诺贝尔奖）。

我们无法只通过分析一个水分子或金属中的一个电子来解释这些群体行为，因为它们是新的物质相态。

图 0-2 锤子敲击水面和冰面产生的不同结果

我将向大家介绍的团队和公司也是如此，没有办法通过分析任何个体的行为来解释整个群体。善于培育奇思狂想是人类组织的一个相态，就像液体是物质的一个相态一样。擅长开发特许经营（如电影续集）是组织的不同相态，就像固体是一个物质的不同相态一样。

了解组织的这些相态，不仅能帮助我们理解为什么团队会突然转变，还会让我们明白如何控制这种转变，就像温度能控制水是否结冰一样。

基本思想很简单。你需要知道的一切都在浴缸里。

当系统崩溃时

液体分子会四处漫游。把浴缸里的水分子想象成操场上随意奔跑的学员。当气温降至冰点以下时，就好像教官吹了一声口哨，学员们突然列队站好。刚性固体排斥铁锤，液体的混乱无序却能让锤子顺利通过。

当发展趋势在一场竞争中发生逆转时，系统就会崩溃。结合力试图把水分子锁住，形成刚性结构。而熵这种趋势使系统变得更加无序，它促使这些水分子四处游荡。随着温度降低，结合力变强，熵变弱。

当这两种力量交叉时，系统就会崩溃，水结成冰。

所有的相变都是这两种力量相互竞争的结果，就好像被约束的水分子与处于无序状态下的水分子之间的一场拔河比赛。当人们组成一个团队、一个公司，或任何带有任务的团体时，他们也创造了两种竞争力——两种激励形式。我们可以把这两种相互竞争的激励机制看作股权和等级。

例如，当团队规模较小时，每个人对团队项目成果的贡献所占的比例都很高。在一家小型生物技术公司，如果一种药物有效，团队中的每个人都将成为英雄和百万富翁。如果失败了，每个人都得重新找工作。与可能由失败导致的高风险相比，职位或晋升带来的加薪等福利就显得微不足道了。

图 0–3 团队间的竞争

随着团队和公司规模的扩大，每个人在成果中所贡献的比例减少，而职位的额外津贴增加。当两者交叉时，系统就会崩溃。激励机制开始鼓励人们去做那些没有人想做的事。同样的一群人开始排斥奇思狂想。

坏消息是，相变是不可避免的，所有液体都会结冰。好消息是，了解这些力量能够帮助我们管理过渡过程。水在 32 华氏度[①] 时结冰。在下雪天，我们在人行道上撒盐以降低水到达结冰点时的温度。我们希望雪融化成水而不是硬化成冰。我们宁愿在水坑里把鞋弄湿，也不愿滑倒受伤在医院里躺一个星期。

我们可以用同样的原理设计更好的材料。比如，在铁中加入少量的碳

① 32 华氏度 =0 摄氏度。——编者注

就能制造出一种更坚固的材料——钢；在钢中加入镍就能生产性能最强的合金——喷气式发动机和核反应堆内部所使用的钢。

我们会看到如何将类似的原则应用于设计更具创新性的组织。我们将识别结构上的微小变化，而不是文化上的微小变化，因为结构上的变化可以改变一个僵化的团队。

领导者花了很多时间宣扬创新。但是当温度下降时，一个绝望的分子无法阻止周围的冰结晶。然而，结构上的微小变化却能使钢熔化。

***

这本书分为三个部分。第一部分讲述了 5 个不同凡响的人生故事。故事有一个中心思想：为什么善于创造奇思狂想（如原创电影）和善于制作特许经营电影（续集）是大群体行为的不同阶段——独立与分离。没有一个团体可以同时做这两件事，因为没有一个系统可以同时处于这两个阶段。但是有一个例外。当前面提到的水正好是 32 华氏度时，小块的冰和液体共存。一旦低于或高于这个温度，物体就会冻结或液化。但是在相变的边缘，两相可以共存。

第一部分描述的前两条培育奇思狂想的原则，也是支配处于边缘的生活的两条原则。第三条原则解释了如何长期保持这种优势。它借鉴了国际象棋的技巧而不是物理学技巧：历史上保持第一名时间最长的国际象棋冠军就将他的成功归结于掌握了这一理念。

第二部分描述了基础科学。我们将看到相变科学是如何帮助我们了解野火的蔓延、改善交通流量以及在线搜捕恐怖分子的。我们将应用类似的想法来了解为什么团队、公司或任何有使命的群体会在这两个相态之间转换，就像水在液体和固体之间转换一样。

这些内容放在一起将揭示“神奇数字 150”背后的科学—— 一个描述团队和公司何时转向的方程式。这个方程式将引导我们找到另一个原则，告诉我们如何“叫醒”神奇数字——这个变化将使所有疯狂的团队变得更强大（最后，我们总结了 4 条原则以及 4 条个人经验教训，供任何一个想要培育某种奇思狂想的人参考）。

最后一部分描述了被我们称为所有“奇思狂想之母”的东西。我们将把这些关于群体行为的观点扩展到社会和国家的层面，并看看它是如何帮助我们理解历史进程的：例如，近代史上为什么国土面积不大的英国能够击败印度和清王朝这两个当时更强大更富裕的帝国。

这可能听起来有点儿……疯狂。

就是这样。

***

首先，我们来看看一名工程师是怎样处理一个全国性的危机的。

首先，让我们回到一战前的世界……

第一部分

工程师们的意外发现

第1章 奇思狂想如何赢得战争

8个诺贝尔奖和布什—韦尔原则

如果1939年就有预测市场的话，那么预测纳粹德国获胜的概率可能更大。

当世界各大强国即将陷入迫在眉睫的战争时，在温斯顿·丘吉尔所描述的“秘密战争”中，盟军远远落后于德国，这个“秘密战争”指的就是争夺更强大技术的战争。被称为“U型潜艇”的德国新型潜艇，威胁要称霸大西洋并切断欧洲的补给线。准备轰炸欧洲迫使同盟国投降的纳粹德国空军的飞机，远胜于任何其他国家空军的飞机。同年年初，两名德国科学家发现了核裂变，这让希特勒有可能获得一种威力不可估量的武器。

如果技术竞赛失败，丘吉尔写道：“人民的所有勇敢和牺牲都会变成徒劳。”

麻省理工学院工程系主任范内瓦·布什辞去工作，搬到了华盛顿，并在1940年夏天与总统进行了会谈，当时美国海军已经掌握了赢得那场竞赛的关键。他们已经掌握了18年，只是他们不知道而已。

为了找到这个关键信息并赢得竞赛，布什发明了一个新的系统来推动彻底的变革。

这是赢得秘密战争的秘诀。

多切斯特号

1922 年 9 月下旬，两名业余无线电爱好者在位于华盛顿特区外的美国海军航空站的边缘，架设了一个短波无线电发射机，俯瞰波托马克河。时年 31 岁的利奥·扬来自俄亥俄州的一个农场小镇，从高中起就一直在制作无线电设备。他的搭档——42 岁的霍伊特·泰勒曾是一名物理学教授，也是美国海军的高级无线电科学家。他们聚集在一起测试高频无线电是否可以帮助船只在海上进行更准确的通信。

扬操作无线电发射机，将其工作频率设在 60 兆赫兹，比其设计水平高 20 倍。他还使用在工程期刊中学到的技术来提升接收器的灵敏度。适当地调整设备之后，两个人打开发射器，将接收器装上卡车，然后开车前往海恩斯点，它是美国海军航空站正对面穿过波托马克河的一个公园。

他们把接收器放置在公园边缘的防波堤上，并将其对准河对岸的发射器。接收器发出信号清晰的稳定音调。突然，音量提高了一倍，然后又消失了几秒。接着它以双倍音量恢复了一会儿，最后恢复为原来稳定的音调。图 1-1 是多切斯特号穿过波托马克河时的示意图。

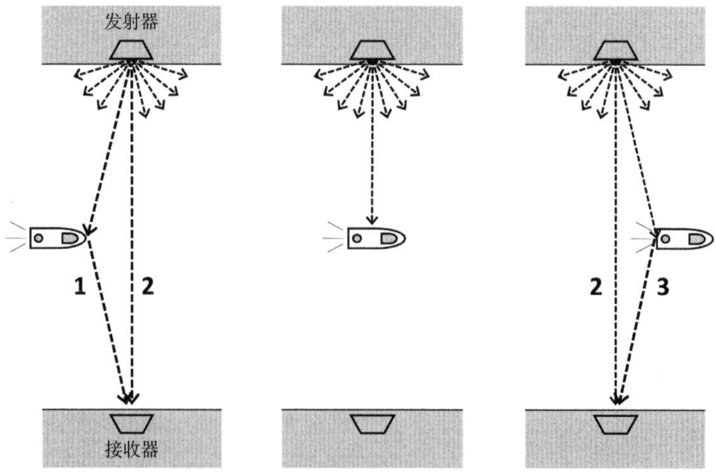

图 1-1　多切斯特号在波托马克河两侧的无线电发射器和接收器之间通过

他们抬起头，看到一艘船——“多切斯特号”，刚刚从接收器和发射器之间经过。

对于这两位工程师来说，强度加倍是无线电波干扰的一种明显迹象：两束同步波叠加在一起。当多切斯特号的船体相对于发射器和接收器之间的视线距离达到“最有效点”距离时,从船体反射的波束（图中左侧的波束1）恰好穿过一条比视线波长一半的路径（波束 2）。此时，两个波束完全同步，这也解释了为什么来自接收器的音量会加倍。当船经过视线时，它完全挡住了信号。在船经过视线之后（图中右侧位置），声音又回来了。当船的后部达到与视线相同的“最有效点”距离时，反射和直射的光束再次精确同步。这就解释了第二次音量加倍的原因。

扬和泰勒正在测试一种通信工具，但他们偶然发现了一种探测工具。

这两名工程师又成功地重复了几次实验，几天后，也就是 9 月 27 日，他们给上级写了一封信，描述了这种探测敌舰位置的新方法。一排载有接收器和发射器的美国船只可以立即检测到“敌人的船只正在……雾、黑暗或烟幕中通过”。

这是已知最早在战斗中使用雷达的情形。一位军事历史学家后来写道，这项技术改变了战争的面貌，“超过了自飞机问世以来的任何一项发明”。

海军完全无视这个发现。

由于没有人支持他们的提案，而且资金申请被拒绝，扬和泰勒放弃了这个想法。他们转而为海军的其他无线电项目工作。但他们从未忘记这个想法。8 年后的 1930 年年初，扬和实验室的另一位工程师劳伦斯・海兰开始测试一种引导飞机着陆的新想法。用着陆跑道附近地面上的发射器将无线电信号发射到天空中，指挥即将着陆的飞行员和他的飞机跟随信号降落。6 月的一个炎热潮湿的下午，在距离发射器两英里[①]的地方，海兰开始测试他们计划使用的接收器。他在调试设备时，接收器突然变得非常吵，然后

① 1 英里 ≈1.61 千米。——编者注

又安静下来，过了一会儿，声音再次变大，接着它又安静下来。他多次检查设备，没有发现任何问题。当他准备把坏了的接收器送回实验室时，他注意到一些奇怪的事情：每当飞机飞过头顶时，信号就会变大。

海兰告诉了扬，扬很快意识到这与自己多年前在波托马克河上发现的现象有关。射向天空的光束从头顶的飞机上反射回来，落在海兰的接收器上。他们很快证实，反射无线电波不仅能探测到船只，还能探测到在 8 000 英尺[①]高空中飞行的飞机，即使这些飞机远在数英里之外。他们进行了详细的测试，并再次提交了一份从未在战争中出现过的提案——敌机早期预警系统。

然而，什么也没有发生。5 000 美元的资助请求被拒绝了，因为取得初步成果的时间“很可能超过 3 年”。另一位办公室负责人轻蔑地写道：“这是一个不切实际的梦想，几乎没有真正成功的机会。”他还列举了一些理由进行说明。军方直到 5 年之后才为这个项目指派了一名全职人员。

一位遭受过惨重失败的海军军官后来回忆道：“我真的很痛苦……想想 1941 年之前两年雷达探测舰队的经验，我们本可以挽回在太平洋战争初期失去的生命、飞机、战舰，并取得战争胜利。”

1941 年 12 月 7 日上午，雷达的前身早期预警系统在夏威夷进行了实地测试。

同日，353 架敌机对珍珠港发动突然袭击并造成 2 403 人死亡。

如何避免打仗

就像在引言中描述的米勒的食人鱼一样，扬和泰勒的发现是一个经典的奇思狂想。本可以改变战争历程的想法受到了长达十年的忽视和怀疑。

走进隧道的是一个有着非凡能力的人，他能看穿过去常见的疑惑，他

① 1 英尺≈0.35 米。——编者注

就是范内瓦·布什，一个又高又瘦、正直的传教士的儿子。第一次世界大战开始时，布什刚刚获得工程学硕士学位。他在康涅狄格州新伦敦市的潜艇研究站做志愿者。他在那里的经历与 8 年后扬和泰勒的经历颇为相似。海军埋葬了他最有价值的想法：一种探测水下潜艇的磁性装置。布什写道，从这次经历中，他学会了“如何不打仗”。在武器与反武器的高风险竞争中，最难的并不是提供新想法，而是将这些新想法转移到战场中。

转移需要双方的信任和尊重。但是，官员们“明确表示，这些在实验室工作的科学家或工程师的社会地位较低”，布什写道：在一战的化学毒气战争中，盟军指挥官拒绝了美国化学学会的帮助，因为他“调查了此事后发现，战争部里已经有了一位化学家”。

尽管存在这种摩擦，布什还是选择在战争结束后保持与海军的联系。这迫使他学习一项新技能：接纳与自己不同的人的能力，这种技能后来被证明是非常宝贵的。布什作为学者、工程师和商人的职业生涯得到不断发展，与此同时他也在海军预备役服役了 8 年。他被任命为麻省理工学院的工程学教授，发明了最早的模拟计算机，并协助创办了后来成长为大型电子制造商的雷神公司。

到了 20 世纪 30 年代中期，布什已经成为麻省理工学院的二把手，但仍然在为美国海军提供咨询服务。他对自己在军队中的所见所闻感到震惊。尽管欧洲和亚洲受到的法西斯主义威胁越来越大，但 1936 年，美国军事委员会还是将研究新技术的资金削减到一艘战列舰成本的 1/20。一份军方备忘录解释说，唯一重要的力量是“带步枪和刺刀的步兵”。布什警告说，这将使美国与德国的技术差距越来越大。从他在新伦敦的研究中心做志愿者开始，美国的技术几乎没有什么变化。将军对“该死的教授”的观点没有兴趣，“教授”是他们对民用科学家的称呼。

1938 年，希特勒吞并了奥地利和苏台德地区；弗朗哥和他的民族主义者占领了西班牙的大部分地区；墨索里尼全面掌控意大利；日本入侵中国并占领了北京（当时称北平）。布什和少数其他技术领导人，包括化学家詹姆斯·科南特和哈佛大学校长，都认为战争即将来临，而美国毫无准备，这是非常危险的。他们都了解将军们习惯使用前一次战争的武器和战术进行下一次战争的癖好。他们也知道，面对德国更大的威胁——同样的错误可能是致命的。

布什知道，军方已经准备好生产更多相同的东西：更多的飞机、船只、枪支。就像一部大型电影制片厂在制作续集一样，军方正在以被我们称为“特许经营”的方式运作。为了开发打败德国人所需的全新技术，军方需要以一个完全不同的方式运作，正如布什写的那样，那种能为科学家和工程师提供“探索奇异事物的独立性和机会”的方式。

换句话说，布什直观地认识到，擅长特许经营和擅长奇思狂想是组织的两个阶段，并且同一组织不能同时处于这两个阶段。出于同样的原因，在一般条件下，水不能同时是固体和液体。

一般条件不适用于 1938 年。在一般条件下，确实需要以前所未有的速度生产军火，以满足四大洲的物资需求，让数百万士兵参与战斗。但军方也需要赢得丘吉尔所说的秘密战争：创造新科技以赢得当时还不存在的技术竞赛。

为了生存，国家需要同时具备这两方面的优势。

一个分子不能大喊大叫着让它旁边的分子们松动一下来把固体冰变成液态水。这就是布什没有试图改变军事文化的原因。这是一种不同的压力，所以布什重新构思了新的结构。他采纳了相变边缘生存原则：在某种特殊条件下，两相可以共存。

1944 年 4 月，《时代》杂志的一篇文章将范内瓦·布什称作一支秘密科学家部队的将军，这支部队在华盛顿是“令人敬畏的”。1945 年 10 月，美国众议院拨款委员会宣布，如果没有布什的组织，“可以肯定地说，胜利不会那么快到来”。

但 1938 年对布什而言，战斗才刚刚开始。

聚集风暴

20 世纪 30 年代中期，布什因其在科学、工业和政府之间架起了一座桥梁而广为人知。因此，1938 年，卡内基研究所，一家支持科学研究的华盛顿智库机构为布什提供了他们的最高职位，也就不足为奇了。作为回应，麻省理工学院院长愿意让贤，请布什出任大学新院长。

布什谢绝了。尽管显赫的职业生涯和作为已经在这片土地上绵延几代的新英格兰后裔使他早已在波士顿扎了根，但布什明白美国的国防部门应该由华盛顿领导。他的使命是去连接世界。他知道，他是唯一有资格动员美国的科学家参与战争的人。

"我近几代的先辈都是船长，他们有一种不容置疑的管理事物的方式。"多年后布什说道，"所以，部分原因可能是这样，也可能是受我祖父的影响，他是一名捕鲸船长，这使我有掌控全场的倾向。"

布什辞去了工作，接受了卡内基的提议，并搬到了华盛顿。

在卡内基基金会委托人的帮助下，布什制订了一项计划，委托人中有一位是富兰克林·罗斯福总统的叔叔。"我知道你无法在这个该死的城镇做任何事情。"他回忆说，"除非你有总统的庇护。"

布什似乎不太可能在这个庇护下安身。总统是一名律师，周围都是社会规划者，他对科学或科学家几乎没有兴趣。布什生性保守，从小受到的教育使他对罗斯福和他的新政助手持怀疑态度。在他的成长过程中，他不信任"社会创新者"，认为他们是"一群留着长发的理想主义者或空想社会改良家"。

布什通过总统的叔叔与罗斯福最亲密的顾问哈里·霍普金斯进行了会面。霍普金斯是一名社会工作者，也是最高级别的社会改良空想家，同样不太可能成为他的盟友。多年后，布什写道："我和哈里相处得很好，这是一个小小的奇迹。"但他们做到了这一点——哈里喜欢大胆的想法。

1940 年 6 月 12 日下午 4 点 30 分，美国总统罗斯福在总统办公室会见了布什和霍普金斯。他们传达的信息是：美国陆军和海军远远落后于德国，在军力本身无法及时赶超的情况下，技术对于赢得即将到来的战争至关重要。布什提议罗斯福在联邦政府内授权一个新的技术小组，由他领导，直接向总统汇报。

罗斯福边听边读布什的提议（在一张纸的中间有 4 段简短的文字），然后签署了“同意——富兰克林·罗斯福”。会见过程总共用了 10 分钟。

布什的新组织，最终命名为 OSRD（美国科学研究与发展局），它将为大学和私人实验室里的科学家、工程师和发明家探索奇异事物的机会。OSRD 将是一个美国全国性的部门，负责在全美范围内传播和保护有希望但还未被证实的想法。该部门将支持科学家研究军方不愿意资助的技术。它由一位不受欢迎的教授领导。

不出所料，军方及其支持者提出了异议。他们认为布什和他的新团队“做事超出底线了！一个由科学家和工程师组成的小团队，在既定的渠道之外行动，完全是为了攫取开发新武器计划的权力和资金”。

布什的回答是：“事实上，就是这样的。”

32 华氏度的生命

假设把浴缸放在接近冰点的地方。在冰点的边缘，温度提高或降低一点点，就会冻结或液化。而在表面上，冰块与液体共存。处于某一相转变边缘且两相共存的状态称为相态分离。虽然发生了相态分离，但两相仍处于共存状态。

两相之间的联系以一种平衡的形式循环交替出现（如图 1–2 所示）：冰块中的分子融化到相邻的液体中，液体分子在冰面上游动并冻结。这种任意相都没有压倒另一相的循环被称为动态平衡。

可见，“相态分离”和“动态平衡”是布什理论中的两个关键点。“军事组织的核心是其结构必须紧密，但紧密的组织不会产生创造性。”布什写道，“但在战争时期使其松弛……又是非常危险的。”他还补充道：“军队应当与（一些）结构适度松弛的组织保持密切的合作。”

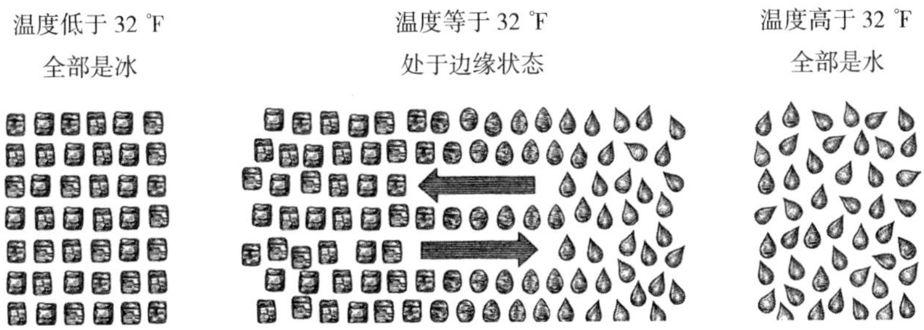

图 1-2 在边缘才能生存

换句话说，“两相”之间既要保证分离，又要保持联系。

当布什试图在这个完全由他控制的新机构中应用他的第一个理论，即“相态分离”理论时，立即就遇到了困难。一个军官向布什抱怨说：“一个可恶的平民根本不能理解军队中的问题。”布什的反应是：“我猛烈地抨击了他……并跟他说，很遗憾，许多像他这样的军官并不能意识到当前的作战方式正在发生革命性的变化。”

另一个高级军官在看到布什团队提供的新型水陆两栖车时对他说：“军队不需要这种东西，就算有也不会用的。”［布什并没有在意这种评论，事实上，这种被称为“DUKW”（旱鸭子）的两栖车在战争的后半段得到了非常广泛的应用。］布什的同事——大学里的科学家们，对于与军队建立联系都持怀疑态度。他们认为，任何来自联邦政府的监管都会妨碍他们的研究。

布什让这两个阵营的人走到了一起。他利用自己学术上的权威打消了科学家对于研究独立性的疑虑。但同时他也明确了他们的任务不仅是创造特别的东西，更重要的是制造能用的产品。当面试新的科学家时，布什会提出此类问题：“想象一下你将要在深夜乘一艘橡皮艇登陆一处德军控制的海岸线，任务是摧毁那里由士兵、军犬和探照灯保卫的重要无线电设施，你可以使用任何你能想到的武器。请描述一下这种武器。”由此，科学家明白了，他们提供的产品的实用性关乎同胞们的生死。

布什的行动十分迅速，1940 年，在与总统会面 6 个月后，OSRD 与 19 个工业实验室和 32 个研究机构签订了共 126 个研究合同。

在布什接触的人中，有一位既非科学家也非工程师，但善用计谋与策略进行投资的银行家。他名叫艾尔弗雷德·李·鲁米斯，总是穿着笔挺的白色西装，过着截然不同的双重生活——白天在华尔街工作，晚上和周末则待在距纽约 4 英里的图艾克西多公园内的巨大城堡里。这座城堡是一个秘密的私人研究所，里面装满了为满足其主人的好奇心而研制或购买的新奇设备。在 20 世纪 30 年代中期，鲁米斯会邀请人来他的城堡体验一种新型设备，来客被要求坐在舒服的椅子上，助手用小剪刀剪掉他们的部分头发，在头皮上涂上酒精，再贴上一些电极，这些人就成了参与研究的第一批受试者（鲁米斯是开展脑电波研究的先驱之一）。

爱因斯坦和费米等欧洲科学家都拜访过鲁米斯的实验室，从他们那里，鲁米斯了解到德国正在用先进的技术研发战争武器，并隐约了解到德国已经在核物理方面取得了巨大的进展。与布什和科南特一样，鲁米斯曾在第一次世界大战时为美国军方工作，因而也产生了和他们一样的想法，即仅靠美国陆军和海军的力量无法战胜德国。因此，鲁米斯主动要求加入布什的新组织。在布什及其顾问的建议下，鲁米斯停掉了所有无关的研究，将资源全部投入一项新技术——微波雷达的研发中。

1940 年年底，鲁米斯召集了数十名顶级科学家和工程师在麻省理工学院的一幢无名建筑中一起工作。他们的目标是研制一种新型的短波雷达（波长 10 厘米，称微波），以替代当时的长波雷达（波长数十米或数百米，称无线电波）。因为波长越短，分辨率越高。美国海军研制的无线电波雷达系统（随后英国也拥有了这种系统）可以识别舰船和飞机，而微波雷达系统则可以识别潜艇上的潜望镜以及小型导弹。它另一个更显著的优点就是体积更小。天线的长短与波长成正比，这就是微波炉可以小到放进厨房，而无线电广播塔有数十米高的原因。如果可以造出微波雷达，必然使其更加轻便，它就可以装在任何舰船、飞机甚至卡车上。

在鲁米斯开始他的研究时，英国的研究团队已经基本完成对雷达防御系统的部署（英国之所以开展这项研究，主要是英国航空部关于死亡射线武器的研究刺激了公众对此的需求。当时一位并无权势的前政府官员关于未来伦敦空战的设想和论断起了关键作用，此人就是温斯顿·丘吉尔）。20 世纪 30 年代末期，英国海岸已经被一系列的雷达天线环绕。

德国于 1939 年秋天入侵波兰，并于 1940 年春天横扫欧洲其他地区，此后希特勒将攻击重点指向了北方。当年 6 月，丘吉尔向议会表示："德国对英作战即将展开……希特勒已经明白，不拿下英国，他就无法赢得战争。"

此后，丘吉尔发表了 20 世纪那个著名的演说："因此，让我们承担起我们的责任，这样，即便大英帝国及整个英联邦在历经了一千年的岁月之后，人们仍然会说，'这是它们最辉煌的时代'。"

7 月，希特勒展开了对英国的攻击。纳粹空军的飞机数量是英国皇家空军（RAF）的两倍，鉴于德国已在欧洲大陆取得胜利，德国军官相信在 2～4 周即可掌握制空权。希特勒的军官们甚至已经计划好了在空战胜利之后，立即开展名为"海狮行动"的英国海岸登陆战。

然而胜利并未如期到来。英国海岸线的雷达防御链使得皇家空军能够在纳粹空军抵达海岸线之前就探测到它。这些情报使得英国空军能够以有限的飞机对抗多次纳粹空袭。9 月 15 日，英军以损失 13 架飞机的代价击落了德军 144 架飞机，因此这一天也被称为"不列颠空战日"。德国一个空军大队在一小时内就损失了 1/3 的飞机，其中一名轰炸机的飞行员在回忆录中写道："如果再来几次这样的行动，我们将毫无生还的希望。"

两天之后，希特勒就决定延迟登陆英国海岸的计划，10 月底，德军的空袭就基本结束了。这是德军在二战中第一次受挫。

此时，英美关系还很微妙，美国仍然保持中立，因为罗斯福总统面临着国内孤立主义者要求不参战的压力。美国驻伦敦的大使约瑟夫·肯尼迪（并非后来的美国总统）大肆宣称英国很快便会在德国的强攻下沦陷（一位英国外交官称肯尼迪是个“令人恶心的两面派和典型的失败主义者”)。而伦敦的美国大使馆中的一名能够接触罗斯福与丘吉尔最机密通信的职员，竟被证实为德国间谍。

1940 年 8 月 6 日，丘吉尔签署了一份英美技术合作协议，同意将英国掌握的所有关于雷达的技术信息分享给鲁米斯和他的团队。

英国人分享的技术极大地推动了鲁米斯的研究进程，对新产品的迫切需求也迅速突显。

杀戮

1941 年 2 月，德国空军被英国打败 4 个月后，希特勒发布了新的指示。既然德国无法通过轰炸使英国屈服，那就通过封锁来饿死英国。而执行封锁任务的关键武器就是 U 型潜艇。这对盟军来说打击重大，英国此时使用的长波雷达无法对付潜艇，因为其体积和功耗过大，根本不可能搭载在飞机或舰船上。声呐的作用也非常有限，因为声呐的探测距离太近，且无法探测到接近水面的潜艇。

U 型潜艇对盟军造成的损失日益扩大，击沉舰船的总吨位数从 1939 年的 75 万吨升至 1941 年的 430 万吨。每个月，U 型潜艇击沉的船只吨位总量都超过了英国新建造的船只吨位总量，且损失的数目还在逐日攀升。

1941 年 12 月 11 日，在日本偷袭珍珠港两天之后，希特勒对美国宣战。希特勒指示海军中将邓尼茨，允许 U 型潜艇对大西洋上的美国舰船进行攻击。

与英军不同，美军没有任何反潜艇的作战经验。其舰船上灯火通明，在漆黑的海面上格外醒目，简直就是 U 型潜艇的活靶子。一位习惯了欧洲舰船灯火管制的德国军官对此十分诧异，他在回忆录中写道：“我们可以清楚地看到舰船上的每一个细节……这些船就像摆在盘子里的佳肴，等待我们随意享用。”

1 月 13 日，莱因哈特·哈尔德根船长指挥第四代 U 型潜艇 U-123 号长途奔袭至纽约港。午夜时分，他发现左舷侧有一艘灯火通明的舰船正步步接近。他升起了潜望镜："是油轮。"他告诉观察官："大型油轮。"他将潜艇调转向南，与油轮前进方向保持合适的夹角，在距离其 800 米的地方，下令发射两枚鱼雷。鱼雷在水中静悄悄地划过，随后发出一声巨响，爆炸产生的冲击波使潜艇剧烈地摇晃起来。油轮上的火焰直冲云霄，产生了一个"150 米高的可怕的黑色蘑菇云"。这艘名为"Norness"（此时此刻号）的 9 577 吨位的油轮，成了此次针对美国海岸攻击行动中第一艘被击中的舰船。在此次行动中，共有 100 艘 U 型潜艇参与攻击，总计击沉了近 400 艘舰船，杀死了近 5 000 名乘客和船员。

盟军在 1942 年损失的舰船总吨位达到了 780 万吨。1943 年年初，运往英国的食物减少至正常水平的 2/3，政府不得不实行基本物资的定量配给。储备的商品油只够维持不到 3 个月——如果算上军队应急储备油，仅能维持 10 个月。油料供应的问题没有公开，但大西洋两岸的指挥官都在密切关注这个问题。没有油英军就无法使用飞机、轮船或汽车，而无法对抗德军的机械化大军，英军就会陷入绝境。

1943 年 3 月，德军破译了盟军的电报，得知将有一个超过 100 艘舰船的舰队向东启程。德军派出了 43 艘 U 型潜艇前往阻截，在 48 小时之内就击沉了 20 艘舰船且自身毫发无损。

英国舰船"加拿大之星号"于 3 月 18 日遭受了袭击。船上一名幸存者回忆道："海浪将船身猛烈地摇晃起来，我看到人们一个个惊慌失措，根本无法站稳，在摇晃的船里被甩来甩去，最终都被甩到了海里。"

58 岁的船长感到非常绝望，他唤来一名船上的军官说道："永别了先生，我此生已无遗憾。"然后平静地走向涌到甲板上的巨浪，就像一条被鲸鱼吞掉的沙丁鱼一样消失了。"

在柏林，邓尼茨和同事们举杯相庆：这是他们在二战中毁伤对方最大的一次战斗。

这也是他们的最后一次庆祝。

图 1-3 大西洋上的战斗

就在加拿大之星号沉没的当月，美国空军将 B-24“解放者”轰炸机部署到了大西洋上空，这架轰炸机搭载了由鲁米斯和他的团队研制的两款新式设备。其中一款设备就是历时 30 个月研制成功的微波雷达，不论白天、黑夜或多云、大雾，它都可以准确探测到伸出水面的潜望镜。

在广阔的海洋中狙杀潜艇，这需要飞机在收到召唤后快速而准确地抵达指定地点。使用星座导航是不现实的，尤其是在恶劣的天气情况下。鲁米斯和他的团队提出了一种全新的方案：使用脉冲无线电信号网络覆盖整个大西洋。通过特殊的信号编码体制，飞行员可以在不惊扰敌舰的情况下算出自身所处的位置。

1943 年春天，搭载有微波雷达和脉冲无线电导航设备的远程“解放者”轰炸机已全面负责整个大西洋的巡逻工作。

一次只要一个

5 月 11 日，一个包含 37 艘舰船，代号为 SC-130 的舰队从加拿大出发，向东前往英格兰。6 天后，德国的情报部门掌握了舰队的行迹，并派出 25 艘潜艇前往阻击。5 月 18 日晚上，盟军舰队与潜艇在大西洋中部相遇。舰队护卫舰的指挥官彼得·格雷顿通过无线电呼叫支援，“解放者”轰炸机在几小时内就到达支援。轰炸机携带的微波雷达透过黑夜和浓雾，能够清楚地识别水面附近潜艇的位置。

格雷顿和轰炸机奋力打击每一艘暴露位置的德军潜艇，为了躲避深水炸弹和机炮，U 型潜艇一看到护卫舰或飞机临近就不得不紧急下潜。U-645 号潜艇向柏林报告说：“由于周围有飞机和护卫舰，我们必须待在水下。”U-707 号的报告为：“正在水下行进。”当 P-120 号轰炸机抵达战场并识别出一小部分潜艇的位置后，飞行员向格雷顿请示首要攻击对象，格雷顿给出了一长串目标，飞行员开玩笑地说：“不要急，伙计，正如梅·韦斯特（美国著名女演员）所说，一次只要一个！”

在为期三天的作战中，U 型潜艇连一次有效的攻击都没有实现。身在柏林的邓尼茨收到的所有艇长的报告都声称：他们正在水下不停地遭受攻击，损失不断增加。

这些潜艇从猎人变成了猎物。

5 月 20 日，邓尼茨向正在与 SC-130 舰队作战的潜艇编队发出指令：“放弃攻击，撤退。”此次战役自此结束，盟军舰队无一伤亡，有三艘德军潜艇被击沉，船员全部遇难，其中包括一名首次参与军事行动的 21 岁军官，他是邓尼茨的儿子。

5 月，盟军飞机和军舰共击沉了 41 艘 U 型潜艇，这比之前 3 年击沉的总数还要多。这也意味着邓尼茨的舰队损失了 1/3 的作战潜艇。5 月 24 日，邓尼茨意识到潜艇封锁计划已经失效，因此召回了所有位于大西洋上的 U 型潜艇。他在后来的报告中写道：“在过去几个月中，敌方化解了 U 型潜艇的威胁。敌人并非依靠先进的战术或策略，而是凭借技术优势获得了胜利。这重新阐释了现代战争中‘侦察’一词的意义。”

在 90 天内，盟军舰船的损失降低了 95%，损失的总吨位数也从 3 月的

51.4 万降低到 6 月的 2.2 万。邓尼茨的报告中写道：“我们已经输掉了大西洋上的战斗。”

此后，U 型潜艇再也没有对盟军舰队构成过威胁，大西洋两岸的航线变得无比畅通。

***

除了对付 U 型潜艇之外，雷达在二战中发挥的巨大作用也远超常人的想象。通过在飞机上装载雷达，盟军不管白天、黑夜，在任何天气状况下，都能随时随地摧毁敌人的重要设施、桥梁和运输设备。配有雷达的防空炮可以很好地对付敌军的飞机，这在太平洋战争中发挥了重要作用。

1944 年 6 月，德国向伦敦发射了其研制的 V–1 “喷射推进式炸弹”——这是最早的由火箭发动机推进的导弹，当其临近时，受攻击者会听到空中传来的可怕的“嗡嗡”声。希特勒投入巨资研制该武器，并得意地宣称这是无法被拦截的足以摧毁盟军的理想武器，这也是德军通过空中进行攻击的最后希望。但盟军装有雷达的防空炮却可以跟踪并快速击落这些导弹。

雷达在 1944 年的比利时“突出部战役”中也发挥了重大的作用——德军的此次突袭是保持其陆上攻势的最后希望。此时盟军的炮弹配备了带有雷达的引信，使其能够在接近目标时爆炸，从而将炮弹的效能提高 7 倍（发射 1 枚配有雷达的炮弹等同于发射 7 枚常规炮弹）。战役胜利之后，巴顿将军说：“那个可笑的引信帮我们赢得了这场战役。”

***

布什构建的系统对培育奇思狂想的显著成果，不仅雷达一个。OSRD 关于青霉素、疟疾和破伤风的研究将士兵受伤感染的死亡率降低至一战时的 1/20。其研究的输血技术在战场上

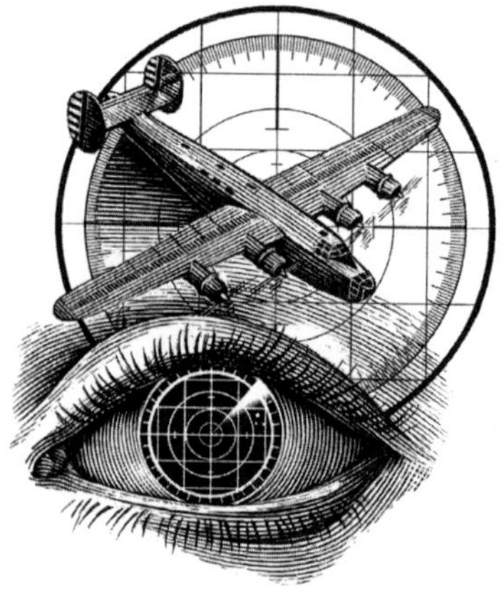

图 1–4 “凭借科学领域的优势获得胜利”

拯救了成千上万的生命，并在战后成为医院的常规急救方式之一。

然而，其中一项获得巨大关注和荣耀的发明足以掩盖其余所有发明的光辉。

1939 年，科学家首次发现核裂变，即一个原子能够裂变成两个新原子的现象。之后的两年，物理学家们也没有发现它在军事或其他领域中更多的应用可能。由罗斯福组建的科学委员会在收到爱因斯坦那封著名的对于核武器的预警信之后，仍与普通人一样无动于衷。

然而，1941 年，英国核物理学家得到的最新研究成果更加坚定了布什对另一种设想的看法。布什向罗斯福及其战争顾问亨利・史汀生强调，虽然核武器研制成功的概率非常小，但美国绝不能承受让德国或日本先研制成功核武器的风险。罗斯福接受了布什的建议并让他负责此事。布什制订了一份雄心勃勃的研究计划，得到了军方和政界的广泛支持，并在递交给军方时将其命名为“曼哈顿计划”。

三年之后，原子弹诞生了，虽然它没来得及被用在欧洲战场上。虽然其在太平洋战场上的使用在几十年之后仍饱受争议，但是如果美国输掉了这场竞赛（当时无法知道日本是否会率先一步研制成功），当今的世界可能就会变得无比黑暗。

无尽的前沿

1944 年 11 月，当德军溃败的趋势已经日趋明朗时，罗斯福召见了布什。

罗斯福：“战争后的科技发展将何去何从？”

布什：“科技发展会大幅减速。”

罗斯福：“我们该怎么办？”

布什：“我们必须尽快做些什么。”

布什知道战前美国支持科学研究的声音很弱，但美国的未来就取决于能否扭转依赖其他国家基础研究的局面。他随后写道："我们不能再指望被战火摧毁的欧洲为我们提供基础知识。"

这次会面后不久，罗斯福给布什下达了官方指令，要求他制订一份支持未来科学研究的计划纲要。罗斯福写道，布什在战争时期创立的系统没理由不能"在和平年代发挥更大的作用"。

布什并不知道，此时罗斯福已患有严重的心脏病，癌细胞也有扩散迹象。在信件中，罗斯福尤其强调了医学研究的作用：

> 每年被一两种疾病夺去生命的人数远超在这场战争中死亡的人数，这一事实让我们意识到我们需要对下一代人负责……
>
> 思想的新疆域就摆在我们的面前，如果它能像这场战争一样为我们开创新的愿景、勇气和动力，我们就能创造更丰富的就业机会和更美满的生活。

在罗斯福去世两个月后的1945年6月，布什将其报告《科学：无尽的前沿》呈给了杜鲁门总统，该报告一个月后被公开，并引起了广泛的反响。他声称，基础科学研究是"技术进步的起搏器"，在国家安全、经济发展以及对抗疾病等方面有重大意义，而美国却没有相关的国家政策，仅靠慈善捐款和私人工厂推动科学研究是极不可靠的。该报告规划了新的国家科学研究体系。

布什的报告在发表后的几天受到了各大媒体的广泛好评。然而，《纽约时报》却对此表示质疑，并与布什（及参与撰写该报告的41位硕士和博士）耐心地探讨起"科学的本质"："科学方法的本质是相通的，同样的方法可以处理雷达或疾病等不同的问题。而布什先生明显没意识到这一点。"该报道认为另一种模式更好："苏联处理这类问题的方法才更实用。"

而另一方面，《商业周刊》将布什盛赞为"实干的商人和务实的学者"，称《科学：无尽的前沿》是一部划时代的著作，是“每一位美国商人的必读书”。

事实证明，《商业周刊》比《纽约时报》更具前瞻性。第二次世界大战结束后，布什倡导的系统孕育了成百上千的新发现、新发明和新产业，包括：GPS（全球卫星定位系统）、个人计算机、生物产业、互联网、心脏起搏器、人造心脏、磁共振成像、儿童白血病的化疗技术，甚至还包括最初的谷歌搜索算法。其他的一些科技成果则是由公共研究部门和私人研究部门共同开发出来的。比如，如果没有美国联邦政府对固体材料以及锗、硅晶体研究的支持，就不会出现晶体管，人类可能就不会进入（以各种新式晶体管为基础的）电子时代。

我们很难评估这些新成果对世界的影响，也很难界定公共投资和私人投资分别对这些新成果做出的贡献。但是根据一项粗略的测算，经济学家认为，二战后美国创造的数万亿美元的 GDP 增长，有一半归功于科技的进步。

布什和罗斯福可能也没有预料到布什的设想会在和平年代取得如此丰硕的成果，但值得注意的是，他们俩都有丰富的商业经验。事实上，布什构建的新体系就源自商业世界。

8 个诺贝尔奖

布什将美国军队，这个由强大权力机构主宰的大型组织，从无法创新的危机中拯救出来。而 1907 年，另一个由强大权力机构主宰的大型组织也曾陷入同样的危机。

在亚历山大·格雷厄姆·贝尔和他的岳父创建“贝尔电话公司”的 30 年后，这家公司陷入了事关存亡的危机之中。该公司的财务收支每况愈下，随着专利权到期，新公司的竞争日益激烈，用户也开始抱怨电话系统的解码质量。而公司的领导们只是试图从贝尔的专利许可中压榨最后一点儿油水，做一点儿修修补补的工作，没有任何创新可言。

1907 年，由金融家 J. P. 摩根领导的银行团队接管了这家公司，将其更名为 AT&T（美国电话电报公司），并解散了原有的管理层。摩根任命 62 岁的西奥多·韦尔为新的首席执行官。

韦尔在接管公司后，很快就宣布要让全美国，不管是纽约还是洛杉矶的所有人都能享受任意两地之间的通话服务。而 AT&T 的员工则对韦尔夸下的海口表示质疑。以当时的技术，实现纽约到洛杉矶 1/10 距离的通话都很难。这是因为信号会在线路传输过程中衰减，而电子才被发现 10 年，人们并不清楚其衰减的确切规律。只有量子力学才能完全解释此问题，而此时距量子力学理论的出现还有 20 年。要实现韦尔的目标，不仅需要未知的技术，还需要未知的基础理论。

韦尔努力说服董事会，建立了一个独立的部门进行这些“基础”研究。和布什一样，他明白必须对激进的新想法进行遴选和保护——建立一个让“创新疯子”自由自在地发展奇思狂想的机构。韦尔聘请麻省理工学院的物理学家弗兰克·厄特主管此事。在此后的若干年中，厄特的团队进行了大量科学研究，并最终解决了信号衰减的问题。他们发明了真空管：这是世界上第一个放大器，是现代电子工业的先驱。

1915 年 1 月 25 日，掌管公司还不到 8 年的韦尔召集数百名员工来到他位于纽约的会议室。早已退休的贝尔也被请到了这里，并给华盛顿的托马斯·沃森打了一个电话——此时距他在波士顿的两幢建筑之间接通世界上的第一部电话已过去 39 年。沃森接通了电话。

“沃森先生，过来吧，我想见你。”贝尔说。

“见你一次得花一周的时间，但这次我肯定去。”沃森回答道。

韦尔的机构最终被命名为“贝尔实验室”，在之后的 50 年里，该实验室研制出了晶体管、太阳能电池、CCD 板（电荷耦合器件板，应用于所有的数码相机）、第一部能持续运行的激光器、Unix 操作系统、C 编程语言等，共获得 8 个诺贝尔奖。韦尔创立了历史上最成功的工业实验室，AT&T 也发展成为美国最大的公司之一。

作为韦尔的追随者和“贝尔实验室”的负责人，厄特是在第一次世界大战时期从事美国海军潜艇侦察工作时结识的布什。在此后的 30 年中，厄特一直是布什的密友和导师。在第二次世界大战期间，布什邀请厄特加入其团队，并成为 5 位核心成员之一。布什在战争时期遵循的许多原则都是韦尔和厄特在贝尔实验室实行过的。

图 1–5　范内瓦·布什、詹姆斯·科南特、卡尔·康普顿和阿尔弗雷德·鲁米斯在加州大学伯克利分校（1940）

布什改变国家科研工作的方式与韦尔改变企业科研工作的方式相同。他们都认识到，许多伟大的思想——包括那些改变科学、商业和历史进程的突破，在取得成功之前都会遭遇多次失败。有时，这些突破借助非凡的技能和个人魅力而得以实现，有时则纯粹靠运气。换言之，改变世界的突破来自天赋和运气的结合。

布什和韦尔的魔法在于聚集天才和机遇的力量为他们服务，他们的成功看似靠运气，其实却是有意识的选择。

现在就让我们更仔细地了解一下这个魔法。

§

布什—韦尔原则

世界上曾普遍流传着这么一个神话：天才企业家基于他们的想法和发明建立了一个永恒的帝国（在接下来的几章中，我们将进一步探讨这个神话及其陷阱）。而那些真正在意料之外创造成功的人——工程师，则扮演着卑微的角色。真实情况是，天才企业家们不是选择支持任何一个奇思狂想，而是创造了一个能培育许多奇思狂想的优秀结构。他们不是有远见的创新者，而是细心的园丁。他们确保了奇思狂想和经营者都能得到良好的照顾，他们不是互相控制对方，而是相互帮助和支持对方。

这些园丁创造的结构有一套共同的原则，我将其称为“布什—韦尔原则”。

该原则即为上文提到的在 32 华氏度存在的两个关键，即相态分离（将奇思狂想和经营者分为两个团队进行工作）和创建动态平衡（确保项目在两个组织之间能够畅通无阻地交流和反馈）。也就是既能分开工作，又能保持沟通。

1. 相态分离

让你的艺术家和士兵保持距离

负责提出高风险、创新思想的人（即“艺术家”）需要避开那些负责组织中已经成功、稳定发展部分的“士兵”。早期项目是脆弱的。“尽管一旦在领域内得到充分证明，军官们便开始热衷于推动新技术发展”，布什写道，但他们“在胚胎期”会摒弃任何武器——就像他们对待雷达、两栖装甲车以及几乎所有的早期创新一样，因为这些创新总有各种缺点。如果没有强有力的措施来保护这些早期的想法，它们将被抛弃或埋没，就像扬和泰勒早期发明的雷达那样。

每一个行业中的强势领导者通常都会通过挑刺儿来扼杀处于发展早期的项目（后面的激励机制将在第二部分进行更多讨论）。例如，主要的制药公司都抛弃了通过阻断肿瘤血液供应来治疗癌症的想法：因为当时人们普遍认为围绕肿瘤的血管与肿瘤本身无关。主流电影制片厂抛弃了让一个英国都市男间谍拯救世界的想法。它们还抛弃了一部名为《卢克・史塔克勒历险记》的剧本，因为觉得故事情节令人费解，认为主角梅斯・温迪只是一个夸夸其谈的超级英雄。

正如后来我们所看到的，这两个行业都已经发展出一种机构来保护和培育奇思狂想，使其免遭主流观点扼杀。在克服这些困难后，阻断肿瘤血液供应的想法发展成了抗血管生成疗法，这是近 20 年来癌症治疗领域的重大突破。第一个此类药物阿瓦斯丁的年销售额达到 70 亿美元。而那两个不被看好的电影项目成长为有史以来最成功的两个电影系列：《007》和《星球大战》。

艺术家和士兵分离的目的是建立一个奇思狂想培育基地，以保护那些早期项目。它允许管理者建造一个庇护环境，让这些项目能够生长、繁荣，并消除自身的缺点。

为各相态匹配工具

仅仅把奇思狂想和经营者分开是不够的。在组织结构图上增设一个部门，然后租一栋新大楼是很容易的，但拥有漂亮的研究实验室最终却失败的公司很多。真正的相态分离需要定制的设施来满足特定需求，即根据每个相态的需求定制独立的系统。

布什隔离了麻省理工学院无名办公楼的雷达小组。如前所述，他认识到军队所需的严密组织不利于科学家探索这些新奇的课题，正如“适用于实验室的组织结构对战场上的部队未必适用”一样。

韦尔隔离了在下曼哈顿的一座办公楼里研究远程电话技术的小组。和布什一样，他打造了一套新系统，使小组摆脱了传统电话业务中严格的任务分配，他们采取了类似的松散联系方式。

几十年前，布什和韦尔就凭直觉理解了今天不断被重新认识的东西。六西格玛和全面质量管理等效率体系或许有助于经营项目，但它们会扼杀艺术家。例如，当便利贴和透明胶带的发明者 3M 公司在 2000 年任命一位“六西格玛大师”为新首席执行官时，公司创新力大幅下降。直到他离开后很久，一位新的首席执行官重启以前的制度，系统才恢复正常。新任首席执行官认为使用绩效管理体系是一个错误：“你不能说……嗯，我的发明进度落后了，所以我打算在周三提出三个好想法，周五再提出两个。”已经退休的便利贴发明者阿特·弗雷表示，在绩效体系的管理下，新想法永远不会出现。

但这并不意味着绩效管理体系没有立足之地。松散的目标和空想会议可能会帮助艺术家，但这会损害军队的凝聚力。

2. 动态平衡

平等地爱你的艺术家和士兵

保持平衡，在任何一个相态中都不会有一方压倒另一方的状况出现，这需要一些听起来温和且模糊，却又非常真实而容易被忽视的东西。必须让为奇思狂想工作的艺术家和为大型权力机构工作的士兵感受到同样的爱。

在创建贝尔实验室之后，韦尔写道：“任何部门、分支机构或集团，都不能因不平衡的制度被忽视或以牺牲其他部门为代价而得到优待。”然而，对于大多数群体来说，问题在于士兵天生喜欢士兵，而艺术家天生喜欢艺术家。

对机会均等的尊重是一种罕见而宝贵的技能。战争开始时，尽管布什是一位经验丰富的学者，但他非常尊重军队。多年后，他写道："与科学家、商人、教授等群体相比，我更喜欢与军人打交道。"布什对军官的尊重帮助他理解并最终影响军队，这比在他之前许多进行了尝试却失败的科学家和工程师所做的更有意义。

一个著名偶像的不那么出名的历史，道出了一个人朝着这种平衡前进的过程。史蒂夫·乔布斯刚到苹果公司时，就曾把自己研发 Mac（苹果电脑）的团队称为"海盗"或"艺术家"（他还把自己看作终极海盗艺术家）。乔布斯将苹果 II 系列产品的开发团队称为"常规海军"。他通过对艺术家的崇拜和对士兵的贬低，在两个群体之间制造了极大的敌意，以至他们两座办公楼之间的街道被称为非军事区。这种敌意最终对这两种产品都造成了伤害。史蒂夫·沃兹尼亚克，苹果公司的联合创始人，当时正与乔布斯一起进行苹果 II 系列产品的开发。结果 Mac 在商业上失败了，苹果面临着严重的财务压力，乔布斯丢掉了工作，约翰·斯卡利接管了公司（并最终拯救了 Mac 计算机，稳定了苹果公司的现金流）。

12 年后，当乔布斯回来时，他已经学会了平等地爱他的艺术家（乔纳森·伊夫）和士兵（蒂姆·库克）。

虽然平等地尊重是一种罕见的技能，但它可以通过实践来培养（更多关于这方面的内容见第 5 章）。

管理沟通方式，而不是管理技术

尽管布什是一位杰出的发明家和工程师，但他却刻意回避任何一个奇思狂想的细节。他写道："我对战争没有做出任何技术上的贡献。我的任何一个技术想法都算不上创新。人们称我为'原子科学家'，但同样可以称我为'儿童心理学家'。"

韦尔同样没有参与技术项目的细节制定。布什和韦尔都认为他们的工作是负责管理奇思狂想和特许经营之间的沟通与平衡——在探索奇异世界的科学家和操纵军火的士兵之间，在贝尔实验室的理论研究和日常烦琐的电话操作之间，他们没有深入研究其中任何一个，而是专注于两者之间的沟通。

当平衡被打破时，他们就会介入。如前所述，在创造突破的链条中，双方的沟通是最薄弱的环节。科学家可能很少关注士兵或商人，而士兵和商人也可能会对那些喋喋不休的书呆子不屑一顾。布什和韦尔把注意力集中在这两者的沟通上。一个雷达探测装置如果被埋没在物理学家的实验室里，就永远不会有机会击沉 U 型潜艇。贝尔实验室里由半导体制成的微型开关如果被埋没，最多也只是一个新奇的设计，而不会发展成为 20 世纪最重要的发明之一——晶体管。

我们将在接下来的章节中看到，管理沟通和平衡是一门艺术。过度管理会落入一个陷阱，管理不善又会落入另一个陷阱。

从发明者转向实践领域并不是唯一的问题，如何将信息从实践领域反馈给发明者同样重要。没有一种产品第一次就能完美运作。如果发明者忽视来自实践领域的反馈，最初的热情就可能迅速消退，一个有前景的项目将会被放弃。例如，早期的飞机雷达实际上几乎没被使用过，飞行员会直接忽略它。布什强迫飞行员回到科学家那里，解释他们为什么不使用雷达。原因与技术无关：因为早期雷达箱的用户界面很糟糕，飞行员在激烈的战斗中没有时间去摆弄那些复杂的开关。科学家们很快创造了一种自定义显示技术，即现在被称为 PPI 显示的扫线和移动点阵。自此，飞行员才开始使用雷达。

在某些情况下，就像前面提到的炮弹雷达控制引信问题一样，当布什感觉存在薄弱环节时，他会独自行动。起初，美国陆军并没有对引信问题加以注意，布什一登上飞机，就决定直接飞往欧洲战场总指挥部。艾森豪威尔的参谋长沃尔特・比德尔・史密斯将军接见了他。

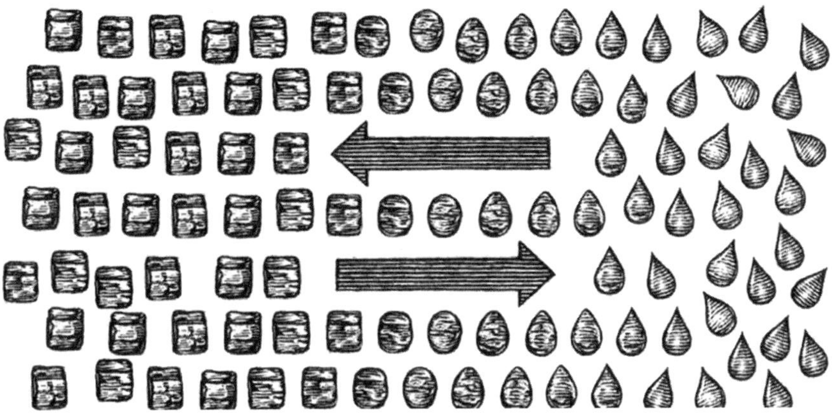

图 1-6　冰水及处于二者共存状态的冰水

“你来这里干什么？”史密斯问布什，“你觉得我们这儿的剧院里缺群众演员吗？”

布什回答说：“我来到一个无知的深渊，试图阻止你们销毁战争中最好的武器之一。”

在这次交流之后，布什报告说，他们相处得很顺利。

在其他事件中，布什与罗斯福的战争顾问亨利·史汀生密切合作。在最初将军们连看都不愿意看雷达一眼时，布什给史汀生打了电话。史汀生驾驶了一架配备这种技术的飞机飞行，以检测雷达是否能迅速发现远处的目标。第二天，美国陆军和空军首脑们的办公桌上都收到了同样的便条：

我看到了新的雷达设备。为什么你们没看过？

这种动态平衡的关键是高层的支持，而布什能够自由地与将军们交谈。在处理一场棘手的冲突时，布什写道：“我告诉罗斯福，他给了我一个烫手山芋，我可能不得不同时顶撞很多高层。我清楚地记得他的回答，他说：‘你去撞吧，我会支持你的。’”

不久之后，其中一个被顶撞的人来到罗斯福面前，对布什和他的行动进行了猛烈抨击。据当时在场的一位助手说，总统当时正在签署信件。罗斯福停顿了一下，继续签署信件，然后说："看，麦克，我已经把它交到布什手里了，他在负责，你快给我滚出去。"

***

图 1–7 形象地展示了以上两条原则以及接下来几章的内容。

布什和韦尔成功地将停滞不前的组织直接带入图 1–7 右上角的象限中：分离良好且同样强大的奇思狂想和特许经营（相态分离）不断地交流彼此的项目和想法（动态平衡）。

然而，许多公司，尤其是在面临危机时，总是试图强制创新或要求在任何地方都做到创新（"CEO 必须是 CIO——首席创新官！"）。这通常会导致混乱，如左上角的象限所示。

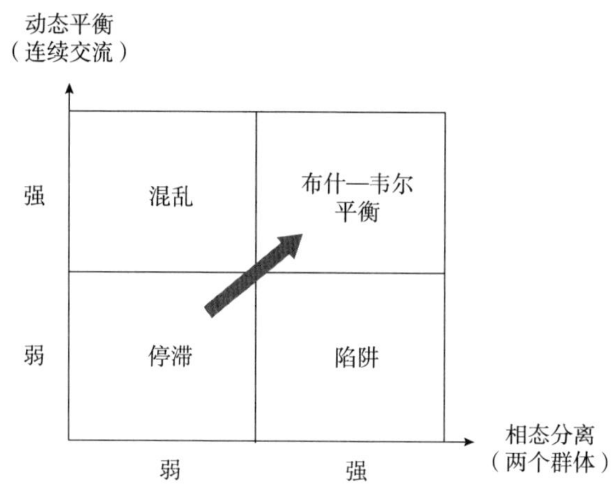

图 1–7

并非所有的电话运营商都必须成为一流创新者，有时候你只需要它们能接电话就行。

然而，最常见的陷阱直指右下角的象限。如前所述，领导们会自豪地在组织结构图上增加一个机构、租一栋新大楼、挂一块牌子或宣传一个新的研究实验室。在第 3~5 章中，我们将看到为什么这样的失败会如此频繁，以及如何回到右上角的象限。

但首先，我们需要更多地了解奇思狂想的性质。为什么需要如此小心地保护它们？为什么它们如此脆弱？

第2章 惊人的脆弱

远藤章和石头之心

詹姆斯·布莱克爵士因开创了发现药物的现代方法而获得 1988 年诺贝尔医学奖。在五六年的时间里，他定期从英国飞过来，会见我们生物技术公司的一个小团队，为我们的研究提供建议。一天深夜，在结束了一场马拉松式的全天科学课题研究之后，我喝了几杯威士忌，几乎因精疲力竭而崩溃。布莱克爵士就坐在我旁边，我想知道这个刚刚奔波了 3 000 英里，一整天都在说话的 82 岁老人怎么能比我更有精神。我一边喝酒，一边抱怨说，某个项目在实验室里经历了多少次的失败，这看起来是多么让人绝望。

詹姆斯爵士俯下身，拍了拍我的膝盖说："哦，我的孩子，一种药物如果没有被至少扼杀过三次，就不会是一种好药。"

三次绝境

教科书和彩色的企业宣传册通常会讲述一个截然不同的故事：一段快乐的历史、一条从想法到治愈的直线。例如，目前大多数治疗癌症的研究都聚焦在靶向治疗上，这种药物能对癌细胞实施精准打击，而不伤害正常细胞。书籍和杂志上的故事都称赞了"格列卫"这种"灵丹妙药"的迅速发展，称这是癌症治疗史上最伟大的突破之一。格列卫确实以惊人的速度完成了其临床项目，至今仍保持着纪录：从接诊第一个病人（1998 年 6 月）

到获得美国食品和药物管理局批准（2001 年 5 月）总共只用了 35 个月。但事实上，在进行这些实验之前，该药物的发明者布莱恩·德鲁克就被剥夺了终身教职，因为大学研究委员会认为他的工作缺乏潜力，主要的科学期刊都拒绝发表他的研究结果，德鲁克花了很多年才说服公司，并最终与之合作推动了这个项目。该公司的一位高管宣布，德鲁克项目将“在我死之后”继续推进。

在现实世界中，想法被嘲笑、实验失败、预算被削减、天才因为愚蠢的原因被解雇、公司分崩离析，而最好的项目仍被埋没，有时甚至永远被埋没，这类情况经常发生。与修正过的历史相反，这三次扼杀事件是我所知或亲身经历的几乎每一次重大突破的真实历史（这里的 3 次有时会扩展到 4 次、5 次或 10 次）。培育和保护脆弱的奇思狂想，使它们能够在自己或他人造成的挫折中生存下来，这是布什—韦尔体系背后的核心理念。

正如我们将看到的，如果不能理解奇思狂想惊人的脆弱——而是假设最好的想法将凭借其自身的力量突破障碍——就可能会导致代价高昂的错误。这可能意味着错过 21 世纪医学领域最重要的发现之一，以及价值 3 000 亿美元的机会。

1943 年 11 月 28 日，德黑兰。罗斯福、丘吉尔和斯大林第一次会面的目的是讨论一项大战略：盟军是否应该对欧洲大陆发起进攻。晚餐是牛排和土豆。斯大林用红铅笔在画板上乱画，丘吉尔点燃了雪茄。晚上 10 点 30 分，话说到一半，罗斯福突然“脸色发青，大滴大滴的汗珠从他脸上滚落，他用颤抖的手捂住前额”。他被推到自己的房间，需要医生一直看护。医生认为他的症状是消化不良引起的。在随后的一年里，罗斯福的健康状况迅速恶化，朋友们都注意到了他那憔悴的外表和暴瘦的身体。1945 年 4 月 12 日，他的医生公布了一个“令人震惊的消息”，罗斯福死于突发性脑出血。然而，对他的医疗顾问来说，这绝对不是一个“突然”的噩耗。多年来，罗斯福一直患有严重的慢性心脏病。

当时，心脏病被认为是衰老的必然结果，没人知道发病原因和治疗方法。1768年，威廉·赫伯登在伦敦皇家医学院的演讲中介绍了一种“迄今为止在医学书中没有名字的疾病”，他称之为“心绞痛”。“死亡，”他说，“来得很突然……所有的病人都突然倒下，几乎立即死亡。”心脏病发作的记载已经有几千年的历史——“心脏在体内死亡，变成了一块石头”。但是赫伯登对近100名病人的研究却是人类第一次试图系统地了解和治疗这种疾病。赫伯登的结论是除了静养、烈酒和鸦片，他几乎没有什么可以推荐给病人的解药。

当时世界上最著名的美国人死于心脏病，这激发了人们对心脏病研究的热情。1948年，杜鲁门总统签署了一项建立美国国家心脏病研究所的法案。该研究所将模仿布什在《科学：无尽的前沿》一书中的想法，向大学、实验室和医院的科学家提供资助，以研究这种疾病和可能的治疗方法。法案还提及对弗雷明汉研究所心脏研究的资助，弗雷明汉研究所最终成为有史以来人员数量最多的研究所。研究结果发表于1961年，题为“冠心病发展中的风险因素”。该研究证实，血液中胆固醇的升高会提高心脏病发作或中风的风险（这篇论文是“风险因素”一词的起源）。

美国的心脏病死亡率自20世纪初以来一直在增长，在20世纪60年代末达到顶峰。从那时起到现在，这一比例已经下降了大约75%，新的治疗手段在过去50年里挽救了1 000多万人的生命。生活方式的改变、饮食习惯的改变、锻炼、禁烟，这些都是降低心脏病死亡率的原因。还有一个重要原因是一种药物的发明，它是由真菌爱好者和微生物学家从在东京一家粮仓中发现的蓝绿色霉菌中分离出来的。

以下就是发明这种药物的故事。

真菌不管用

弗雷明汉的研究激起了人们对胆固醇的兴趣。研究人员开展了数十项临床研究，以评估新药或改变饮食习惯是否能降低胆固醇、减少心脏病和中风发作的风险。1964 年，康拉德·布洛赫和费奥多尔·莱宁因解释了胆固醇是如何在细胞内产生和运作的而获得诺贝尔奖。1966 年，远藤章，一个在日本北部小山村长大的三共集团食品加工部的科学家来到美国，决心要更多地了解这门新科学。他加入了纽约爱因斯坦医学院的一个实验室，专门从事胆固醇研究。

远藤章来到美国的时候，饮食习惯会影响心脏病发病率的观点刚刚开始流行。《时代》杂志的一篇封面报道描述了明尼苏达大学的科学家安赛尔·季斯的一项新研究，并且认为季斯是“最坚定地解决饮食和健康问题的人”。他对 7 个国家、1 万人进行的著名研究证实，血液中胆固醇含量的升高与心脏病有关，并且将心脏病与饮食习惯联系在了一起。他说，摄入脂肪，尤其是饱和脂肪，是问题的根源所在。季斯是一个不拘小节的人，他曾说，肥胖“令人作呕”，认为“也许这种观点传播开了，胖子就会开始想：肥胖是不道德的”。季斯的宣传让官方指南在未获得更严格证据的情况下就开始推荐低脂肪、高碳水化合物的饮食结构（季斯的观点盛行了 60 年，很久之后官方指南才放弃推荐这种饮食结构，现在人们已经意识到这种饮食结构的缺陷）。

在另一项曝光率不高的研究中，季斯比较了居住在日本的本土男性和移居夏威夷的日本男性的心脏病发病率，认为养成西方饮食习惯的日本人比那些保持日本传统饮食习惯的人血液里的胆固醇含量更高，心脏病的发病率也更高。在纽约，远藤首先发现了这种联系：他对心脏病的高发病率和美国人的超量饮食感到惊讶。（“我看到很多超重的人，他们就像相扑运动员一样。”）他总结说，就像季斯一样，随着西方文化对日本社会影响的日益加剧，心脏病将变得更加常见。回到日本后，他决心找到一种降低胆固醇的药物。

远藤希望从霉菌和蘑菇等真菌中寻找答案。小时候，远藤和祖父在树林里玩耍时，曾注意到一种对人类安全但对苍蝇有毒的蘑菇。战后，苍蝇到处都是，所以远藤在高中的一个科学项目中制作了一种由这种蘑菇制成的肉汤，并用这种肉汤杀死了苍蝇——这证明这种蘑菇中有一种可以杀死苍蝇的水溶性化合物。

远藤知道真菌是不能运动的，但是它们都是“伟大的化学家”。蘑菇不能自动远离捕食者，因此它们靠分泌化学物质来吓退捕食者（这就是许多蘑菇有毒的原因）。霉菌不能抓捕食物，所以它们会分泌化学物质，使其宿主更加多汁、更加有营养。事实上，是一种果汁霉菌让远藤获得了去美国的机会。远藤发现了葡萄白腐病菌，这种菌体会使葡萄发生白色腐烂，可以分解果汁和葡萄酒中不需要的污染物。这种净化酶成为三共集团的宝贵发现，作为奖励，该集团为远藤的美国之旅提供了资助。

在发现了真菌这种伟大的“化学家”后，真菌就成了远藤早期的研究方向。远藤知道细菌是霉菌和蘑菇的天然捕食者。为了保护自己，真菌通过进化得到了很多杀灭细菌的办法。例如，青霉就是通过分泌可使细菌细胞壁塌陷的化合物来杀灭细菌的。这也是青霉的衍生物青霉素的工作方式。

在纽约，远藤了解到，许多细菌需要胆固醇才能存活。那么，真菌是否可以分泌一种化学物质阻断细菌所需要的胆固醇来杀灭细菌呢？换句话说，远藤不想杀死蘑菇的霉菌。他想要一个使用特定武器的杀手：一把阻止胆固醇生成的手术刀。就像法医使用特殊工具判断凶手使用的武器一样，远藤也需要使用类似法医使用的特殊工具，但是规模是其百万分之一。远藤用两年时间建造并完善了最先进的显微检测系统。

远藤最终在 1971 年 4 月开始进行真菌筛查。他测试了超过 6 000 个品种的真菌。在 1972 年的夏天，一个样本出现了，药物开发人员将这称为“惊喜”。在京都的一家谷物商店里发现的一种生长在米饭上的蓝绿色霉菌能够产生阻断制造胆固醇所需要的关键酶。这种霉菌就是柑橘青霉，它也可以用来生产青霉素，但是和青霉不属于同一种类。不到一年，远藤就从中提取出了可以降低胆固醇的分子，并将其称为 ML-236B，这个药物现在叫美伐他汀，是提取立普妥、罗苏伐他汀、辛伐他汀和其他他汀类衍生物的种子和原材料。这些他汀类物质后来成为世界上运用最广泛的处方药，拯救了数百万人的生命。

但是，远藤的药物也必须经历三次绝境的考验。

被鸡拯救

远藤开始在日本筛查真菌后不久，美国也重启了几年前曾以极大热情推动的降低胆固醇的实验。饮食干预似乎只有很少（如果有的话）的益处。《新英格兰医学期刊》中一篇名为“饮食—心脏：一个时代的终结”的文章广泛流传，掩盖了其他任何想法，将降低胆固醇的努力描述为“心脏协会的筹款活动，以及数千名油脂药剂师的繁忙工作”。

评估降低胆固醇的药物实验甚至比饮食实验更糟糕。实验结果表明：三种投入研究最多的药物会增加总死亡率，另外一种药物很容易导致白内障。由英国最受尊敬的心脏病专家发表在《英国医学杂志》上的一篇文章总结了最新观点：“所有降低胆固醇的饮食和药物都不能降低冠心病的死亡率和发病率。”另一篇文章也称：“消除风险因素就能避免人们罹患心脏病的证据不足。”

由于正常的细胞代谢需要胆固醇，因此久负盛名的科学评论作者会引用这一生物常识来解释失败。任何降低胆固醇的药物都具有一定的风险，因为它会影响正常的细胞功能。学术界对此失去了兴趣，同时大部分公司也放弃了该研究。远藤在那时的一个会议中展示了美伐他汀的效果。但那时，利用药物降低胆固醇的想法已经被共识压垮，几乎没有人去听他的报告。他沮丧地结束了会议（第一次绝境）。

远藤在三共集团的小团队也面临管理层和同事们的强烈质疑。考虑到最坏的结果，远藤问妻子，如果自己被解雇，她是否愿意单靠自己的收入支撑整个家庭，她同意了。远藤草拟了一封辞职信，并将其放在口袋里随身携带，准备在被要求离职的时候拿出来，有尊严地离开。

令远藤惊讶的是，并没有人要求他辞职。他先前积攒的好人缘和一位宽容的上司，在那个时刻保护了他。美伐他汀很快就到了研发的关键阶段：在活体动物身上进行实验。通常用来做实验的首选动物是啮齿类动物。带着激动的心情，该团队将药物喂给了老鼠，但是并没有看到效果。老鼠体内的胆固醇没有降低。在发明药物的过程中，标准动物研究的失败通常会导致整个项目的失败。远藤多年后回忆说，由于这一失败的结果，他们没有希望说服三共集团的生物学家继续评估这个药物（第二次绝境）。

远藤向公司提出请求并有了更多的时间来弄清楚为什么他的药物没有起作用。在实验室附近的一间酒吧里，他遇到了一个不同部门的同事诺里斯·凯塔诺，他在用鸡做实验。喝了几杯酒之后，诺里斯·凯塔诺向他透露，当他的研究项目在一个月后结束的时候，他的鸡会被做成一顿美味的烤鸡肉串。远藤突然想到，母鸡体内的胆固醇含量可能也很高，因为鸡蛋中含有很高的胆固醇。更高的初始胆固醇水平可以使他的药物效果更容易被发现。所以远藤说服了诺里斯·凯塔诺，暂时抑制一下他的食欲，并开始在一些实验用的母鸡身上测试美伐他汀。他们未经正式批准就开始做实验。当我问远藤他们是否能够在保密的情况下进行实验时，他笑着说："母鸡一直在叫，想把它们隐藏起来是不可能的。"

实验结果非常理想，美伐他汀使母鸡体内的胆固醇含量降低了近一半，甘油三酯含量也降低了更多，并且没有任何不良反应。很久以后，科学家们了解到，由于老鼠的血液中含有大量高密度脂蛋白（"好的胆固醇"），而可能导致心脏衰竭的低密度胆固醇（"坏的胆固醇"）的含量非常低。这就说明用老鼠来测试美伐他汀是非常错误的选择，美伐他汀只能降低低密度胆固醇。鸡和人一样都含有这两种胆固醇。

在远藤发现他的药物在鸡身上起作用后不久，得克萨斯大学达拉斯分校的两位科学家在狗和猴子身上也做了实验，这一实验将成为一个非凡的科学发现的序幕。迈克尔·布朗和约瑟夫·戈德斯坦于1966年在波士顿的麻省总医院相识。两人都于1968年在马里兰州的NIH（美国国立卫生研究所）继续接受培训。在NIH，戈德斯坦负责照顾一个6岁大的小男孩和比小男孩大 8 岁的姐姐，小男孩和姐姐受到反复发作的心脏病的折磨。这对儿姐弟被诊断为患有家族性高胆固醇血症，这是一种遗传性疾病。

大约有 1/500 的人在出生时就带有某种蛋白质缺陷基因，这种蛋白质的作用是将低密度胆固醇从血液中吸出来。缺乏具有这种能力的蛋白质将导致血液中胆固醇含量升至正常水平的两倍。患者通常会在 30 多岁的时候心脏病发作。百万分之一的人会从父母那里继承有缺陷的基因，一出生时就患有高胆固醇血症，就像戈德斯坦看到的那两个小孩一样。他们血液中胆固醇的含量是正常值的 10 倍，通常在儿童时期就患有心脏病。布朗和戈德斯坦决定共同努力寻找解决办法。他们于 1973 年共同发表了第一篇论文，并在之后的 40 年里又共同发表了超过 500 篇论文（从“布朗—戈德斯坦”到“戈德斯坦—布朗”，他们的名字按顺序交替出现）。他们被称为医学界的吉尔伯特和沙利文。

布朗和戈德斯坦来到得克萨斯州后，订阅了一项计算机服务，这项服务可以提醒他们是否有已发表的文章引用了他们的实验结果（这一服务在互联网时代之前并不少见）。在 1976 年 7 月，该服务通知他们，来自东京的远藤在日本的科学期刊上发表了一篇文章，评论了他们一篇论文的结果。他们不懂日语，但是认出了来自他们论文的图片。他们对此感到很高兴，认为自己的工作已经跨越重洋。几个月之后，这个服务机构再次通知他们，远藤在 1976 年 12 月又发表了两篇新文章。这两篇文章描述了他对美伐他汀的发现。布朗和戈德斯坦立刻就领会了美伐他汀对高胆固醇血症患者的重要性。

戈德斯坦写信给远藤，并请求他提供药物的样本，远藤很快就提供了该样本。得州的科学家们在自己的实验室里验证了远藤的实验结果，并鼓励他在患者身上测试这种药物。1977 年夏天，日本一位叫山本的医生也读到了远藤的论文。山本给远藤讲述了一个 18 岁女孩的故事，这个女孩深受高胆固醇血症的折磨，她的情况非常严重。在布朗和戈德斯坦的鼓励下，远藤同意用他的药物进行人体实验。1978 年 2 月 2 日，山本的一位病人（下文将其简称为SS，图2–1为其照片）成为第一个接受他汀类药物治疗的人。

图2–1　SS，第一个使用他汀类药物的人，在7年后抱着自己的孩子拍下了这张照片

在开始实验两周后的一个午夜，山本在家里给远藤打电话，SS体内的胆固醇含量已经降低了30%，药物起作用了。这次实验成功了，这类药物也成为高胆固醇患者的一大希望。三共集团启动了一项官方临床试验项目，该项目于1979年扩大为一个由12个医院共同进行的大型联合研究。美伐他汀最终引起了全世界的关注。1980年5月，在意大利举办的一场关于美伐他汀的特别研讨会上，8位用美伐他汀治疗病人的日本医生出席会议并做了报告。

远藤很高兴，有医生能在保证药物项目安全性的前提下用自己的研究成果来进行临床试验，监管部门也批准了该项目。在获得了足够的公司分红之后，远藤从三共集团退休了，在东京的一个大学做研究和教学工作。

全世界对美伐他汀都有很高的热情，但是，热情是短暂的。在意大利研讨会结束后3个月，三共集团进行了一项安全研究，结果直接将美伐他汀打击出局。高剂量的美伐他汀似乎会使狗罹患癌症。三共集团已经赚了足够多的钱，于是停止了实验和对美伐他汀的继续研究。关于癌症副作用的传言很快传播开来，其他的公司和研究机构也终止了它们关于他汀类药物的研究。虽然远藤怀疑狗的实验存在疑点，但也只能眼睁睁地看着自己的项目走向崩溃（第三次绝境）。

900 亿美元的“巧合”

这可能是他汀类药物应用的终结，除非同时进行的别的研究项目有惊人的发现。两年前，制药巨头默克公司也开始筛选真菌，该公司还发现了一种与远藤发现的酶一样的抑制剂，并且发现它在降低胆固醇方面具有良好的效果。值得注意的是，默克公司的化合物和远藤发明的化合物结构仅相差 4 个原子。

同样引人注目的是，默克公司的科学家在 1978 年 11 月，即开始他们研究计划的几天之后，发现他们的结果和远藤几年前的研究结果相同。默克研究实验室负责人罗伊·瓦格洛斯将这一“突然”的发现描述为“难以置信的事”。在他的回忆录中，他重点讲述了团队发现他汀类药物的过程，并介绍了其与三共集团的竞争：与三共集团的竞争加剧了获得新发现的快感。

然而，竞赛通常要求参与者认为他们在竞争。我从默克科学家那里读到的关于他汀类药物发现的所有文章都省略了相关的细节：在默克获得新发现后的两年半里，默克找到了远藤和他的团队，希望与他们进行合作而不是竞争，并请求访问他们最机密的相关数据。根据默克从 1966 年春天至 1968 年秋天在信件中做的保证来看（“很明显，实用的治疗应用将从远藤博士的研究计划中发展出来”，“我们希望通过这些交流，找到符合许可的产品”），远藤和他的团队在三共集团的批准下，不仅提供了远藤用于测试的药物样品，还分享了关键实验的结果，包括药物的生物化学信息、药理学信息、疗效和毒性——无价的信息。这些信件记录了远藤和他的团队不仅前往美国参观了位于新泽西州的默克实验室，还在日本接待了默克公司的科学家，并回答了默克公司科学家关于这种药物的详细问题。在这种背景下，两年后默克公司“突然”发现一种几乎完全相同的药物就不那么难以置信了。

在三共集团终止其计划的那段时间，瓦格洛斯听说了有关三共集团的药物会导致癌症的传言。所以瓦格洛斯意识到他们研制的两种化合物非常相似，也终止了默克的计划。然而，那些传闻中的结果从未在当时或许多后续研究中被证实。当时入驻东京诺科大学的远藤对此表示怀疑，并要求三共集团与他分享这些数据，却被公司拒绝了。得克萨斯大学的布朗和戈德斯坦对此也持怀疑态度。他们很快证明，对狗使用的超高剂量他汀类药物可能会导致看起来像癌症的症状，但不是癌症：这是误报。与其他几位医生一起，在美国食品和药物管理局的支持下，布朗和戈德斯坦向默克公司施压，要求重启计划。

默克公司接受了他们的意见并开始了新的安全研究。在这些研究显示该药物没有引起癌症的副作用之后，默克便开始进行美国食品和药物管理局要求的大型临床试验，以确定药物的安全性和有效性。结果非常好，与远藤和山本在其临床研究中观察到的最早数据一致。1987 年 2 月，美国食品和药物管理局顾问小组一致建议批准第一种他汀类药物生产，即默克公司的洛伐他汀。

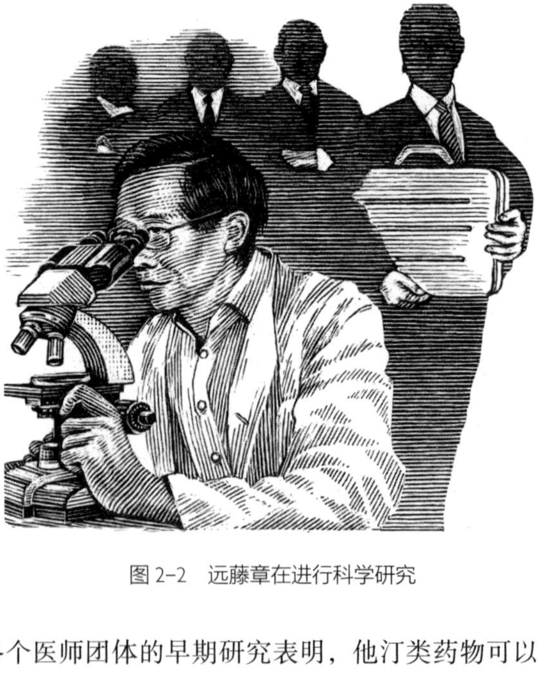

图 2-2 远藤章在进行科学研究

默克和各个医师团体的早期研究表明，他汀类药物可以降低高胆固醇水平。这是一个重要且鼓舞人心的标志，但尚未有能保证健康状况的明确证据。数百名研究人员随后发起了数十项随机对照临床试验。这些实验迄今为止已招募超过 10 万名参与者，他汀类药物被确立为 20 世纪最伟大的医学突破之一。他汀类药物可以减少人们的心脏病发病率和中风率，延长存活期，不仅适用于心脏病（二级预防）幸存者，也适用于从未经历过心脏病发作的高风险患者（一级预防）。在美国，他汀类药物每年可预防大约 50 万次心脏病发作和中风。《新英格兰医学期刊》最近的一篇文章写道："很少有药物能对健康结果产生如此巨大的影响。"

洛伐他汀及其后续的辛伐他汀也成为默克公司历史上最成功的药物。默克公司他汀类药物特许经营的累计销售额已超过 900 亿美元。所有他汀类药物的累计销售额已超过 3 000 亿美元。

瓦格洛斯于 1985 年从研究负责人晋升为默克公司的首席执行官。1987—1993 年，公司在《福布斯》最受赞赏公司的评选中连续获得最高荣誉。1985 年，由于在胆固醇研究方面所做的贡献，布朗和戈德斯坦共同获得了诺贝尔奖。

另一方面，远藤的贡献却只被少数心脏病专家了解，但他也收到了一些迟来的奖赏。2008 年，他获得了著名的拉斯克医学奖，以奖励他在发现他汀类药物方面所做的贡献。布朗和戈德斯坦最近的一篇历史回顾中也提到，"远藤是降低胆固醇的'青霉素'的发现者"，并得出结论，"数百万人的生命因他汀类药物的治疗而得以延续，这归功于远藤在三共集团探索真菌时所得到的提取物"。

远藤的故事不仅仅是奇思狂想的一个典型，因为曲折的探索之路是常态而非个例。

远藤的旅程从开始到最终通过验证，获得美国食品和药物管理局批准，历时 16 年。詹姆斯·布莱克爵士的三次死亡之旅（为了发明 β 受体阻滞剂，一种治疗高血压的药物）持续了 7 年。

有一个人经历了一段更漫长、更艰难的旅程，并最终活了下来。在 32 年的时间里，他支持的奇思狂想遭到全世界嘲笑，其中还包括他所在机构的许多同事。

他是让我学习到很多关于伟大发现需要经过漫长历程的人。在本章结束时，我将简要讲述他的故事，然后分享他和远藤一起告诉我们的关于如何从三次绝境中幸存的经验。

数数你屁股里的箭头

大约在 2001 年或 2002 年时，我曾向哈佛大学的一位生物学家朋友进行咨询，他是一位试图用激进想法对付癌症的男人。我和我的公司正在考虑和他一起工作。我的朋友，因其良好的性格和慷慨的行为而在研究界享有盛名。但是，他看起来非常严肃，说话也有点儿口齿不清，这让我们都不敢与他太亲近，因为“人们无法复制他的数据”，从而不得不迅速转移话题。这就是当时关于犹大·福克曼的传闻。

1971 年，福克曼提出了一个观点：癌细胞与宿主会进行相互作用，发出信号，诱使周围组织进入利于肿瘤生长的环境。例如，肿瘤需要血管来吸收氧气和其他营养物质，就像人类需要管道来吸入水和气体一样。福克曼认为，癌细胞向周围组织发出的信号使这些血管得以生长。他的想法是设计一种新的药物，阻止这些信号并摧毁这些血管。换句话说，发现一种能饿死肿瘤的药物。

当时，治疗癌症的唯一方法是化疗：在不杀死病人的前提下，用毒药淹没肿瘤，越多越好。打断肿瘤与周围组织之间某些神秘交流通道的想法受到了冷嘲热讽。福克曼是一名儿外科医生而不是博士。他说，他在科学大会上发言时，房间会立刻空出来：“每个人都会立刻前往洗手间。”有一年，批评非常激烈，他所在的波士顿儿童医院从外部召集了一个委员会来调查他的研究工作。委员会认为他的工作几乎没有价值。如果他选择继续研究，就将被撤掉外科主任的职务。在几年后的一次演讲中，福克曼说：“如果你认为自己遭受了嘲笑，请写信告诉我，我将从评审人（拒绝采用他的论文的评审人）那里把粉红色的表格发给你，并在20世纪70年代中期开始给这个小丑一样的委员会拨款。”

30年来，福克曼的想法从死亡到重生大约经历了一个7年的周期。例如，在1998年，福克曼实验室的一种有前途的药物被证明可以根除小鼠的肿瘤。《纽约时报》的一篇报道援引诺贝尔奖获得者詹姆斯·沃森的话：“犹大将在两年内治愈癌症。”（沃森后来对该引用提出了质疑。）媒体竞相报道。有一位记者将福克曼与亚历山大·弗莱明和路易斯·巴斯德进行了比较。他是一位获得普利策奖的专栏作家，在被诊断患有结肠癌后，他写了一篇专栏文章，宣布“也许我们不必死”。患者争相到福克曼的医院购买药物，而当时该药尚未进入临床试验阶段。与药物发现中的大多数情况一样，第一种药物并没有获得成功。人们的热情暴跌。

经过几次这样的循环后，科学界基本都对福克曼和他的想法持否定态度。他的演讲常常会被嘲笑，同事会说：“哦，我看到福克曼再次治愈了癌症。”有时，其他科学家会在他的发言结束之后站起来宣布他的想法永远不会实现。福克曼的回答是：“我随身携带了一个小本子，你可以在上面签个名吗？因为你非常确定我的想法不会成功，那么我只需要将你的反馈刊登出来，就可以节约政府和纳税人的一大笔钱，我们不会去做实验，我们只会说这个不会成功。”但是他最后还是很沮丧地回家了。

有一次，福克曼问他的妻子保拉，他是否应该放弃这项研究，关闭实验室，而将全部时间用在做手术上。在保拉的鼓励下——他后来将这种鼓励称为“配偶激活因子”，福克曼做了相反的决定，他辞掉了临床工作，开始全身心地投入研究工作。他招募了一群优秀的学生，并常常提醒他们：“你们是非常优秀的，如果研究没有好的结果，可以在一年之后离开，职业生涯也不会受到影响。”福克曼希望以此消除学生们因为他们之前听到的有关要远离自己和自己工作警告的担忧，并坚持和他们一起在实验室里夜以继日地工作。

2003年6月1日，即福克曼首次提出新型癌症疗法的32年后，在芝加哥麦考密克会议中心的一个礼堂前，在福克曼的辩解和请求从许多人的记忆中消失之后，希尔伯特·赫尔维茨博士，一位来自杜克大学的肿瘤学家公布了一种名为“阿瓦斯汀”的药物研究的新结果，该药物是根据福克曼的想法设计的。在一项纳入813名患者的临床试验中，阿瓦斯汀在延长结肠癌患者的生存率方面展现了有史以来最好的效果。当赫尔维茨展示生存数据时，房间内发出了热烈的掌声。很明显，这种药物和福克曼的想法将改变癌症的治疗方法。

一位观众说：“我只希望福克曼医生能活着看到这一切。”福克曼坐在旁边，只是笑了笑。

该药物很快被美国食品和药物管理局批准，数十家公司和数百家研究实验室加入了该领域。今天，打破肿瘤与其宿主环境之间交互想法的是靶向治疗、免疫疗法和几乎所有活跃的癌症研究计划。开发阿瓦斯汀的公司是基因泰克。从公司首次公布数据那天起，到该药物获得美国食品和药物管理局的批文，其市值增加了380亿美元，这是对药物价值的粗略衡量。福克曼在公司没有股票，还定期向医院捐赠自己获得的金融收益和奖金。

以后，福克曼可能会说：“你可以告诉一个领导者让他数数自己屁股上的箭头。”

最后，我忽视了我朋友说话不清的事，在他生命的最后7年时间，我愉快地与他一起工作。我很想念他。

§

生活的教训

当心虚假的失败

远藤和福克曼的故事不仅说明了我们之前提到的三次绝境，而且说明了一种特殊类型的绝境——一种常见的奇思狂想的绝境。例如，远藤的药物在老鼠身上的失败（第二次绝境）几乎终止了他在三共集团的计划。同样的失败永久性地终止了另一家公司比彻姆（Beecham）的类似计划。比彻姆后来与史克必成合并，然后与葛兰素·威廉合并，成为今天的葛兰素史克公司。如果比彻姆坚持下去，可能也有机会分享他汀类药物 3 000 亿美元的市场收益，即使是 3 000 亿美元的一小部分也相当不错。但是他们放弃了，结果什么都没有。

老鼠实验的负面结果是虚假的失败——这个结果被错误地归因于奇思狂想，但实际上是测试中的一个缺陷。因为远藤，三共集团将这次失败当作挫折，继续进行研究。最后赢得了比赛。因为远藤，三共集团成为第一个发现他汀类药物的公司和第一个获得他汀类药物专利的公司，也是第一个在人体内检测他汀类药物的公司，还是第一个看到患者因他汀类药物而受益的公司。但是在远藤离开之后，在遇到下一次虚假的失败时，它也放弃了：在狗身上的实验得到的也是虚假的结果。该公司将其 3 000 亿美元的份额交给了默克公司。

我们将在科学研究和商业案例中反复看到这种“虚假的失败”。项目可能会终止的原因有很多：资金减少、竞争对手获胜、市场变化、关键人物离开。但是，失败是常见的。这种类型的风险永远无法完全消除——负面结果不会带有霓虹灯标志，告诉你“你的想法有缺陷”或“你的测试有缺陷”。但是，我们可以降低这些风险，这正是远藤和福克曼所做的，我们将在下面进行讨论。人们可能认为远藤和福克曼是伟大的发明家，但也可以说他们最大的技能就是研究失败。他们学会了将假失败与真失败分开。

研究失败的技巧和能力不仅能区分优秀的科学家与伟大的科学家，而且能区分优秀的商人与伟大的商人。例如，2004 年脸书问世时，许多社交网站都在尝试从另一个网站挖走用户，但每个网站用户的忠诚度都很高，这些网站失败了。直到马克·扎克伯格与投资者会面，为他的新公司筹集资金，用户才开始放弃 Friendster，转而使用 MySpace（二者皆为美国在线社交网站）。大多数投资者认为网站就像时尚服装那样，用户切换网站就像换牛仔裤一样。所以大部分投资者放弃了。

然而，创始人基金的彼得・蒂尔和肯・霍威利在与他们运营 Friendster 的朋友联系后，发现了用户离开网站的真正原因。和其他用户一样，蒂尔和霍威利知道 Friendster 经常崩溃。他们还知道，Friendster 背后的团队收到但忽略了关于如何扩展其网站的关键建议——如何将为数千名用户设计的系统升级为可支持数百万用户的系统。他们索要了 Friendster 用户留存数据的副本。尽管出现了恼人的崩溃，但用户在该网站上停留的时间之长还是令他们震惊。他们得出的结论是，用户并没有离开，因为社交网络是薄弱的商业模式，就像服装品牌。因软件故障而离开的行为，是一种虚假的失败。

蒂尔给扎克伯格投资了 50 万美元。8 年后，他以大约 10 亿美元的价格出售了他在脸书的大部分股份。

蒂尔能看到 Friendster 的假失败，就像远藤在看到他汀类药物及福克曼在看到血栓抑制剂时一样。

创建项目的捍卫者

脆弱的项目需要强有力的捍卫者。例如，在远藤离开三共集团后，该公司的他汀类药物计划就被搁浅并最终崩溃。公司里是没有人会去负责调查和应对虚假的失败的，也没有人能够使该计划免受批评，因为其他人也需要为自己的项目争取预算。

远藤和犹大・福克曼一样，既是一个创意的发明者，又是它的捍卫者，但这种结合很少见。人们很自然地认为，一个创意的发明者也应该是它的主要推动者和捍卫者。但是最好的发明家不一定能成为最好的捍卫者。扮演这些角色需要不同的技能，而这些技能很难在同一个人身上得到体现。

在第 1 章中，我们看到泰勒和他的团队是很好的发明家，他们在 20 世纪 20 年代发现了雷达的原理。但他们是差劲的捍卫者，他们不知道如何包装和推广一个新创意，如何说服持怀疑态度的领导，如何让一个对此不感兴趣的机构支持他们。

关于美国军方雷达的起源，人们几乎总是忽略了一个人：陆军中尉（后来的海军上将）威廉·迪克·帕森斯，他是促使美国及时迎头赶上的功臣。帕森斯是一名职业海军军官，业余时间经常阅读现代物理学评论。1933 年春天，31 岁的帕森斯结束了他的第二次海上航行。美国军械局指派他为一个很少有人知道的海军研究实验室的联络员。他的发现让他大吃一惊：

> 帕森斯立即抓住了泰勒所描述的实验工作在军事领域的利用价值……一种能够探测到人类视线范围之外的飞机的无线电回声装置，可以保护船只和港口不受突然袭击，可以挽救生命，或许还能扭转战况。然而，令帕森斯沮丧的是，他发现对这个激进概念的探索性研究没有得到重视，只有两个专业人士在兼职工作。海军和科学家们似乎都不像帕森斯那样兴奋……

似乎没有人意识到这对他来说是显而易见且极其重要的事情：无线电回波的发现可以彻底改变海军的武器装备。

在向泰勒和他的工作人员询问了更多信息后，帕森斯立即提出了一个需要 5 000 美元资助的提案。被拒绝时，他惊呆了。同样的怀疑让泰勒无言以对，但是更加激发了帕森斯的热情。帕森斯“坚持挨家挨户推销”，把这个想法传达给了每一位海军主管，并提出了自己的观点，这也让他的职业生涯面临考验。帕森斯给海军实验室的科学家们重新注入了活力，泰勒为该项目指派了一位专门的工程师（罗伯特·佩奇，他在使用脉冲信号而不是连续信号方面取得了重大突破），并说服军方高层为该项目仗义执言。如同唤醒一只沉睡的熊，他使出浑身解数，终于使睡着的熊醒了过来。

多年后，布什和弗雷德里克·恩特威斯尔海军少将都称赞帕森斯在二战开始前就准备好了作战雷达。恩特威斯尔曾在二战期间负责对舰船进行防空保护。

那是一个项目的捍卫着。

如今，许多最优秀的生物技术公司和制药公司已经学会了将发明者和捍卫者分开。他们为推销项目培训员工具备类似帕森斯的技能，并提升他们的权威。这看似不合常理。在创造性方面，发明者（艺术家）通常认为他们的作品应该为自己说话。大多数人认为任何形式的促销都令人生厌。在商业方面，产品经理（士兵）不需要那些不生产或不销售产品的人，他们的工作只是在内部推广一个想法。但是伟大的项目捍卫者不仅仅是推动者。他们都是双语专家，通晓艺术家和军人的语言，能够把双方团结起来。

尽管创建这个职位可能会引起一些人的注意，但这将帮助那些做得好的团队或公司降低之前发明海军雷达时发生的风险。他们会尽量避免由于缺少一个伟大的捍卫者而埋没一个伟大想法的状况出现。

LSC：带着好奇心倾听那些糟糕的事情

在我经历每一次挫折时（这种情况经常发生），我都会试图提醒自己，从奇思狂想中得到第三个教训。远藤、福克曼和泰勒就是这样度过暂时的失败的。我把这种行为称为“带着好奇心倾听糟糕的事情”（Listening to the Suck with Curiosity，以下简称 LSC）——当受到攻击时，克服防卫和拒绝的冲动，要以开放的心态研究自己为什么失败。

当其他人放弃的时候，例如，当动物实验不起作用的时候，远藤在思考为什么不起作用，然后开始测试新想法。早在他说服朋友给他做实验的鸡注射最后一次他汀类药物之前，他就花了好几个月的时间进行实验，试图找出他的药物没有达到预期效果的原因。他已经开始怀疑物种差异的可能性了。所以，当机会一出现，他就抓住了。

当其他人认为 Friendster 是社交网络热潮中的一朵波澜不惊的水花时，

蒂尔和霍威利更深入地调查了用户离开的原因，并找到了一个相反的答案，他们对此充满信心。依靠相反的答案，他们带着信心，创造了非凡的投资回报。

我之前提过，一位生物学家朋友曾建议我远离福克曼，因为“人们无法复制他的数据”。事实上，最初有些人真的无法复制福克曼的数据。1997 年，福克曼发表了一篇具有里程碑式意义的论文。不久之后，其他实验室纷纷写信要求提供材料和说明，以证实和扩展他的研究成果。他立刻把这两件东西都送去了。在复制福克曼的数据时，有一些实验室没有成功（另一些实验室成功了）。一位记者听到了失败的消息，并于 1998 年在《华尔街日报》上发表了一篇文章，文章的标题是“当其他人无法复制成功时，新的癌症治疗方法也举步维艰”。在学术界，不可复制的结果会终结一个人的职业生涯——尤其是当它们登上全国性报纸的头条时。

然而，福克曼并没有猛烈抨击批评者，而是进行了调查。他试图了解其他实验室在做什么，为什么这些实验室的实验失败了。最终，他发现他的实验室发送的一些敏感样品材料在长距离运输时，由于冷冻而损坏了。于是，他更新样品的运输方式，实验开始起作用，美国各地的实验室都开始支持他。

我第一次发觉 LSC 能持续性地发挥作用是由于犹大。当受到攻击时，他（通常）会克服向挑战者反击的冲动。他保持着开放的心态，带着真正的兴趣和学习的欲望去安静地研究。

LSC 中的“C”（Curiosity）代表着好奇心。为什么好奇心很重要？我也经常参加管理培训研讨会，“积极倾听”的咒语深入脑海。重复刚刚听到的内容以表示你理解了。但当投资者拒绝你的推销，用户拒绝你的产品，或者合伙人离开时，就表明你收到的信息还不够。当你全身心地投入一个项目时，很容易忽视不好的结果。你渴望的是确保自己走在正确的道路上。所以你忽视或攻击那些挑战你的人，转而向你的朋友、导师和母亲寻求安慰。

图 2–3 迈克尔·布朗（左）、远藤章和约瑟夫·戈德斯坦（右）

LSC 的意思不仅是倾听糟糕的情况、接受批评，而且要带着真正的好奇心深入了解事情的真相：为什么有些东西不奏效？为什么人们不愿意买你的产品？就像我们很难接受为什么没人喜欢你的孩子这件事，要一直问为什么就更难了。

LSC 也是我对自己经常听到的痛苦问题的答案，这个问题来自企业家或任何奇思狂想的拥护者。这个问题通常只有在深夜喝了几杯酒之后，或在讨论完每天的日常斗争之后才会出现，也只有在多年的身体打击带来的疲劳感慢慢涌现时，我才会问自己："我怎么知道什么时候该放弃？"

如何区分坚持和固执？

对我来说，LSC 是一个信号。当有人对你投入多年的项目提出质疑时，你是愤怒地为之辩护，还是怀着真正的好奇心进行调查？

我发现，当我问得最少的时候，才是我最需要担心的时候。

第3章 P型奇思狂想和S型奇思狂想

看到你的弱点

1968年，当创始人兼首席执行官退休时，泛美航空公司仍是世界上最大和最赚钱的航空公司，是在可口可乐之后受到广泛认可的品牌。它是第一家飞越大西洋的美国航空公司，第一家飞越太平洋的美国航空公司，第一家完成环球飞行的美国航空公司，第一家运营喷气式飞机的美国航空公司。詹姆斯·邦德在《来自俄罗斯的爱情》这部电影里乘坐的就是泛美航空公司的飞机。甲壳虫乐队在泛美航空公司的水上飞机前举行了他们的第一次美国记者招待会。泛美航空公司的机长像电影明星一样被要求签名。纽约泛美大厦建成于1963年，顶部建有25英尺高的有着蓝色泛美标志的地球仪。这是当时世界上最气派的办公楼。1968年上映的电影《2001太空漫游》讲述了一位优雅的泛美航空公司乘务员，穿着泛美航空公司的拖鞋，在泛美航空公司的宇宙飞船中走来走去，为乘客提供可口的美食。而在地面上，泛美航空公司已经开始接受首次飞往月球的商业航班的预订。

第二年，泛美航空宣布首次亏损。在接下来的22年里，只有4年除外，泛美航空每年都在亏损。

1991年12月4日上午，泛美公司的波音727水上飞机机长马克·派尔正在巴巴多斯的停机坪上等待起飞，这时，该航空公司的经理走向他的飞机，示意他在驾驶舱会面。几分钟后，派尔出来告诉空乘人员：泛美航空公司已经停止运营。大家失声痛哭。几小时后，派尔低空飞越了迈阿密机场，然后降落。当飞机缓缓向登机口滑行时，停机坪上的工作人员和航空公司的工作人员立正敬礼。高压水枪向飞机上方喷射水流。几个月后，带有泛美航空标志的蓝色地球仪从位于纽约的办公大楼上被撤了下来，取而代之的是一家保险公司的白色招牌。

发生了什么事?

***

在前两章中，我们看到了布什—韦尔系统背后的需求。我们需要保护和培养奇思狂想，因为它们非常脆弱，往往一闪而过。又因为两者相辅相成的性质，我们需要平衡奇思狂想和已经获得权威的经验。这些要求的前两个原则是相态分离和动态平衡。

在本章和接下来的两章中，我们将看到第三个原则：区分两种奇思狂想。

世界上最成功的航空公司因为错失了其中一种奇思狂想而退出舞台，而一家全球最令人心动的科技公司则是因为错失了另一种奇思狂想而走向灭亡。两家公司都以一种不可逆转的方式学到了范内瓦・布什和西奥多・韦尔早已知晓的事情。

缺乏奇思狂想可能是致命的。

两种“奇思狂想”类型

让我们将产品中的惊人突破称为“P 型奇思狂想”，这种取得突破的技术往往在最终获得成功之前被忽略。1921 年，西奥多・韦尔在其传记中写道：“对商界来说，电话只是个玩具。”有一群投资者在被邀请投资股票时要么“面带微笑”，要么“发表一些看似滑稽的言论”，这便成就了贝尔电话公司。它曾是美国市值最高的公司，巅峰时期在行业内的统治地位甚至超过苹果、微软和通用电气在各自巅峰时期的总和。

对于“P 型奇思狂想”，人们会说，“这是行不通的”或者“即使在将来，也是行不通的”。然而，它却行得通。

让我们把策略中的惊人突破称为“S 型奇思狂想”，它可以是一种新的经营方式，也可以是一种不涉及新技术的新应用。山姆·沃尔顿把沃尔玛超市设在远离大城市的地方，大规模地以 1 美元的价格出售市值 1.2 美元的女式内衣，这令所有人瞠目结舌。可以知道的是这种决策中并没有包含新技术，只是用一种薄利多销的销售策略来提供同样的产品。2018 年，沃尔玛成为全球最大的零售商。如果把它看作一个国家，它的 GDP（国内生产总值）排在世界第 25 位。它之前最具竞争力的对手——伍尔沃斯、蒙哥马利·沃德、吉布森、艾米斯已被远远甩在身后。

对于“S 型奇思狂想”，人们说“这根本不可能赚钱”，而事实就是有人成功地赚到了钱。

脸书没有发明社交网络，谷歌也没有发明搜索网站，就像沃尔玛没有发明廉价商品一样。早期的投资者放弃了脸书，因为大家都知道社交网络赚不到钱。他们放弃了谷歌，因为每个人都知道搜索网站没有钱可赚。然而这两家公司都成功了，因为没人认为它们的战略会有多大变化。它们的成功源自“S 型奇思狂想”。

“P 型奇思狂想”带来的企业倒闭往往是迅速和戏剧性的。一项炫目的新技术（流媒体视频）的出现，很快就取代了之前的影片租赁企业、冠军企业、老牌企业——奈飞和亚马逊。“S 型奇思狂想”带来的没落往往是渐进的，不那么明显。沃尔玛在 30 年后才逐渐退出对零售和杂货铺的主导。没人能搞清楚沃尔玛在做什么，或者为什么它一直在赢。

即使是“事后诸葛亮”，“S 型奇思狂想”也很难被发现和理解，因为它们经常被买家、卖家和市场的复杂行为掩盖。在科学中，复杂的现象往往掩盖了深刻的事实：如同大量的噪声掩盖了微小的信号。我们在实验室里设计实验来剖开这些复杂的外在，揭示隐藏在深处的真相，虽然有时大自然也会直接为我们展示真相，但这种情况实在是少得可怜。

日食是一种罕见的自然现象。在日食期间，月球挡住了太阳的光线，让我们在白天能看到来自遥远恒星的微弱光线。1919 年，一个英国研究小组测量了遥远的星光在日食期间被太阳折射的情况。他们指出，4 年前爱因斯坦提出的引力理论比牛顿的理论能更好地解释光的偏转。

1978 年，当美国国会解除对航空业的管制时，也创造了一次商界的日食：一次难得的体验。

50 多年来，美国联邦政府一直对航空公司的飞行线路和收费标准实行监管，甚至包括最细微的细节：鸡尾酒的价格、电影耳机的租金。这些限制的突然取消，引发了一股“S 型奇思狂想”的浪潮—— 一种策略上的小变化。这些小变化并不吸引人，甚至有点儿无趣，比如常规的飞行计划，一个经停而不是直飞的新线路，一个为旅行社准备的数字化预订系统。而诸如喷气式发动机、大型飞机之类的“P 型奇思狂想”则纷纷登上新闻头条。相比之下，策略上的变化往往很少被关注，类似放松管制这样的变革只能在短暂的时间内让“S 型奇思狂想”那微弱、隐蔽的光芒被人看见。

大多数“S 型奇思狂想”都是由美国航空公司的首席执行官鲍勃·克兰德尔发明或完善的。克兰德尔是一位 S 型创新大师。该行业的大多数 P 型奇思狂想都是泛美航空公司创始人兼首席执行官胡安·特里普发明或完善的。显而易见，特里普是 P 型创新大师。1978—2008 年，放松管制让 170 家航空公司破产，其中包括泛美航空和几乎所有美国主要航空公司，只有一家航空公司除外——美国航空公司。

如今很少有行业会像 1978 年以前的航空公司那样受到监管，但偶尔也有意外出现。一天早上，谷歌宣布将免费更新手机安卓操作系统，从此手机世界的原则突然发生了变化。这就像放松管制一样，引发了一波“S 型奇思狂想”的浪潮，令所有没有做好准备的公司措手不及。

这就是学习培养“S 型奇思狂想”的重要性，尽管它没有 P 型奇思狂想那样耀眼。大多数人，就像大多数团队和公司一样，都有盲区。微小的变化比明显的变化更容易被忽略。

如果你是一个有创造力的人，学习如何权衡这两种类型的奇思狂想可以帮助你扩展想法，让你把“好”变得“更好”。例如，谷歌就是以一种新的网络搜索结果排序算法起家的，这是一种不错的“P 型奇思狂想”。但它是第 18 个搜索引擎网站。为了吸引广告用户，该公司还添加了几款巧妙的“S 型奇思狂想”，这些想法使它成长为世界上占主导地位的网站。

如果你是一个行业挑战者，学习如何同时做好这两方面，可以帮助你击败更大、更强的竞争对手，比如在拳击比赛中，一名中量级选手出人意料地用左勾拳击倒了一名重量级选手。

如果你是一个拥有惊人创造力的创新者，或者如果你建立了一个奇妙的帝国，你需要学会观察你的盲区——捕获那些向你飞来的“奇思狂想”。

你需要知道怎样才能不重蹈泛美航空公司的覆辙。

特里普和克兰德尔

泛美航空公司一直由胡安·特里普领导，就像美国航空公司由罗伯特·劳埃德·克兰德尔[①]领导了 18 年一样。

特里普于 1929 年创建了泛美航空公司，他讨厌听起来像西班牙语的自己的名字（以他母亲同父异母的妹妹胡安·妮塔命名），转而使用 JT 这个名字。他的父亲是纽约一位投资银行家，其家族 1663 年就来到了美国。他和惠特尼、范德比尔特和洛克菲勒一起长大，就读于耶鲁大学，喜欢橄榄球和高尔夫球。他一句西班牙语也不会说。但当泛美航空在拉丁美洲粗具雏形时，他又用回胡安这个名字，并雇了一个双语助理，能用流利的西班牙语以他的名义给当地的总统写信。5 年内，他就拥有了这片大陆的整个空域。不到 10 年，他就控制了这个领域内的国际航班。富兰克林·罗斯福称他为“我所见过的最有魅力的耶鲁小子”。一位同事形容他是“我所见过的

① 罗伯特·劳埃德·克兰德尔即为鲍勃·克兰德尔。——编者注

最有礼貌、最没有同情心的人”。

当特里普彬彬有礼、举止冷静时，克兰德尔则在一根接一根地抽烟，释放着男性荷尔蒙。

克兰德尔信奉一种被他称为“竞争愤怒”的哲学：“你应该对你的对手生气，如果你没有赢，你就应该对自己生气。”他被称为“匈奴王阿提拉”“屠夫鲍勃”“达斯·维德”，还有——如果这些信息还不足以清楚地描述他的话——“尖牙”（他有突出的犬齿）。周末，他会去上班，在办公桌上留下便条：我在这里，你在哪儿？在 1987 年录制的一段公司视频中，他突然出现在屏幕上，身穿军装，脸上涂着油彩，头戴大手帕，手里拿着一个塑料玩具机枪——克兰多。一位传记作家提到了他对秩序的痴迷：“如果他注意到妻子的钱包放在厨房的柜子上，就可能会把它拆开检查；如果发现这个钱包和任何钱包都一样，他就把钱包的里子翻出来重新整理，扔掉底部褶子里堆积的沙砾。然后他会咯咯地笑着说：这让她抓狂。”

虽然他们的风格不同，但特里普和克兰德尔都是无情且雄心勃勃的人——他们都想主宰世界的天空。当 1978 年政府放松航空管制时，两个人都很愤怒。鲍勃·克兰德尔在美国参议院的听证会上向在场的经济学家和律师们解释他的观点：“你们这些该死的学院派书呆子！你们会毁了这个行业的！”

但正如前面提到的，放松管制之后，克兰德尔的航空公司幸存下来并蓬勃发展，而特里普的航空公司则衰落并倒闭。似乎应该发生相反的事情。与特里普不同的是，克兰德尔不是个航空业人才。他从未坐过飞机，“血液里没有航油”。他是工商管理硕士，以前是个财务人员。在来到美国航空公司之前，他曾在贺曼贺卡公司和布鲁明戴尔百货工作。

然而，克兰德尔有一个天赋，他能找到创造性的方法来清理杂物——把钱包里的东西抖出来，重新整理，使它更有条理。而且他也不在乎他这么做的时候会惹恼谁。换句话说，克兰德尔是一个激进而冲动的 S 型创新者。

特里普是一名飞行员，他了解飞机引擎、热爱飞行，能像工程师一样设计飞机。特里普大学毕业后，从一个很有钱的朋友那里借了一小笔钱（他的父亲去世了，遗产所剩无几）。接着，他买了几架军用飞机，开了一家长岛航空公司。1922年夏天的长岛，斯科特·菲茨杰拉德这样写道：杰伊·盖茨比和黛西·布坎南，爵士乐和时髦女郎。这对儿有钱的夫妇愿意花钱乘飞机到岛上去。特里普的飞机是当时最好的飞机之一，但只能搭载一名飞行员和一名乘客，情侣无法同时坐上飞机。于是特里普改装了他的飞机。他找到了一款法国的顶级发动机，可以产生更多的动力，他还去掉了超大的螺旋桨，把油箱移到机身外面，并增加了一个额外的座位。之后他们的业务取得了飞速发展。

在接下来的40年里，特里普一遍又一遍地运用这一策略并设计制造了更大、更快的飞机，从三座出租车一直到波音747，在这之前没有人认为这种飞机能被造出来。泛美航空开创了喷气式飞机时代，使国际旅行日益流行，并成为世界上最大的航空公司。特里普是一个默默无闻（悄然占据领导地位）的P型创新者。

你还记得美国航空公司创立的常旅客计划或特惠机票吗？或者你知道什么是双重就业吗？除非你是航空工业历史学家，否则你可能不会记得。但如果你年龄足够大，你可能还记得泛美航空公司和喷气式飞机。美国广播公司播出了一个关于泛美航空公司飞行员和空姐生活的系列节目。没有人会制作一部关于航空订票系统的电视剧。然而，放松管制创造了一种特殊的局面，短暂地阻挡了胡安·特里普式变革的光明之光，而有利于鲍勃·克兰德尔式变革的暗淡光芒。放松航空管制创造了一个S型奇思狂想。

让我们来了解一下鲍勃·克兰德尔的一个变化——在多年后的一次采访中，克兰德尔将其成功描述为最关键的变化之一。这也是所有变化中最不具吸引力、最不明显的变化。我们不得不想象一个完全不同的行业来解释它。准备好了吗？

馅饼产业：一个短暂的插曲

假设你在美国的一个小镇拥有一家馅饼店，根据小镇的法律规定，馅饼店主每小时要给馅饼师支付不少于 15 美元的酬劳，于是你和其他所有的店主一样，与馅饼师签了合同。但突然有一天，小镇的镇长决定，不再对馅饼生意进行管制，取消了每小时最低支付馅饼师 15 美元酬劳的规定。第二天，小镇上就有很多家新的馅饼店开张。因为没有旧合同，所以这些店主每小时只付给馅饼师 8 美元！你该怎么办？因为他们的成本更低，买馅饼的人可以选择那些比你便宜的馅饼。但你不能降价，因为你被锁定在高得离谱的长期合同中，很快就要破产了。

这几乎和 1978 年美国主要航空公司面临的困境一样。它们被锁定在长期合同中，支付的工资远远高于全新竞争对手所支付的工资。

克兰德尔想出了解决这个问题的办法。他提出了美国商界第一个双序列薪酬体系。他为 1978 年以前的雇员创建了 A 序列体系，为新雇员创建了 B 序列体系。他说服持极端怀疑态度的工会相信，从事完全相同工作的两个人的工资可能会大不相同。作为交换，B 序列体系下的市场化成本使他得以扩张，购买更多飞机。扩张意味着更多的工作机会和晋升机会，这是工会喜欢的。这一扩张降低了美国的平均劳动力成本，使其达到收支平衡。在这种情况下，规模大、覆盖面广的好处是可以弥补初创企业成本较低但覆盖面较小的不足。它起作用了，美国航空公司不但没有破产，而且进行了扩张，最终成为美国最大的航空公司。当时没有什么花哨的新技术，这只是一个关于工资的创意策略。

这是鲍勃·克兰德尔奇思狂想衍生的另一件事。想象一下在谷歌和 Yelp（美国最大的点评网站）出现之前的小镇。居民们怎么知道最近最好的馅饼师在哪里？可以提供他们想要的馅饼吗？用黄页吗？用电话联系每一家馅饼店？这样做效率太低。

为了帮助这些饥饿的小镇居民，作为一个尽职尽责的馅饼供应商，你要建立一个计算机系统，在屏幕上展示城里每一家馅饼店的相关信息——它们提供什么、定价多少——让任何用户在任何地方都能订购他们想要的任何馅饼。你慷慨大方地把馅饼定位系统免费送给了城里的每一个家庭。但是等等，其他馅饼店的老板绝不会让你这么做，因为你只会列出你的馅饼店，而不会列出别人的。不，你说，我必须展示所有的馅饼业务，否则小镇上没有人会接受这个工具。你的竞争对手点头同意了。但是你赢了，很快，小镇上的大多数人都在使用你的工具。

你承诺过要公平。然而，奇怪的是，你的馅饼生意蒸蒸日上，不断发展。你的竞争对手的馅饼销量却下降了，在走下坡路。谁知道这是为什么呢？这可能与馅饼店在系统中所处的位置有关——你的馅饼店总被列在屏幕的顶部？

虽然美国航空不是第一个开发计算机预订系统的公司，但它开发了功能最强大的预订系统，列出了所有的票价，然后把这个系统——Sabre 提供给美国各地的旅行社。一项研究显示，美国人预订那些使用 Sabre 系统的旅行社至少比使用其他系统的旅行社多 50%。在这个行业，一个百分点就能决定是继续支付工资还是破产，这一点真的很重要。

克兰德尔称航空业是“最接近合法战争的行业”。一位竞争对手形容克兰德尔的策略是“同类相食”。他的目标是杀死弱者。Sabre 给美国航空带来了巨大的优势。

但是来自 Sabre 最重要的优势还是让克兰德尔和他的团队感到震惊。他们很快就收到了以前从未见过的数据：多年以来积累的预订信息。正如有人分析的那样：“通过这些数据，美国航空可以推断出度假者会提前多少天预订飞往圣胡安的机票，商务旅行者会提前多少天预订飞往底特律的机票，是在 5 月而不是 9 月，是周二而不是周五。”在大数据成为硅谷流行词之前的 30 年，美国航空已经发现了大数据的作用。克兰德尔专门成立了一个部门，以最大限度地利用这些数据来赚钱。这一技术，美其名曰收益管理。

在这个时期，美国航空发明了能够建立用户忠诚度的常客系统，以及能够解决座位空置问题的特惠促销技术，这些举措令其备受注目。其他航空公司很快就复制了这些做法。但是，看似无关紧要的来自 Sabre 的牢固分销渠道，以及利用数据进行收益管理的技术，却是几乎无法复制的。这些变化拯救了美国。

特里普和林德伯格

在设计单引擎三座飞机的几年后，特里普成立了一家新公司。他与一位名叫安东尼·福柯的荷兰飞机设计师一起为公司研制了一架三引擎的八座飞机。1928 年 1 月 16 日，特里普在宣传册上大肆宣传宽柳条椅和滑动玻璃窗，并问道："你上过几次在大海中晃动的轮船甲板？……你多么渴望像海鸥一样平稳、快速地飞行？"

虽然生意还不错，但增长实在缓慢。特里普需要一些手段来点燃公众关于飞行的热情。幸运的是，恰在此时，特里普有了他职业生涯中最重要的突破——他遇到并雇用了幸运的林德伯格。

1927 年 5 月 20 日上午 7 点 51 分，在长岛的罗斯福球场，25 岁的查尔斯·林德伯格，在他的单引擎飞机上向后拉动操纵杆，并启动了发动机，重载的飞机开始在跑道上起飞。他的飞机——"圣路易斯精神号"从来没有承载过这么大的重量。经过跑道上的半程标记点时，飞机还未达到飞行速度，但林德伯格已经感觉轮子在向机翼施加负荷。他把球场边的电话线移了 20 英尺远。

一开始，林德伯格的目标就是在纽约和巴黎之间的第一次直飞航班中获得 2.5 万美元的奖金。他是唯一一个尝试独立飞行的人，他的飞机也是唯一一架单引擎飞机。他拿了 5 片三明治、一壶水，除了指南针和地图，没有其他导航设备。因为风险太大，伦敦劳埃德保险公司没有为他的这次飞行提供保险，毕竟这一年有 18 人在飞越大西洋时死亡。

林德伯格以一种超乎寻常的方式获得了公众的关注。他拒绝采访的次数越多，他的名声就越大。在他启程的那一天，一位摄影师让林德伯格的母亲给他一个吻以便记录下这一时刻。她微笑着拒绝了："我不介意我们是否已经习惯于此，但我们来自一个不为人知的北欧民族。"于是记者们不再假装中立。"苗条、高大、害羞、露出腼腆微笑的美国男孩正飞翔在大西洋上空的某个地方，在此之前，那是没有任何人曾冒险飞过的地方。"一位专栏作家写道，"如果他失败了，那么将是整个世界的遗憾。"在林德伯格的飞机飞越大西洋的那个晚上，有 4 万个铁粉在洋基体育场聚集，为他默默祈祷。"即使是哥伦布，也不是一个人完成航行的。"一位传记作者写道，"由于林德伯格的飞行，每个美国人都会记住他们在这个晚上的感受。"

美国报纸刊登了超过 25 万篇关于此次飞行的报道。当林德伯格于 33.5 小时后降落在巴黎郊外时，约有 15 万人在狂热的浪潮中冲向他和他的飞机。3 000 万人，也就是超过 1/4 的美国人口，参观了他为期 3 个月遍历 82 个城市的空中巡游。从电影制片厂到剃须膏生产商，很多企业或个人都愿意为他提供工作机会或者赞助。但林德伯格拒绝了，他说他更加关注航空技术的发展。

美国驻墨西哥大使德怀特·莫罗邀请林德伯格参加拉丁美洲巡回表演，以便缓解墨西哥与美国紧张的政治关系。渴望逃离社会关注和各类邀请的林德伯格接受了。当他到达墨西哥城时，大使的女儿安妮在她的日记中写道："我看到站在巨大的石柱上、穿着晚礼服的高个子男孩，他那么苗条，比我想象的要好得多。"他们于 18 个月后结婚了。

在哈瓦那的友好之旅中，林德伯格结识了另一位年轻、爱国并有着远大志向的美国飞行员。林德伯格拒绝了近乎疯狂的电影制片厂、剃须膏公司，但他接受了胡安·特里普的邀请。他同意与特里普合作建立和推广泛美航空公司。此后这种关系维持了几十年，并将改变他们俩的人生。

林德伯格首先向特里普提出建议，设计制造飞往拉丁美洲的飞机。由于该地区缺乏地面跑道，所以他建议采用一种两栖设计方案。林德伯格与俄罗斯工程师伊戈尔·西科斯基合作设计了一架飞机：S–38 水上飞机。这种飞机帮助泛美航空公司将业务拓展到了中美洲、南美洲和加勒比地区的30多个城市和港口。

但林德伯格为特里普提供最多帮助的地方还是在华盛顿。当时，美国邮政局雇用私人承包商来运输物资。在特里普的要求下，林德伯格代表泛美航空公司游说其尝试拉丁美洲空运航线。想象一下，如果你是一个普通的官员，而这个星球上你最崇拜的年轻人走进了你的办公室。于是，泛美航空赢得了该地区全部的美国邮政运输合同。从布宜诺斯艾利斯运回三件大型邮件的利润即可购买一架西科斯基S-38水上飞机。即使没有泛美航空的邮政运输合同，特里普的竞争对手——其他航空公司也会盯上同样的商机。

图3-1 查尔斯·林德伯格和胡安·特里普正在筹划泛美航空公司的拉丁美洲航线

航线和飞机问题都得到了解决。现在只剩下一个问题：导航系统。

特里普的飞行员，像林德伯格一样，通过航位推算法——指南针、地图和肉眼来辅助飞行。尽管飞越佛罗里达海峡的飞行距离比林德伯格的跨大西洋飞行要短得多，但仍然很危险。与欧洲大陆的海岸线相比，该条航线上的岛屿和群岛上的用户要少得多。商用飞机的航程比林德伯格的单引擎飞机要短得多。在他的自传中，林德伯格这样描述1928年年初飞往哈瓦那的那次夜间飞行：

在佛罗里达海峡，我的指南针不停地旋转……我不知道我是在向北、向南、向东，还是向西飞行。只有头顶上的几颗恒星若隐若现，但是我都无法辨别。

我开始尝试向上飞。如果能看到北极星，我就可以通过它来进行导航。但随着高度的不断增加，云层也不断加厚。高处的云悄悄地环绕着我，星辰变得黯淡无光。

林德伯格一直盘旋到黎明。

在轻微的亮光下，他看了下他的地图并发现“我的航向几乎与正确的方向垂直……我偏离了航线近300英里”！他降落在了巴哈马群岛而不是佛罗里达州。林德伯格幸存了下来，因为他还有剩余的氧气和燃料（这是他的那架著名飞机的倒数第二次飞行。两个月后，林德伯格飞往华盛顿特区，并将这架飞机赠给了史密森学会，今天人们仍可以看到它）。然而不一样的是，S-38的最大航程为600英里。一名飞行员偏离航线300英里将面临严重的危险。

8月15日下午3点55分，也就是泛美航空公司第一次投入客运8个月后，泛美航空公司招募的第三名飞行员，一名叫罗伯特·法特的33岁海军陆战队退役飞行员，带着两名乘客和一名导航员离开哈瓦那飞往基韦斯特。法特有4小时20分钟的多引擎飞机驾驶经验。飞机的无线电接收器还未配置，因此法特只能发送信号而不能接收。一小时后，法特向基韦斯特发送信息：能见度差，正在下雨。他们一直在找降落标志，但什么也没发现。他并不担心。又过了一个小时，仍然没有任何发现，仍旧请他不要担心。

差不多3个小时后，法特最后一次发出信号，然后与飞机一同坠入海里。他偏离了航线大约300英里。幸运的是,附近有一艘油轮。3个人被救出,包括法特本人和他的导航员。一名乘客消失在了海里。不仅是对泛美航空公司，这次的坠机事故和人员伤亡对整个商用航空领域都是一次重创，它动摇了很多人跨海飞行的信心。不管怎么说,特里普设法摆脱了当前的困境,但他知道必须迅速解决导航问题。

关于解决办法，特里普萌发了一个新想法：无线电导航。在能见度差的情况下飞机会向地面上的操作员发送信号，地面操作员会以某种方式解码飞机的位置，然后通过无线电向飞机发出实时指令。飞行员并不喜欢这个做法，他们不愿相信从离飞机很远的地方发来的指令。而且不论何种情况，当时唯一的无线电设备都不够可靠，并且重达数百磅[①]。这对飞机而言太重了。

人们都说："毫无办法。"看上去确实如此。

特里普邀请RCA（一家电子公司）的无线电工程师雨果・莱特里茨加入泛美航空。特里普知道莱特里茨曾提出制造一种便携式无线电导航装置,但RCA拒绝了这个提议。31岁的莱特里茨对特里普提供的工作很感兴趣,稳定的工作可以使他拥有美满的家庭。

"你只有几架飞机，"莱特里茨告诉特里普，"这还不够。"

"我们将拥有一大批飞机。"特里普回答道，"明年，我们将有飞往拉丁美洲的航线，之后我们将飞越大西洋，横跨太平洋地区。"（特里普那年只有28岁，却已经创业一年了。）

莱特里茨离开了他原来的公司并加入了泛美航空。他的新办公室里只有一把椅子。在一年之内，莱特里茨为特里普完成了他事业版图的最后一块拼图。到1929年年底，泛美有了指挥其60架飞机的25个无线电地面站，每架飞机都配备了业界首创的轻型无线电导航系统。这一年泛美航空在28个国家的60个机场之间飞行了2 752 880英里,并先后搭载了20 728名乘客。

---

① 1磅≈0.45千克。——编者注

在此期间，没有飞机在海上失踪。当时的泛美航空已成为全球最大的国际航空公司。

现在的特里普增加了一个元素：魅力。1929 年，林德伯格、他的新婚妻子安妮、特里普和特里普的妻子贝蒂乘坐一架 S-38 一起进行拉丁美洲巡回之旅。女人们身着白衣，男人们戴着飞行眼镜，与政客们合影留念。在每个城市，人们都欢呼着迎接这两对儿二十几岁的情侣。安妮怀孕后，人们对他们的关注度就更高了，人们像关注皇位继承人一样关注她的怀孕。

危险的虚拟周期

特里普运作“P 型奇思狂想”及进行更大、更快投注的策略非常出色。技术改进降低了成本，成本的降低又为改进技术提供了资金。更大的飞机让更多的用户飞得更快更远。这种良性循环不断增强泛美航空的竞争力，使其远远领先于竞争对手，赢得的盛名又将吸引更多翘楚加入，类似的良性循环将在 20 世纪剩余的时间里催生更多先进的科技公司。从宝丽来、IBM（国际商业机器公司）到苹果，皆是如此。P 型奇思狂想滋养了一个不断增长的机构，它可以产生更多的 P 型奇思狂想。随着动力的增强，视角不断扩大，车轮继续转动，越来越快。

在每个周期中，随着泛美航空飞机数量的增加和影响力的扩大，特里普的野心也随之增长。新大陆和旧大陆之间的旅行将不再仅仅局限于精英阶层：泛美航空公司将为每个人提供跨越海洋的自由旅行服务。

特里普开始计划开通穿越大西洋的航线，这是最赚钱的航线。每年有约 100 万乘客和 7 500 万磅的货物在大西洋上进行为期 10 天的海上航行。巨大的体量使泛美的拉丁美洲业务相形见绌。但是，长达 4 年的有关欧洲航空的着陆许可谈判以失败告终，特里普不得不将注意力转移到飞越太平洋的航线上。跨越大西洋的商业飞行目标被认为是雄心勃勃的和充满挑战的。从某种角度来看，飞越太平洋的想法被认为与自杀无异。当时世界上最长的航线是非洲和巴西之间长达 1 865 英里的空运航线。特里普却建议飞机载客，而不仅仅是运输物资，这意味着飞机需要在糟糕的海况上空飞行 8 700 英里。在一场几年前被广泛报道的新闻中，6 架第一次从美国大陆直接飞往夏威夷的飞机中有 3 架在海上失踪。而且，相对来说，飞到夏威夷更容易。从夏威夷飞到中国的距离是从美国飞越大西洋的两倍，而且没有已知的加油站。特里普拥有的航程最长的飞机——西科斯基 S-42，即使满载也只能飞越这个航程 1/5。

在特里普公开宣布泛美航空的飞机将飞往中国的同时，泛美董事会的两名成员宣布辞职。他们确信特里普正在使公司走向灭亡。美国联邦航空管理委员会主席——特里普的朋友，提议以安全为由让政府出面公开反对，以便让特里普可以保留颜面。但特里普拒绝了他的提议。

面对难以逾越的困难、公众的反对和官方的威胁，你会选择从哪里开始解决问题？当然是纽约公共图书馆。特里普去了其位于第 42 街和第五大道的分馆。在信息台，他索要了 19 世纪穿越太平洋的船队的日志。在陈旧的手稿中，特里普发现了夏威夷和上海之间一个叫作威克岛的荒岛。1899 年，一支美国探险队发现了该岛。特里普去华盛顿问了一下，没人知道是谁在管理它。通过几个电话和信件，特里普收到了总统的行政命令。几个月后，海军协助泛美航空公司在威克岛建造了一个空军基地，并且很快也将在夏威夷以西的其他两个属于美国的荒岛上建造空军基地，这两个岛分别是中途岛和关岛。这三个岛成了中转站，为在美洲大陆和亚洲之间开辟飞行路线提供了可能。后来，它们在第二次世界大战期间发挥了关键作用。

接下来，特里普委托马里兰州巴尔的摩的 GlenMartin 公司研制了一架高速多引擎水上飞机，其巡航航程为 2 500 英里，能够克服每小时 30 英里的反向风速。1935 年 11 月 11 日，世界上最大的两栖飞机——重达 25 吨、翼展 130 英尺、装备 830 马力普拉特普惠发动机的大型飞机，从巴尔的摩出发飞入了旧金山湾。闪着银光和蓝光的马丁 M-130 停靠在奥克兰对面的阿拉米达码头，在海浪中摇晃。特里普将其命名为“中国快船”。

加利福尼亚州州长将 11 月 22 日命名为泛美航空日。下午 2 点 45 分，一名电台播音员讲道："我们即将见证当今世界上最引人注目的事件之一。"成千上万的人聚集在岸边，还有数百万人在收音机旁收听。邮政局长宣读了罗斯福总统的电报，并宣称："这一天将是我们国家光荣历史的新篇章、世界交通的新时代。一个新的、联系东西方人民的纽带，将第一次建立起来。"当每一名驾驶员出现在码头上并朝着飞机走去时，播音员就大声呼唤他的名字，就像棒球运动员出现在球场边一样，无数的欢呼和鼓掌一起涌来。

工作人员登上飞机，关上舱门。沿途的每个站点一个接一个地发送电报：夏威夷、中途岛、威克岛、关岛、马尼拉都在待命。特里普宣布所有站点都已准备就绪，邮政局长下令出发，两栖飞机的发动机咆哮着，"星条旗永不落"奏响，数百名汽车司机鸣笛示意，22 枚航空炸弹作为礼炮在天空中炸响。30 架小型飞机盘旋着，就像蜜蜂伴随蜂王一样簇拥着"中国快船"。

满载近两吨航空物资的飞机开始爬升，但是非常困难。它的速度不断加快，直接飞向未完工的旧金山—奥克兰海湾大桥。最后一刻，飞行员放弃了飞越桥梁的计划，调转机头，从桥下掠过。"我们逃过一劫。"其中一位工作人员后来说道。播音员和观众以为这是节目的一部分，欢呼不止。而在码头上的特里普十分清楚实际情况，不禁捏了一把汗。飞过海湾大桥之后，飞机逐渐爬升并飞越了金门大桥（也正在建设中），然后经过 21 小时的飞行抵达夏威夷。接下来的飞行平安无事。

一周之后飞机返航时，机长埃德·穆西克成了继林德伯格之后最著名的飞行员，泛美航空公司也成了最有影响力的航空公司。杂志上刊登了铺着白色桌布的整洁餐厅的照片，穿着燕尾服的乘务员像欧内斯特·海明威一样为乘客服务。华纳兄弟公司拍摄了一部电影《中国快船》，讲述了一位建造飞机飞越太平洋的年轻企业家的故事。由一位名叫亨弗莱·鲍嘉的 37 岁电影演员饰演机长。

不断发展的特许经营公司催生了资本循环，有力地资助了那些进一步为科技进步提供动力的型奇思狂想。这种势头持续了 20 年，成就了泛美航空的辉煌，以及胡安·特里普的个人荣耀。

图 3-2　中国快船飞过旧金山湾大桥（1935）

战争、奇思狂想和布谷鸟时钟

在意大利由波吉亚家族统治的 30 年中，人们遭受了战争、恐怖主义的威胁、谋杀和流血事件，但他们也成就了米开朗琪罗、达·芬奇和文艺复兴。

在瑞士，他们有如兄弟般的爱，他们有 500 年的民主与和平——但他们成就了什么？难道是布谷鸟时钟？

——奥逊·威尔斯饰演的哈利·莱姆，《第三人》（1949）

1939 年 5 月，泛美航空公司终于飞越了大西洋。然而，和平的岁月只剩下 4 个月了。希特勒于当年 9 月入侵波兰。特里普被要求担任空军将领。他拒绝了，尽管如此，泛美航空还是被卷入战争。特里普很快就发现哈利·莱姆，也就是奥逊·威尔斯扮演的角色，将在战后的混乱中脱颖而出——于是他耐心地向他的朋友霍莉·马丁斯解释道："战争加速了P型奇思狂想的进程。"

1940年6月，罗斯福要求特里普以部署泛美的商业计划为幌子，在南美洲建造25个新机场。这些机场的数量是美国基地数量的两倍。美国表面上是中立国，但罗斯福知道德国与美洲大陆有着紧密的联系。特里普同意了。一年后，在伦敦首相官邸举行的私人晚宴上，丘吉尔要求特里普开辟一条空中航线，为被困在北非的英国军队提供补给。特里普再一次同意了。

但最奇怪的要求却来自与中国的一场秘密会晤。战争刚刚结束时，特里普的第一次商业环球飞行曾在上海做短暂停留。晚餐过后，他回酒店房间休息，忽然听到敲门声。开门一看，正是中国的商业巨头张嘉璈。他告诉特里普，明早将有一辆挡风玻璃上标着红色字母"O"的车在楼下等他，司机将会把特里普带到一所私人住宅。在那里，张嘉璈向特里普提出一个重要的"计划"。他在鞠躬之后就离开了。

特里普以为这是个玩笑。但第二天早上，果真有一辆标有红色字母"O"的车在等他。他上了车并被带到一个私人住宅见到了张嘉璈。他向特里普解释说，蒋介石希望得到美国的支持，希望美国可以任命一位高级专员来中国，就像在日本那样。

蒋介石请求特里普向杜鲁门总统当面提出这项计划。他解释说，他相信特里普的影响力比美国大使更大。特里普对此难以置信，但仍然表示需要查看这个计划的相关文件，再考虑是否签署协议。

第二天早上，张嘉璈再次到酒店找特里普，并陪他去了机场。当他们到达时，张嘉璈要求特里普带他参观飞机的内部，特里普同意了。然而，张嘉璈似乎对参观不感兴趣，而是低声叫特里普和他一起去飞机内的洗手间。站在这个6英尺宽的空间里，特里普感到非常局促。张嘉璈拿出了手写的计划，指着蒋介石的签名要求特里普亲自将它交给杜鲁门。特里普盯着这个中文签名看了许久，让张嘉璈也签上名字。然而这里连一支钢笔也没有，于是特里普去驾驶舱借了一支笔，然后回到洗手间。在水槽上，张嘉璈签署了文件。当特里普回到华盛顿时，他将这个计划正式交给了杜鲁门。

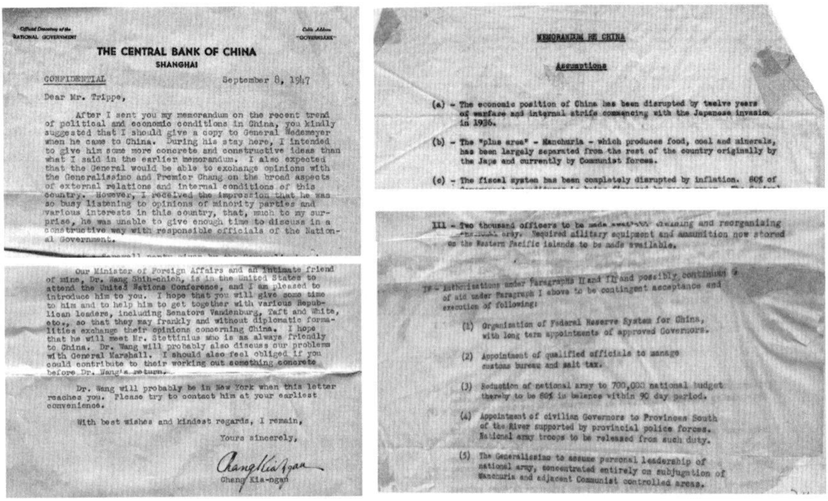

Official Depository of the NATIONAL GOVERNMENT

Cable Address "GOVERNBANK"

THE CENTRAL BANK OF CHINA
SHANGHAI

CONFIDENTIAL September 8, 1947

Dear Mr. Trippe,

After I sent you my memorandum on the recent trend of political and economic conditions in China, you kindly suggested that I should give a copy to General Wedemeyer when he came to China. During his stay here, I intended to give him some more concrete and constructive ideas than what I said in the earlier memorandum. I also expected that the General would be able to exchange opinions with the Generalissimo and Premier Chang on the broad aspects of external relations and internal conditions of this country. However, I received the impression that he was so busy listening to opinions of minority parties and various interests in this country, that, much to my surprise, he was unable to give enough time to discuss in a constructive way with responsible officials of the National Government.

Our Minister of Foreign Affairs and an intimate friend of mine, Dr. Wang Shih-chieh, is in the United States to attend the United Nations Conference, and I am pleased to introduce him to you. I hope that you will give some time to him and to help him to get together with various Republican leaders, including Senators Vandenburg, Taft and White, etc., so that they may frankly and without diplomatic formalities exchange their opinions concerning China. I hope that he will meet Mr. Stettinius who is as always friendly to China. Dr. Wang will probably also discuss our problems with General Marshall. I should also feel obliged if you could contribute to their working out something concrete before Dr. Wang's return.

Dr. Wang will probably be in New York when this letter reaches you. Please try to contact him at your earliest convenience.

With best wishes and kindest regards, I remain,

Yours sincerely,

Chang Kia-ngau

MEMORANDUM RE CHINA

Assumptions

(a) - The economic position of China has been disrupted by twelve years of warfare and internal strife commencing with the Japanese invasion in 1936.

(b) - The "plus area" - Manchuria - which produces food, coal and minerals, has been largely separated from the rest of the country originally by the Japs and currently by Communist forces.

(c) - The fiscal system has been completely disrupted by inflation. 80% of

III - Two thousand officers to be made [illegible] training and reorganizing [illegible] army. Required military equipment and ammunition now stored on the Western Pacific islands to be made available.

IV - Authorizations under Paragraphs II and III and possibly continuance of aid under Paragraph I above to be contingent acceptance and execution of following:

(1) Organization of Federal Reserve System for China, with long term appointments of approved Governors.

(2) Appointment of qualified officials to manage customs bureau and salt tax.

(3) Reduction of national army to 700,000 national budget thereby to be 80% in balance within 90 day period.

(4) Appointment of civilian Governors to Provinces South of the River supported by provincial police forces. National army troops to be released from such duty.

(5) The Generalissimo to assume personal leadership of national army, concentrated entirely on subjugation of Manchuria and adjacent Communist controlled areas.

图 3-3 张嘉璈要求特里普帮助“拯救”中国

（摘自 1947 年 8 月张嘉璈致特里普的信）

特里普黑色电影一样的旅行最后并没有改变中国或泛美航空的命运。在战争即将结束时，欧洲出现了一种新的危险奇思狂想，这不仅将改变特里普的命运，也将改变国际航空业的命运。这比自飞机发明以来的任何创新都厉害得多。

***

1944 年 7 月 25 日，一名英国皇家空军飞行员驾驶英国 DH-98“蚊”式飞机飞越慕尼黑，他看到一种新型德国飞机朝着他的方向飞来。这种飞机没有螺旋桨，时速高达 120 英里，速度却比任何英国或美国的飞机都要快。经过一场紧张的缠斗，他成功地逃脱了。

7 个星期后，28 岁的英国陆军工程师伯纳德·布朗宁正从伦敦的斯塔维利路去找他女朋友，这时街道上突然发生爆炸。在离他所站的地方 30 英尺处，爆炸留下了一个巨大的弹坑。英国官方将这次爆炸归咎于天然气泄漏。记者们不相信这些官方解释。他们猜到了真相：这次爆炸是由一种新型的德国导弹造成的。

在蒸汽机发明两个世纪之后，在汽油发动机发明 80 年之后，德国人发明了喷气式发动机。英国皇家空军飞行员 A. E. 沃尔见到了第一架喷气式飞机——Messerschmitt Me 262，而布朗宁则被第一枚弹道导弹，即 V-2 火箭炸死。

25 年前，美国物理学家罗伯特·戈达德弄清了喷气式发动机和火箭的基本原理。他第一次描述了火箭飞行的数学模型（1912 年），设计和制造了液体燃料火箭（1926 年），并研究出了陀螺稳定的火箭（1932 年）。但他的研究成果从未得到过美国学者和军方的重视。《纽约时报》的一篇社论称，戈达德“似乎缺乏高中生该有的常识”，连有关作用力和反作用力的牛顿定律都没弄明白。因为只要掌握基本概念就会知道，该火箭无法飞行（49 年后，即阿波罗 II 号由火箭运载成功发射月球的那一天，报纸撤稿了，并宣布火箭没有违反物理定律，“《纽约时报》为这一错误感到遗憾”）。

然而，德国的科学家却认真地研究了戈达德的观点。他们在读到他的论文之后便开始进行研究。多年以后，一位由于 V-2 火箭计划而被美国官员拷问的德国人惊呼道：“为什么不问问你们的戈达德博士？”

在美国，一位著名的航空专家也认真思考了火箭推进的问题。查尔斯·林德伯格曾鼓励戈达德，并将他介绍给了资助者。林德伯格此时已是一名空军上校。但他对为军队装备戈达德的火箭不感兴趣。其中很大一部分原因是罗斯福总统对林德伯格进行了前所未有的人身攻击。

战前两个公众人物的矛盾就已经存在了。从罗斯福为了让陆军航空兵获得邮政空运业务而解除与林德伯格的航空运输协议起，冲突便开始了。林德伯格公开地表示强烈反对。

原因是他发现在很多航线上，缺乏经验的飞行员无法应对极端恶劣天气。美国空军飞机共坠毁 66 次，并造成 12 人死亡。罗斯福被迫改变他的决定，这一耻辱的事件登上了新闻头条。一位历史学家写道：这场斗争“粉碎了罗斯福不可战胜的神话”，查尔斯·林德伯格或许是罗斯福之外最具人格魅力的人。

1939 年，林德伯格开始公开反对美国干预欧洲事务。他在大规模反战集会上发表讲话，并攻击罗斯福。人群涌向林德伯格，高喊道：“我们的下一任总统！”罗斯福是很记仇的人，他随后开始了一场旨在削弱林德伯格影响力的运动。在公开场合，他称林德伯格是“失败主义者和绥靖主义者”。私下里，他发誓：“我要剪断那个年轻人的翅膀。”林德伯格很快就被大众抛弃了：媒体称他为纳粹的同情者和叛徒，以他命名的街道被重新命名。还有一个城市的抗议者扬言要在公共广场上焚烧林德伯格的书。

“仅仅 15 年，”林德伯格的妹妹说，“他便（在人们口中）从耶稣变成了犹大。”林德伯格失去了所有影响力，也无力向军方推荐戈达德的火箭或其他任何技术。

处境尴尬的林德伯格被迫重新找工作，他上一次找工作还是在 20 年之前。尽管他已经很多年没有正式地为特里普和泛美航空公司工作了，但当他主动联系特里普时仍受到了热情接待，特里普承诺给他提供他想要的任何职位。几天后，特里普打来电话，撤回了这份承诺。特里普解释说，白宫愤怒地宣称泛美航空公司不能与林德伯格有任何关系。

1945 年 4 月，德国投降前一个月，罗斯福去世。政府不再厌恶林德伯格，海军把他召到华盛顿。有传言称，德国将生产新型的飞机和导弹，这与林德伯格 6 年前提到的火箭颇为类似。林德伯格会加入秘密调查德国的组织吗？

林德伯格很快获得美国国会批准，可以执行一项秘密海军任务。在欧洲，林德伯格找到了威利·梅塞施密特，后者透露了那架著名飞机的细节。在生产喷气式发动机的宝马工厂，一位看起来“有点儿苍白和颤抖”的德国工程师走近林德伯格。他说，在美国军队到达之前，他已经拿到了其中一个喷气式发动机的图纸，并接到了摧毁它们的命令。但他把它们偷偷埋在了一棵大松树下，离这里只有一小段路程。林德伯格会喜欢这些文件吗？两个人开车到树下，停好车，然后开始挖土。不久，铲子就碰到了一个金属盒子。林德伯格终于获得了德国的喷气式发动机图纸。

林德伯格回到美国后，提交了报告，然后立即打电话给特里普。特里普当场重新雇用了林德伯格。是时候进入“奇思狂想—特许经营”的下一轮了。

是时候制造一种新型飞机了。

喷气式飞机时代

特里普很快就与波音公司展开了谈判。当时的波音公司是军用飞机制造商，但正在寻求进入由竞争对手洛克希德公司和道格拉斯公司主导的商用飞机市场。波音告诉特里普，只要有固定订单，它将为泛美航空公司研发商用喷气式飞机。但波音公司给出的预计航程和油耗均不能满足特里普的要求。特里普在名单中排除了波音公司。

林德伯格和特里普发现，英国在喷气式飞机的制造方面远远领先于美国。英国国家航空公司（BOAC）已经从英国制造商哈维兰飞机公司订购了一架商用飞机。1952年，哈维兰公司的彗星型客机开始服役，这象征着英国已取得商用飞机领域的胜利。英国国家航空公司的CEO宣布：“在伊丽莎白一世时代我们称霸大海，而在伊丽莎白二世时代我们将称霸天空。”庆祝活动持续了近两年。1953年和1954年，三架彗星型客机因不明原因在空中爆炸，机上乘客无一生还。政府命令所有彗星型客机停飞。

彗星型客机的爆炸吓坏了大多数航空公司。为了让这些航空公司死心，兰德公司提交了一份报告，称从经济角度来看，将喷气式飞机应用于商业领域是不可行的（英国国家航空公司的喷气式飞机仍在亏本运行）。美国航空公司和环球航空公司的总裁宣布，他们将不再考虑喷气式飞机。

俗话说：“天无绝人之路。”随后，事情出现了转机。

在与工程师们进行了无数次的讨论，并对彗星型飞机的数据进行了分析之后，特里普得出结论：彗星型喷气式客机的安全和亏本问题是可以解决的。彗星型客机的爆炸是悲剧性的失败。但正如前一章所述，这是一个“错误的失败”。正如蒂尔和霍威利根据 Friendster 的失败案例认识到要从逆向视角看待社交网络一样，特里普和林德伯格在喷气式客机的问题上也提出了一种逆向思维。

英国政府的一项调查最终证实了特里普的安全分析：独特的窗户形状导致金属疲劳，最终引发了这些事故。金属疲劳是一个可以解决的工程问题。经济问题可以通过重新设计飞机来解决：彗星的航程太短，它的载客量（44个座位）太小，燃料消耗太大。

特里普又回到波音公司，当时波音公司已经开发出一种名为“707”的商用飞机原型。他立刻发现 707 和彗星型客机有同样的缺点。特里普想要一架能直接飞越大西洋的喷气式飞机。他礼貌地提出要重新设计飞机，但波音公司拒绝让步，它已经投入了数百万美元建造这架飞机，不愿放弃。

因此，特里普和他的团队前往圣莫尼卡，希望说服波音的主要竞争对手唐纳德·道格拉斯制造特里普想要的飞机，却还是遭到道格拉斯的拒绝。其他所有航空公司都在这里订购市场上占据领先地位的螺旋桨飞机 DC-7，因此道格拉斯认为没有理由再去制造喷气式飞机。特里普一直坚持，最终说服道格拉斯提交了一份提案。该设计与波音公司的类似，依然不够好。特里普意识到，问题出在发动机上：业界最好的普惠 J-57 发动机也无法支持跨越大西洋的直飞。所以特里普把他的团队，包括林德伯格，派到普惠公司继续工作。

在发动机制造商那里，他们了解到一个处于实验阶段的发动机，它采用了一种新的高压缩技术，动力比螺旋桨发动机高 50%，大大提高了燃料效率。它符合特里普的要求，但还远远没有准备好，并且这属于军事机密。

特里普请求德里克·伦特斯勒（公司创建者和总裁）为这款新型发动

机脱密，而特里普则前往军方游说。然而军方给出一个清晰的回答：不！这款发动机还处于实验阶段，同时伦特斯勒的公司现有的发动机已经有很多订单了。

在这段时间，特里普创造了一个小小的商业奇迹，这是他职业生涯中最后，也可能是最伟大的奇迹。由传奇企业家和商人领导的、世界上最成功的三家制造公司都拒绝了他。但他改变了它们的决定。

首先，特里普开始与英国发动机制造商劳斯莱斯谈判。这家英国公司还在秘密研制下一代喷气式发动机。正如特里普预想的那样，普惠公司的伦特斯勒一听说他们的谈判计划就立即召开了内部会议。普惠公司能承受失去泛美航空业务的损失吗？如果真的这样，公司还能得到快速发展吗？

没过多久，特里普打来电话。他给了伦特斯勒一个新的机会：泛美航空将直接购买其发动机。一家航空公司购买发动机，却没有飞机可以把它们装进去？ 准确来说，特里普给出了一个 120 个喷气式发动机、4 000 万美元的订单（这在 20 世纪 50 年代是一笔巨大的数目，是泛美航空公司年收入的 4 倍）。伦特斯勒做了最后的决定——是的，特里普可以用其新引擎。

特里普随后飞往西雅图。已经拥有了发动机，波音会生产他想要的飞机吗？如果依然碰壁，他就不得不另寻他处。波音总裁比尔·艾伦毫不意外地给出了否定的答案。于是特里普飞往圣莫尼卡。特里普已经有了发动机，道格拉斯会帮他造飞机吗？道格拉斯意识到，有了发动机，特里普就有了一切，他很可能会在某个地方找到一个制造商，造出世界上最好的飞机。它们屈服了，并按照特里普的构想制造了一架 DC-8 飞机。特里普承诺订购 25 架飞机，但要求道格拉斯暂时不要对外宣布。

特里普飞回西雅图，与波音公司会面，并同意购买其 20 架小型飞机——波音 707，这个型号的飞机无法飞越大西洋。他没有告诉波音向道格拉斯下的订单。波音团队欢呼雀跃：他们成功地说服了臭名昭著、固执的特里普，让他保持理智。

特里普确定了一起发布新闻的时间。1955 年 10 月 14 日，艾伦和道格拉斯在《华尔街日报》上了解到对方的订单。波音公司总裁后来说，他“感觉像地震了一样”。在他的公司押注于一架新飞机后，这架飞机立刻就过时了。任何读过这份报纸的人都能清楚地看到这条信息：道格拉斯的高级飞机接到 25 份订单，而波音的次等飞机接到 20 份订单。艾伦给特里普打了电话，承认了错误。他告诉特里普波音可以重新设计，因为波音公司无法接受沦为二流飞机制造商的结局。

正如特里普计划的那样，这两家制造商重新开始竞争，以制造出最好的飞机。其他航空公司也放弃了有关螺旋桨飞机的合同，纷纷订购新飞机。然而特里普走在了它们的前面，他像玩扑克游戏一般，投下了公司历史上最高的赌注——以 2.69 亿美元的价格订购了 45 架商用喷气式飞机，并最终赢得盆满钵满。

图 3-4 泛美航空开启喷气式飞机时代

当波音 707 和道格拉斯 DC-8 共同在泛美航空公司服役时，人们出行的方式有了改变。这使得中产家庭第一次能够支付得起便宜、省时的国际或洲际旅行。

泛美航空和特里普在喷气式飞机时代如日中天，把特许经营的车轮转得越来越快。到 1965 年，也就是波音 707 首次飞行的 7 年后，客流量增长了 400%，净收入增长了 1 000%。特里普在公司内还增加了酒店部门、洲际酒店和商务飞机部门。他委托他人建造了一幢世界上最大的办公楼。美国空军发布了有关远程导弹的招标项目，因此特里普又在公司增加了一个导弹部门，不久之后又增加了一个航空航天部门，用以支持阿波罗登月计划。1968—1971 年，泛美航空公司还接受了 93 005 个登月服务的预约。

从表面来看，泛美航空的经营权已经到达月球。

下一个轮回

后来，特里普听说了另一种新型的发动机，这也是一个“奇思狂想”。这项技术将使发动机的最大起飞重量提升至当前水平的 4 倍。安装有这种大型前置发动机的客机能够运载 500 名乘客，是波音 707 运力的 2.5 倍。“喷气时代”的旋律持续进行。航空技术一刻不停地向前发展。特许经营促进了 P 型奇思狂想的发展，而后者亦是前者的发展动力。特里普已经掌握了这个节奏。

1965 年 8 月，也就是做出历史性交易之后的第 10 年，特里普和比尔·艾伦（当时的波音公司总裁）带着他们各自的妻子前往阿拉斯加州钓鲑鱼。特里普向艾伦描述了他想要的发动机和飞机。

“只要你能造，”他说，“我就下订单。”

“只要你下订单，我就能造。”艾伦回答道。

于是他们再一次合作，并于 12 月 22 日签署了一个新的交易合同——特里普以 5.25 亿美元购买 25 架全新的、一流的大飞机。艾伦给它起了一个名字：波音 747。

要填满以往飞机规模 2.5 倍的座位，航空公司需要 2.5 倍的乘客。然而，泛美航空在国际旅行中所占的份额一直在缩小。20 世纪 50 年代，美国国会对泛美航空垄断外国航线的行为展开了反垄断调查。民粹主义者抗议称，监管机构是在保护行业巨头，而不是保护消费者。最强烈的抗议来自初创的得克萨斯航空、布兰尼夫，以及西南航空。

这些初创公司也为这个行业带来了新的思维——中心和辐射。飞往二级机场，可将周转时长减少至 20 分钟。就像山姆·沃尔顿远在城市之外的超大型商店一样，这些创意都是战略上的小变化，而不涉及新技术，没有人认为会有多大影响。这些都是“S 型奇思狂想”。

波音于 1969 年交付了第一批 747 客机。前景已不乐观，但泛美航空完全没有注意到。它又以 2 亿美元订购了 8 架 747 飞机。随后，该公司斥资 1 亿美元在纽约肯尼迪机场新建了一个航站楼。在竞争对手培育 S 型奇思狂想的同时，泛美航空在特许经营方面也加大了投入。与这 10 年来最迷人的 P 型奇思狂想 747 大型喷气式客机相比，那些 S 型奇思狂想就显得相形见绌了。

在进行石油管制之前，虽然一些小的改变能够提高效率并降低成本，但这并不吸引人。但是管制之后，这些小改变却突然成了生存的关键。这些由西南航空等初创公司或鲍勃·克兰德尔旗下的美国航空等主要航空公司培育的 S 型奇思狂想迅速在业内传播开来。他们打败了所有没有准备好的航空公司。

泛美航空的业务开始逐渐下滑，此后再也没能恢复元气。放松管制后，泛美航空连续 8 年亏损。仅依靠出售自己的部分资产来维持生存——纽约的办公楼、酒店业务、极具潜力的中国业务、肯尼迪机场的新航站楼。直到最后，再也没有什么可卖的了。

特里普在 1968 年的春天突然宣布退休，此时波音 747 还没有交付使用。也许，68 岁的他已经感到疲惫。也许，他已将自己的目光从引擎和“特许经营”上移开,意识到自己主演了 41 年的电影即将谢幕。他于 1981 年去世，目睹了泛美航空的衰退，但幸运的是并未看到它的消亡。

§

看到你的弱点

泛美航空公司的倒闭是一件非同寻常的事，但并非特例。几乎每一家由像特里普这样的 P 型创新大师领导的公司都对此感到震惊。一些突然的变化，无论其来自监管机构还是新的竞争对手，都会使发展突然停止。P 型奇思狂想停止运作了。尽管之前大受欢迎，但突然之间没人再想让波音 747 起飞了。那些一直在培养自己的奇思狂想的竞争者，总会有一个或多个能适应新的世界，而且这样的竞争对手总是不经意就出现了。

美国航空公司的鲍勃·克兰德尔等人利用 S 型奇思狂想在特里普的盲区内实现弯道超车。同样的情况也可能发生在别的团队或公司中。

例如，20 世纪 90 年代，IBM 拥有 80 年历史的传奇硬件业务彻底崩溃，这听起来就像一个经典的 P 型故事。新技术（个人计算机）取代了旧技术（大型机），淘汰了原来的行业老大（IBM）。然而实际情况并不是这样的。与所有的大型机竞争对手不同，IBM 也掌握了这项新技术。1981 年，IBM 推出了第一台个人计算机，并在三年内，达到 50 亿美元的销售额，占据了行业第一的位置，而其他公司要么远远落后，要么完全退出了这个行业。

数十年来，IBM 一直主宰着计算机市场，就像泛美航空公司主宰着国际旅行市场一样。1981 年，IBM 的销售额为 130 亿美元，超过了排在其后的 7 家竞争对手的总和（计算机行业被称为“IBM 和 7 个小矮人”)。IBM 在新 PC（个人计算机）业务上的表现就像特里普在新喷气式发动机上的表现一样。IBM 拥有计算机世界的主导权，因此它将个人计算机的两项组件——软件和微处理器外包给了两家小公司：微软和英特尔。

当时微软仅有32名员工，而英特尔则需要大量现金流来维持运营。然而，IBM很快就发现，个人买家更关心与朋友之间进行的文件传输效率，而不是计算机品牌。为了方便传输文件，重要的是计算机里的软件和微处理器，而不是计算机组装公司的标志。IBM错过了一次向S型转型的机会，未能及时察觉用户需求的变化。

其他品牌使用了英特尔的芯片和微软的软件，并克隆IBM的计算机，成功蚕食了IBM的市场份额。1993年，IBM亏损81亿美元，是其自创立以来经历的最大的亏损。那一年，它解雇了超过10万名员工，这是公司历史上裁员最多的一年。10年后，IBM将其剩余的个人计算机业务卖给了联想。

今天，IBM雇用的两家小供应商——微软和英特尔的市值加起来已接近1.5万亿美元，是IBM市值的10倍。IBM正确地预测了P型奇思狂想，并赢得了这场战斗。但它错过了关键的软件标准这一S型奇思狂想，彻底输掉了这场战争。

学会观察自己的弱点是一个教训，一个重要的教训。但还有一个更大的问题，这就是第1章结尾所定义的第四象限的关键——陷阱。

41年来，胡安·特里普一直站在顶峰，分析奇思狂想。他看到了一种新技术，一种P型奇思狂想——更好的引擎或者导航系统，这可能会让他的"特许经营"获得增长，因此他必然要去实现它。即使没有任何策略可以证明新技术会带来更好的改变，他也会去追求新技术。

让我们将之称为"摩西陷阱"：当一位神圣的领导者既不让战场上的士兵和板凳上的创意人员平等地交换想法和反馈意见，也不让他们根据自己的优势来选择神枪手，而只是根据个人喜好制定决策时，团队和公司就陷入了摩西陷阱。这位领导者举起他的神杖，像分开大海那样让一切都为被选中的奇思狂想让路。危险的"良性循环"运转得越来越快：奇思狂想与特许经营相互促进并且呈正反馈式的增长。这位无所不能的领导人开始根据自己的喜好倾注资源，而不是根据现实理智地进行选择。这样的轮回发生太多次了。

领导者和他的追随者们可能会像泛美航空公司一样登上月球，然后死去。也可能获得更好的发展，成为下一个摩西。

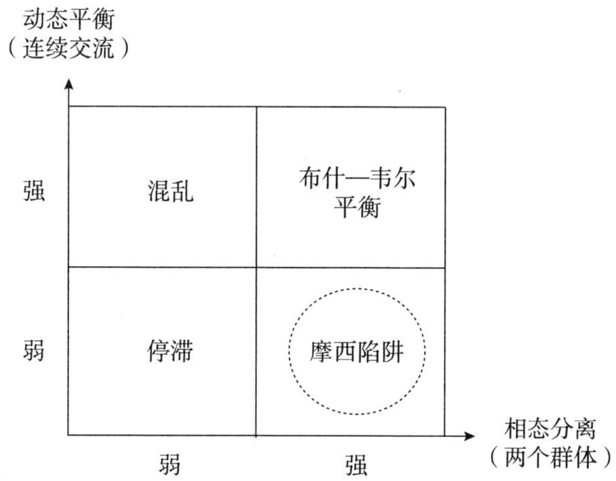

图 3-5

第4章 埃德温·兰德和摩西陷阱

告别神话

想象一下这个场景：一个巨大的仓库里挤满了一家广受欢迎的消费科技公司的忠实追随者。富有魅力的 CEO 走到舞台上，手中拿着秘密研发一年多的新产品。当 CEO 把产品举到空中时，人群安静了下来。在舞台后面，为这一刻做了数周准备的同事们屏住了呼吸。CEO 按下按钮，发布会取得巨大成功——人们为这款产品而疯狂。《时代》杂志称该产品为“一项令人震惊的技术成就”。《财富》杂志称，这是“工业史上最伟大的成就之一”。CEO 认为，这款产品将会彻底改变整个行业：“你一接触到它，便爱不释手。”

那一定是史蒂夫·乔布斯在介绍 iPhone（苹果手机），对吧？很遗憾，并不是。这是埃德温·兰德在介绍他们标志性的宝丽来 SX-70——一款金字塔状、可折叠、即时可取的彩色相机。这发生在 40 多年前，也就是 1972 年。40 年来，宝丽来的科学家们研发出了一个又一个近乎诺贝尔奖级别的突破性技术。他们创造了新的“分子”，不同于以往所见的任何产品，实现了原本不可能的即时彩色打印。他们发明了一种新的彩色视觉理论，改变了我们对大脑的理解。他们解决了困扰人类一个世纪之久的问题，那就是如何实现光的分解。这个技术现在被应用于所有的智能手机屏幕和计算机显示器。这家公司的股票极其抢手，随着狂热的粉丝不断买进，股票价格每年都创下新高。

然而，后来情形急转直下，宝丽来的魅力突然消失了。它迅速衰落、负债累累，最终申请破产。

胡安·特里普从一家小型航空公司的飞机出租服务起家，建立了一个庞大的航空帝国。埃德温·兰德发现了光的一种性质，由此建立了一个以特立独行的产品而闻名的商业帝国。这两个帝国有着类似的周期。奇思狂想使特许经营不断成长，并最终使后者反哺前者。

但是就如近期的一些解密文件所示，兰德走上了另一条道路。这为兰德在周期结束时的陷阱上方打上了新生之光，并为他提供了逃离陷阱的办法。

汉·索洛的逃亡

光束有三个为人所知的特性：方向、强度和颜色。它还有一个隐藏的第四特性，被称为极化。无人机的机翼可以平行于地面，但也可以旋转 90 度,还可以旋转为前两者之间的任意角度。光的偏振作用就像无人机的翅膀。平行于地面的光束可以在水平方向、垂直方向或两者之间的任意角度偏振。我们的眼睛无法探测到偏振，所以我们看不到它。

尽管他的公司的名字最终成了其他一些东西的代名词，但埃德温·兰德还是基于光的第四特性研发出了他的产品，并建立了宝丽来公司。

如果你是《星球大战》的粉丝，你可能还记得《帝国反击战》中有关小行星的那一段。TIE 战机正在追逐汉·索洛驾驶的千年隼号，楚巴卡和莱娅在他身边。汉把飞船开进小行星群（别跟我讲这有多大的可能性！），扎进一个大洞里，飞船着陆，躲避 TIE 战机。三个人走下千年隼号四处搜寻，却很快发现这个“洞穴”并不是他们想象的那样。他们跑回千年隼号那里，重新启动飞船，全速飞向迅速闭合的洞口逃生，这时，他们才发现所谓的“洞穴”是一只巨虫（准确地说是一种银河系外的鸟）的大嘴。千年隼号是水平飞行的，而巨虫的牙齿在垂直运动。在最后一秒，汉将飞船翻转 90 度，从齿缝中逃生。他身后巨虫的下颚啪的一声合上了。

偏振滤光片的作用就像巨虫的牙齿：垂直滤光片只允许垂直偏振光通过。千年隼号在垂直飞行时可以穿过，而水平飞行时却不能穿过。

兰德从 13 岁起就想自己做偏振镜，当时他还只是一名参加夏令营的学生。他利用一块冰岛水晶（一种天然偏振镜）来消除桌面的强光。一个世纪以来，人们一直试图发明一种实用的偏振器来揭开光的奥秘，但没有成功。多年后，兰德有句名言广为人知："除非一个项目的目标非常重要，而且几乎不可能实现，否则就别投入其中。"从那年夏天开始，他睡觉时枕头底下就总放着一本《光学物理》。他读这本书"就像长辈们每晚读《圣经》一样"。

17 岁时，兰德被哈佛大学录取。几个月后，他厌倦了周围那些没有野心的富家子弟，离开了学校。兰德搬到纽约市，并说服持怀疑态度的父亲在他追求梦想的过程中继续为他支付大学学费（作为交易的一部分，他同意在纽约大学学习一个学期）。他在纽约时代广场外租了一个房间，在地下室里建了一个小型实验室，然后开始昼夜不停地研究他的理论。多年后，兰德说："在哈佛商学院，有一条原则是他们不会教你的：如果有任何事情值得做，就值得做得过火。"尽管他十分坚持，但他研究偏振光的实验却没有成功。

面对不可能的挑战，你会去哪里？正如我们在上一章中所看到的那样，答案是纽约公共图书馆的第 42 街分馆。在那里，兰德翻遍了他能找到的每一本光学方面的书，经常和他雇来的年轻研究助理海伦·迈斯伦待在一起。就像特里普一样，兰德在一本旧书的背面找到了线索。

在用奎宁治疗感染了寄生虫的狗时，狗的尿液中能析出一种不同寻常的晶体。这些被称为赫拉帕特的微观晶体，被证明是迄今为止所发现的质量最高的偏振器。从 19 世纪中期开始，科学家们几十年来一直在尝试培育这种晶体，并从中提取有用的偏振光剂。但他们失败了，这些微小的晶体极其脆弱，最终这个领域中的所有人都放弃了。这一发现出自物理学教科书和《大英百科全书》。《韦伯斯特词典》将"碘硫酸奎宁"一词列在"过去用的词语”一栏。兰德很快就会证明，无法解释的实验是发现“虚假的失败”的好地方。

兰德提出了一个疯狂的想法：将数百万个这样微小的晶体嵌入某种黏性物质中（他使用了硝化纤维素漆），并找到一种方式让它们对齐。在经历多次失败之后，兰德决定尝试使用磁场将它们对齐，就像磁铁可以对齐小铁屑一样。他知道在哥伦比亚大学的物理实验室有一个高功率的磁铁。但由于兰德不是学生，没有使用学校设备的权利，于是他偷偷溜进大楼，爬到 6 楼的窗台上，然后从窗户进入实验室。兰德在一个硬币大小的塑料格子内放置了一层薄薄的自制深色晶体和黏性物质混合物。他刚将格子放在磁铁附近,深色的格子就变透明了。磁铁完成了这项任务——它将微型晶体对齐，让光线通过偏振光。数以百万计的微型千年隼号射向塑料格子，但只有处于垂直角度的才能通过。

他后来说,这是我生命中最激动人心的事。他创造了第一个人造偏光镜。他当时只有 19 岁。

第二年，兰德回到哈佛，两个月后，他与特瑞结婚。他现在有权利进入实验室，但特瑞不能。当时的女性是不允许进入实验室的。因此，兰德就将特瑞偷偷带进物理实验室帮助他进行实验。经过短暂的一段时间后，兰德再次变得焦躁不安。两年之内，他放弃了在学术界取得的成就，开始创建即将被称为宝丽来公司的事业。

消失的鱼

兰德的第一个重要想法是利用他的新技术来减少汽车前灯的炫光。当时，高速公路上每年有数千人因车灯炫光死亡。兰德意识到，在每个汽车前照灯和挡风玻璃上覆盖 45 度的滤光器，可以让司机只看到自己前照灯的光线，而看不到迎面而来的车灯的光线。要理解这是为什么，我们可以想象一个孩子在向前跑，假装自己是一架飞机，“左翼”指向地面呈 45 度，“右翼”以同一角度指向天空。第二个孩子奔向第一个孩子，手臂动作和第一个孩子相同，实际上这四个手臂是完全垂直的（形成“X”）。迎面而来的汽车的交叉偏振光不能通过驾驶员的挡风玻璃，它的原理与水平的飞船不会穿过垂直狭缝的洞口的原理相同。虽然兰德向汽车制造商恳求了20年，但仍无法说服它们采纳自己的想法。

与此同时，兰德发现了偏光镜片的惊人优势。反射在水平面上的阳光——比如静止的湖面——往往是水平偏振的。涂有垂直狭缝薄膜的镜片比普通有色镜片更能有效地阻挡反射。结果可能是戏剧性的。这个结论令人吃惊。

1934年7月，当汽车制造商正在反驳并拒绝他改良前照灯的建议时，兰德在波士顿的酒店安排了一场与美国一家眼镜制造商的会面。兰德提前到场。客人将会看到一个衣着光鲜并有着锐利目光的年轻男子。据一名早期员工描述，他第一次见到兰德就感觉兰德“可以看穿我的心思”。这真的是一种有趣的感觉，“明亮的眼睛、紧致的下巴、顺滑蓬松的深色头发，这让他看起来就像一个电影明星。想象一下，年轻的加里·格兰特所扮演的一个痴迷天才的角色——那就是埃德温·兰德”。

兰德带了一个金鱼缸来到下榻的酒店。他向服务台工作人员要了一个能看到夕阳的西向房间。一名记者描述了接下来发生的事情：

在服务生离开后，兰德将鱼缸放在可以接触到阳光的窗台上，然后往后站了一些，检查了一下鱼缸。他移动鱼缸，反射的炫光变得更加强烈了。接下来，他紧张地踱步并等待敲门声。

他的访客，美国光学公司的职员到了。兰德带他来到窗边，让他看着鱼缸。

“你看到鱼了吗？”他说。

那个男人眯起眼睛摇了摇头。水的反射光太刺眼了。

“再看一下。”兰德说道，并在鱼缸前放了一张类似烟熏玻璃纸的东西。

像是施了魔法，炫光消失了，鱼的每个动作细节都能看得清清楚楚。这位访客……熟悉市场上的各种太阳镜，但他从未见过这样的东西。

兰德做成了他的第一笔交易。水手、飞行员、滑雪运动员和其他户外运动员很快开始抢购这种新的“偏光”太阳镜，这是宝丽来赚到的第一桶金。

随后军方发现消除太阳的炫光可以提高炮手看到飞机、坦克和潜水艇的能力。陆军和海军订购了数百万只偏光护目镜。在第二次世界大战期间，巴顿将军戴着宝丽来护目镜登上了《新闻周刊》的封面。《生活杂志》的一篇报道指出，“战场上的每一个人”都戴着它。

特许经营的种子正在成长。

兰德很快意识到将两个偏振滤光片放在一起会产生一些令人惊奇的实用效果。用垂直偏光膜涂抹一副护目镜的正面，再在其背面放置一个可以在护目镜框架内旋转的偏光器，将一个微小的手柄连接到后滤光器上，并在 12 点钟位置从护目镜的框架中伸出。当把手处于 12 点钟位置时，两个滤光器对齐，前面的所有光线都可以射入后面。但是当旋转后滤光器时，手柄向 3 点钟位置滑动 90 度，光线就会变弱。精确到 90 度时，前滤光器是垂直的，而后滤光器是水平的，这时没有光通过。

可调节阳光的护目镜，让飞行员能够实现从低光到强光条件下的快速调节，这又成了宝丽来的一大新卖点。

今天，你在使用笔记本电脑或智能手机，或在 LCD（液晶显示屏）上观看某些内容时，使用的就是这种技术的改良版，所有这一切都是通过埃德温 · 兰德的发明实现的。

从智能鱼到智能手机

想象一个谷仓，它的两侧装有滑动门，后门的两部分分别从屋顶向下和从地面向上滑动，两者在中间相遇，并且留一个水平开口。前门两部分分别向左侧和右侧滑动，并在中间留有一个垂直开口。一架无人机飞过后门开口，机翼呈水平状态，在谷仓内旋转 90 度，机翼变为垂直状态，然后从前门开口飞出。

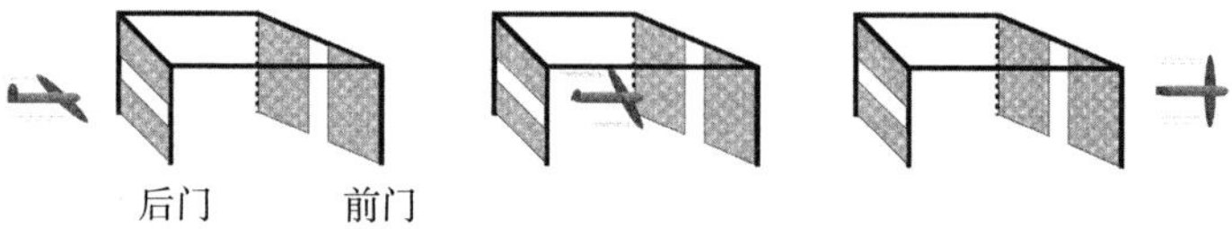

图 4–1 从谷仓中的两扇门通过的无人机

现在假设谷仓有一个开关。打开开关可以屏蔽任何电子设备。无人机在谷仓内无法旋转。任何穿过后面水平狭缝的无人机都会保持水平并撞到前门。没有无人机可以通过。

LCD 的工作原理就像那些谷仓的门。

LCD 上的每个像素背面都有水平滤光器。正面有一个垂直滤光器。与无人机不同，光线穿过空旷的空间时不能自行旋转。它需要获得帮助。因此，像素被称为液晶的特殊黏液。液晶由数以十亿计的微型棒组成，它们就像微小的牙签，和兰德的原始偏光镜是一个道理。但在这种情况下，黏液就被夹在了水平滤光器和垂直前滤光器之间。微型棒自动在背面水平排列，在前面垂直排列。它们之间形成了一种扭曲的 1/4 圈螺旋楼梯，连接后部和前部。螺旋楼梯完成旋转光的工作，光线从后面的水平开口进入，穿过楼梯，其偏振度旋转 1/4 圈，然后飞出前面的垂直开口，进入你的眼睛。就像无人机穿过谷仓的门一样。

然而，每个像素都配有一个微型数字开关。打开开关可以形成一个微小的电场，电场会扰乱微型棒，并破坏螺旋楼梯，此时没有光可以通过，像素变暗。关闭开关可恢复螺旋楼梯，像素亮起。这样你就有了一个数字控制的开 / 关光像素（如图 4–2 所示）。

最初的 iPhone 屏幕装配了 320~480 个这样的数字像素。今天的智能手机屏幕和高清电视的像素已超过 200 万。

我在本章开头提到，我们的眼睛无法检测到偏振。事实证明，许多人可以训练他们的眼睛捕捉一个微妙的信号。如果你看一下液晶显示器上的白色区域并旋转你的头部，你可能会看到一个小的、淡淡的黄色沙漏形状出现，然后褪色。这来自我们眼睛对偏振光的敏感反应，是一种叫作海丁格光刷的奇特效果。

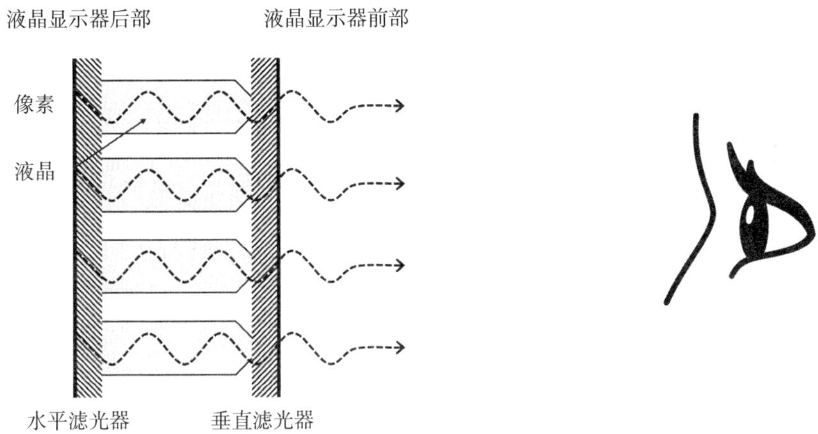

图 4–2　液晶显示器使用偏振光和两个滤光片来创建开 / 关像素

兰德的偏振滤光片不仅带来了智能显示器和新奇的视觉效果，而且这是一种使艺术家和军队兴奋的奇特技术。这一发现使兰德成就了宝丽来最著名的发明，也使这 30 年的旅程成为摩西陷阱的终极范例。

从艺术博览会到战争

克拉伦斯 · 肯尼迪是马萨诸塞州西部一所女子学校——史密斯学院的艺术史教授，他制作了令人难忘的雕塑照片，尤其是那些意大利杰出艺术作品的照片。有些人认为这些照片比原件更漂亮。肯尼迪编录了许多著名的藏品，并为纽约、波士顿和旧金山的博物馆提供建议。意大利的城市雇用他来恢复旧纪念碑（盟军于第二次世界大战进入意大利时，美国轰炸机指挥部曾向肯尼迪寻求纪念碑清单）。他是一个完美主义者，据一位同事说，“但不是一个令人恼火的人”。

在20世纪30年代，肯尼迪开始着迷于改进雕塑摄影技术。二维图像能否捕捉到三维艺术品的形态美感和深度？他与当时占主导地位的摄影公司——伊士曼·柯达的科学家进行了交谈。他们把他带到了波士顿的一位年轻的发明家那儿，他因刚刚发明的新型偏振滤光片而名声大噪。

受到童年玩具的启发，兰德很快意识到他的偏振滤光片为肯尼迪的问题提供了一个令人惊喜的解决方案。作为一个男孩，兰德玩过立体镜。那是一种小型的双筒望远镜，可以将你带入一个有三维船只、桥梁和洞穴的神奇世界，在那里你会“听到滴水，闻到潮湿，眼前是恐怖的黑暗，而实际上你依然身处于那个老图书馆中，双腿交叉坐在椅子上”。

立体镜通过为每只眼睛呈现略微不同的图像来创造这样的世界。我们的大脑使用每只眼睛中的图像之间的差异来重建深度：例如雕塑的三维形状。

我们认为普通照片是平面的，因为我们的双眼看到的是完全相同的图像。兰德意识到，为了“看到”肯尼迪的三维雕塑摄影，他需要为每只眼睛提供一个从略微不同角度拍摄的快照。他可以通过使用他最喜欢的光的隐藏属性来做到这一点。

首先，兰德发明了一种方法，用于将两个偏振图像——一个垂直偏振、一个水平偏振，融合到一个印刷品上。然后，他在一个镜头上制作了带有垂直偏光镜的眼镜，在另一个镜头上制作了带有水平偏光镜的眼镜。人们的左眼会看到第一张图片，右眼会看到第二张图片。

在总统竞选活动不久之后举行的光学学会会议上兰德展示了这项技术——在屏幕上投射了一个模糊的图像，他先要求观众戴上特制的宝丽来眼镜，然后要求民主党人闭上左眼，共和党人闭上右眼。每个党派都看到了他们党派的候选人。

接下来，兰德向肯尼迪要了一个雕塑来拍照。兰德拍了一张照片，将相机移动了几英寸，然后拍了另一张照片。摄像机角度的变化捕捉到了我们眼睛所看到的差异。兰德使一个图像垂直偏振，另一个图像水平偏振，然后将它们融合成一个印刷品。当观众戴上他的特殊偏光眼镜时，平面图片会突然变成光彩夺目的三维形状。兰德称他的新系统为“矢量图”。

图 4–3　3D（三维）电影《魔王》的观众（1952）

在华盛顿特区，在他第一次与罗斯福会面后不久，范内瓦 · 布什听说了兰德的矢量图。一年之内，陆军和海军就开始使用 3D 地形图为欧洲的战斗做准备。飞机会飞过沼泽地，降落在海滩上，以 1/4 英里的距离拍照。通过融合的印刷品，士兵们可以看到他们能够用来掩护自己的树木或沟渠，需要攀爬的山丘轮廓，甚至伪造的阴影都被描绘成敌机的伪装。

该技术可能是第一个，也可能是唯一一个将艺术类项目应用于军事的例子。

兰德的 3D 静止图像很快被应用于电影行业，这变成了一个热潮（在

1953年的高峰时期，宝丽来每周制作600万副3D眼镜)。虽然早期低质量的3D电影早已失去了它在诞生之初的新鲜感，但今天的3D电影与1940年兰德的发明使用的是相同的核心科学原理。

图 4-4 麦罗埃·莫尔斯

3D摄影后，肯尼迪对兰德和宝丽来的影响仍在继续。他提升了兰德对艺术世界的兴趣。肯尼迪将兰德介绍给安塞尔·亚当斯、安迪·沃霍尔、罗伯特·梅普尔索普、查克·克洛斯和其他许多人，亚当斯后来也成为宝丽来的一位亲密顾问和兰德的家庭朋友。艺术界的支持为这项技术增添了一丝魅力，就像林德伯格驾驶喷气式飞机大大提升了特里普和泛美航空的影响力一样。

肯尼迪还贡献了一个不同寻常的想法：招聘主修艺术史专业的员工。在20世纪四五十年代，很少有聘请女性担任技术职务的公司，招募主修艺术史专业的女性并培训她们的公司更是屈指可数。肯尼迪鼓励兰德打破这两个禁忌，这对公司来说是一个巨大的优势。在这个想法开始流行之前的几十年，肯尼迪和兰德明白，多样化会增强创造力。为宝丽来创造最重要的技术突破之一的是一名来自史密斯学院的艺术史毕业生，名叫麦罗埃·莫尔斯，她曾帮兰德领导一个重要的研究实验室。(莫尔斯和兰德变得越来越亲近了。一位传记作家写道，在与兰德密切合作20年后，莫尔斯去世了，她终身未婚。兰德“失去了一个灵魂伴侣、一个工作伙伴和一个保护者。在她死后，兰德与公司技术和非技术人员发生了最激烈的争吵”。)

肯尼迪对商业和技术历史的独特贡献不仅激发了兰德对3D图像和工作场所多样性的兴趣，还将兰德的注意力转向了摄影。

一个明显的问题

1943 年 12 月，在圣达菲度假期间，兰德和他 3 岁的女儿詹妮弗一起散步。在给女儿拍下一些照片之后，女儿问他："为什么我现在不能看到它们呢？"兰德被这个问题吓了一跳，将詹妮弗送到她母亲那儿。

他继续独自行走，思考这个问题，运用他从 3D 摄影中学到的知识，希望解决这个问题。30 年后，他向科学家和工程师们回顾了他的发明史："奇怪的是，那次散步结束时，即时摄影问题的解决方案已经基本敲定了。我会说一切都是这样的，除了那些在 1943—1972 年改进的细节。"

图 4–5　兰德和他的女儿

在传统的电影摄影中，被称为光子的光粒子会落在胶片上，留下微观残留物——这是一种化学存储原理。想象一下，一颗小行星撞击月球表面，留下了微小的陨石坑。将薄膜浸泡在显影剂中会增加这些残留物，直到熟悉的阴像出现为止。之所以叫阴像，是因为残基，也就是光线照射的地方是黑暗的。要反转图像并创建正片，你可以将光线透过胶片照射到白纸上。黑点变白，白点变暗。兰德的想法是将这两个步骤结合起来，通过使用巧妙的化学技巧在相机内同时生成阴像和阳像。

在宝丽来的即时摄影中，阴性和阳性的印刷层（称为负片和正片）在相机内部像三明治一样连接在一起，相隔不到 1/100 英寸。附着在三明治底部的是一个小的、密封的药水包。

拍照后，药水包受到相机内一对滚轴的挤压而破裂。流体均匀地分布在两个基片之间的缝隙内并引发一系列化学反应，负片上未曝光的分子从药浆中扩散到正片上，并在正片上变黑，负片上曝光区域的分子仍黏附于原来的位置。在 60 秒内，两层可以分开——这就是“presto”（拍立得），一种可以即时打印的照片的工作原理。詹妮弗的想法落地了。

当然，“拍立得”需要数十种技术共同作用，公司进行了数千次研发实验，其中绝大多数都失败了——数十次失败和三次绝境。兰德之所以能够坦然面对这些困难，是因为他有一个信条：“没有被判处过三次死刑的药不是好药。”

第一个承担实验任务的是穆勒，她是肯尼迪聘用的艺术史专业雇员之一。兰德每天早上 6 点 30 分给她打电话检查前一天的项目。他会每晚查看她的报告。黎明前接到兰德的电话是很常见的现象。“我对我们一直在努力解决的问题有一个想法。”他会说，“你好，5 点来和我见面可以吗？”另一位从艺术史专业转学化学专业的雇员在她的厨房里安装了一条单独的电话线：“当红色电话铃响时，我会环顾四周，确保我的孩子不会弄伤自己，然后接电话。”

两年后的 1946 年年初，实验有所进展，但兰德觉得实验进展得太慢了。他向他的团队宣布，宝丽来将于 1947 年 2 月 21 日，在纽约举行的光学学会上向媒体和工业界展示一款成品相机。他的团队十分震惊，反对对外发布产品——当时这个产品仍然存在数百个技术障碍。兰德驳回了所有反对意见。

他们确定将在 2 月推出一款成品相机。从此，团队的进度进一步加快。

兰德的最后期限不仅仅是为了增加团队的紧迫感。还有一个原因是，在兰德决定战争后期退出军事合同的业务后，宝丽来的销售额从 1945 年的 1 700 万美元暴跌至 1946 年的不到 500 万美元，并且预计 1947 年的收入不及 1946 年的一半，公司到了生死存亡的时刻。一位高级管理人员回忆说："收入很少，而且还有更多的支出。"兰德把公司的未来押在了即时摄影上。

ONE-STEP CAMERA IS DEMONSTRATED

Process That Makes Finished Picture in Minute Is Work of Polaroid Company Head

CONVENTIONAL FILM USED

Special Paper Containing Pod of Developer and Hypo Is 'Sandwiched' With Film

A revolutionary new camera, which turns out a finished picture one minute after the shutter is snapped, was demonstrated last night in the Hotel Pennsylvania at the winter meeting of the Optical Society of America by its inventor, Edwin H. Land, president and director of research of the Polaroid Corporation.

The new camera is described in the published program of the Optical Society as "a new kind of photography as revolutionary as the transition from wet plates to daylight-loading film," more than

INVENTOR DEMONSTRATES PHOTO PROCESS

Edwin H. Land showing negative and positive of himself one minute after picture was taken at Hotel Pennsylvania yesterday.

The New York Times

图 4-6　兰德展示第一张用即时打印技术打印的照片

2 月 20 日，即光学学会会议的前一天，下午 4 点 30 分，纽约开始下雪。到了早上，这场雪已经变成 6 年来纽约下得最大的一场暴风雪。大部分城市已经停摆，东海岸的所有活动被取消。兰德和他的团队焦急地等待着，不知道来自波士顿的载有相机的卡车能否及时到达。卡车勉强在 2 月 20 日到达纽约。

该团队迅速组装相机，为下午的发布会做最后的准备。在兰德做了一个简短的介绍后，他邀请光学学会主席上台。兰德对准他，按下按钮，随后剥开正、负片，展示了这项即时打印技术。

“每个人都疯了。”一位观察者回忆说。《科学美国人》将这项技术描述为“摄影史上最伟大的进步之一”。《纽约时报》刊登了一篇长篇报道，并附有一篇社论，宣布所有先前的摄影发明“与兰德先生所做的相比都是粗糙的”。

同一天，在这次会议的特别分会上，兰德用新相机拍了一张头部自拍照。他撕开分层，将照片挨着自己的脸，向公众展示。8 英寸 ×10 英寸，几乎等同于真人大小。《泰晤士报》在刊登这则新闻时附带了一张两栏宽的照片：发明家盯着远处，不苟言笑，咬紧牙关。相片上的人黯然失意地盯着正看着这张照片的人。这张难忘的照片被无休止地重印了无数次。图 4-7 展示的就是人们使用即时摄影技术拍摄照片的情景。

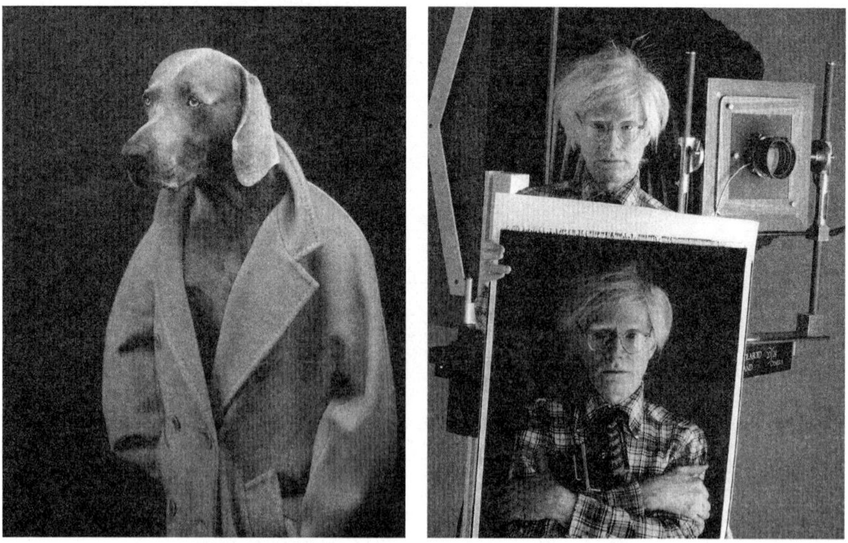

图 4-7　威廉 · 韦格曼和安迪 · 沃霍尔的宝丽来摄影作品

图 4-8 《生活》：SX–70

***

宝丽来的销售额在 1948 年时不到 150 万美元，1978 年就增长到 14 亿美元。30 年来，宝丽来主导着即时摄影领域（就像泛美航空主导国际旅行一样）。它们每年都会带来惊人的突破，令消费者欣喜不已。在这两个例子中，一个顶级的 P 型创新者为这些奇思狂想提供了动力，而这些奇思狂想在为创新者带来专利特权的同时，又激励了更多奇思狂想的出现。危险的"良性"循环旋转得越来越快。

宝丽来公司于 1947 年推出了第一批深褐色相机，其中包括黑白相机（1950 年）、自动曝光相机（1960 年）、即时彩色相机（1963 年）、非剥离式影像机（1971 年）、SX–70 型一体机、可折叠的相机（1972 年）、声呐自动聚焦相机（1978 年），以及无数其他先进的技术产品。对于任何一个对科技感兴趣的人来说，这些发明的故事都很有趣。例如，为了实现即时彩色照相，兰德和他的团队发明了一种新的分子。作为一个附带项目，兰德还发明了一种新的颜色视觉理论，这个理论现在被称为“颜色恒常性”。它解释了为什么我们会看到红苹果是红色的，即使它们反射的光的颜色发生了变化。兰德似乎每年都会有一两个新发现，而对更多的人来说，一生中能有一个这样的发现就已经非常了不起了。一位受人敬佩的科学家感叹道：“（因为兰德）获得诺贝尔奖将越来越难。”

随着摄影技术的进步，最初被严肃的艺术家视为玩具的即时摄影，后来却发展成一种新的艺术形式。安塞尔·亚当斯于 1974 年在大都会艺术博物馆的展览就展示了 20 张宝丽来照片。他还用宝丽来照片参加了第一届总统摄影会议（吉米·卡特会议），这些作品后来成为他的代表作。威廉·韦格曼、安迪·沃霍尔、查克·克洛斯的作品，都是使用宝丽来相机拍摄的。

这项技术不仅创造了新的艺术，而且创造了新的市场。情侣们意识到，这能让他们的私密影像不被洗相片的技术人员看到。宝丽来的“亲密”系列照片就是这样诞生的。对这些亲密照片激增的需求促进了宝丽来的快速发展，正如数年后色情作品推动了互联网的快速发展一样。

无论快速发展的原因是什么，投资者都会投资不断增值的企业。尽管华尔街分析人士经常发表宝丽来股票被高估的言论，但它的股票价格还是一直在上涨。散户不断地购买更多宝丽来的股票并相信它会升值。

然后，就像胡安·特里普和波音 747 这两个顶级创新者一样，被创新和资本挟持的奇思狂想，将宝丽来推向了泡沫的顶点。

宝丽来自动摄影机

1888 年，托马斯·爱迪生写道：“我正在研发一种设备，它能像留声机对耳朵一样，对眼睛起作用。”几年以后，他用电影设备制作了第一部美国短片（短片里，一只猫出现在拳击台上，人们总是爱看有关猫的影像）。

在接下来的 100 年左右的时间里，电影胶片——像普通照片一样，或多或少地得到了发展。一台 35 毫米的电影摄像机每秒能在底片上捕捉到 24 帧图像。底片要在实验室里进行处理。和普通照片最大的区别是，电影胶片被转换成了透明胶片，光通过它使电影放映出来，而非拿着不透明的相片直接看。

20 世纪 60 年代中期，兰德开始考虑将即时拍照技术扩展到电影界。一个 60 秒的短片，就需要精确处理超过 1 000 个图像。这个过程需要改变颜色变化的化学过程并调节胶片的透明度，并且需要建设一个规模足够大且拥有全新设备的制造厂。几年前，兰德曾说过："除非一个项目的目标非常重要，而且几乎不可能实现，否则就别投入其中。"当兰德进入这一领域时，偏振滤光片、即时摄像和即时色彩处理技术几乎都是不可能实现的。这一新的挑战正是一种 P 型奇思狂想，值得他去思考、研究和付出精力。于是，兰德发起了一个为期 10 年、耗资 5 亿美元的项目，来研究即时电影摄制技术。

***

1977 年，在马萨诸塞州尼达姆召开的宝丽来股东大会上，众星汇聚。一位《华尔街日报》的记者说他们的演出简直可以与奥斯卡颁奖礼媲美。演出之时，兰德向全世界介绍了他的自动摄影机，并宣布这是"第一次公开展示一门新科学、一门新艺术和一个新产业……是第二次摄影革命"。一位身着白色水手服、戴着红帽子和围巾的长发舞者出现在舞台上开始跳舞。兰德手持一个 24 盎司[①]（一本精装书大小）的优雅小巧的摄影机，调整好角度，开始拍摄。大约一分钟后，他拿出一盒卡带，把它插入另一端一个被称为宝丽来自动电影播放器的 12 英寸的矩形盒子里。播放器重绕并冲洗了胶卷。90 秒后，舞蹈演员出现在了屏幕上。

即使是在 21 世纪，你也必须停下来欣赏这一点：90 秒内在一台家用设

---

① 1 盎司 ≈28.35 克。——编者注

备上处理成千上万张图像，而回放时依然毫无纰漏。

科技杂志对此赞不绝口："这家专注于将不可能的概念转化为实际设备的公司又一次成功了"。《通俗科学》写道："屏幕突然亮了起来，令我惊讶的是，我看到了刚制作出来的影片"。《大众机械》写道："好莱坞的'样片'也无法如此迅速地进入放映室，在此之前，没有哪部电影是不经过实验室处理就能放映的。"《华盛顿邮报》写道："对于杰出的兰德来说……宝丽来自动摄影机很可能是他职业生涯中最大的亮点。"

这家新工厂生产了超过20万台宝丽来自动摄影机。胶片的装配线也开始生产卡带。安迪·沃霍尔在名人聚会上使用宝丽来的自动摄影机拍摄了短片。约翰·列侬和小野洋子及其儿子肖恩使用它拍了一部家庭电影。1978年春天，这种自动摄影机开始在全美销售。

那么你为什么没有听说过宝丽来自动摄影机？因为不到一年，产品就停产了。用户并不买账，虽然它的分辨率和质量都比磁带好，而且相机本身也和SX-70一样，是一个值得买的漂亮机器，但用户拍摄家庭短片并不需要太高的分辨率，优雅的设计无法抵消它的不便性。磁带和Super 8胶卷更便宜、更简单，而且磁带是可擦除的。用磁带你可以录制猫上个星期由于咳嗽而变成一只毛球的场景。但使用即时摄影设备，虽然你可以拥有美丽的艺术细节，并实时拍摄超现实的慢动作和一遍又一遍地观看这一场景，但在这之后，你将不得不购买更多的胶片，胶片是昂贵的。宝丽来自动摄影机售价2 500美元（按2018年物价换算），而且每3分钟就要再为胶片支付30美元，这无疑太贵了。

一位华尔街分析师总结道："这种产品的科学、艺术意义远远大于其商业意义。"

1979年，宝丽来的会计事务所坚持将所有未售出的宝丽来自动摄影机作为损失销账。对于一家上市公司来说，这相当于举起了白旗。兰德当然强烈反对。兰德说："会计事务所'有关宝丽来自动摄影机的科研成果并没有任何商业效用'的声明是一种对会计术语的滥用。"然而最后，董事会还是听从了会计事务所的建议。

不久之后，宝丽来公司永久停止了其自动摄影机的生产。最后一年的项目投入仅为 2 亿美元。几个月后，在董事会的催促下，兰德辞去了首席执行官的职务，尽管他仍担任研究主管。两年后，他又辞去了研究主管职位，卖掉了股票，切断了与他资助的公司的所有联系。

和泛美航空一样，后来的首席执行官们试图通过公关来恢复公司的形象和优势，以赶上其他公司培育的奇思狂想。在泛美航空公司的例子中，降低成本或增加每个职员收益的策略属于 S 型奇思狂想。而在宝丽来的例子中，摄影机、家用喷墨打印机、数码摄影机都是 P 型奇思狂想。不过和泛美航空一样，一切都为时已晚。

光子、电子和理查德 · 尼克松

传统摄影利用了一种化学反应。当足够多的光子（轻粒子）撞击胶片中的银分子时，分子会改变形态，于是就产生了光子痕迹的化学记忆。然而，在某些特定条件下，当一个光子打过来时，它可以从原子中激发出一个电子（光电效应）。零散的电子受限于光子撞击之处，就像在罐子里捕捉一只萤火虫。被俘获的电子数量可以通过电压衡量。电压形成了一个显示光子痕迹的电存储器。

1969 年，贝尔实验室的一个小团队创建了一个像素网格，可以在适当的条件下捕获在光子作用下从原子中激发出的电子。这是一排微小的捕获萤火虫的网格。他们称之为 CCD（感光元件）芯片。这些芯片的灵敏度比胶片高出 100 倍。很长一段时间，天文学家们都是利用 CCD 芯片拍摄遥远的恒星图的。20 世纪 70 年代，第一台面向商业和专业人士的 CCD 商用相机问世了，第一台使用 CCD 的商用数码相机出现在 20 世纪 80 年代中期。

宝丽来最终在 1996 年推出了一款数码相机，比索尼、佳能、尼康、柯达、富士、卡西欧等公司推出的类似相机晚了10年。一切都太晚了。2001年，宝丽来公司宣布破产。

从表面上看，仿佛一个历经辉煌且成熟的企业家被一个疯狂的数码摄影的奇思狂想打了个措手不及。

但事实并非如此。

***

2011—2015年，美国国家侦察局解密了一批与间谍卫星有关的文件。这些文件揭示了一个以成像技术为中心的绝密、高风险的事件。在第一批天文学家开始使用CCD之前，在第一批商用CCD相机出现之前，甚至在索尼和柯达开始考虑消费市场之前，有一个人不顾高级军事和政治顾问的反对，就已经说服美国总统投资数字间谍卫星。那个人就是埃德温·H. 兰德。

由于受到核战争的威胁，兰德进入美国政府部门工作。1949年，苏联引爆了它的第一颗原子弹。一年后，朝鲜战争爆发，“冷战”开始升温。各国对可能到来的第三次世界核战争的恐惧升级了。1953年，艾森豪威尔总统上任后不久，就召集了一个由麻省理工学院主席詹姆斯·基利安领导的专家小组，研究苏联进行核导弹突袭的可能性。专家组很快得出结论，美国缺乏有关苏联打击能力、导弹、基地、部队调动的硬数据，国家需要新的手段来获取这些数据。该小组需要一个不仅能够对最先进的成像科学提出建议，而且能够预测甚至开发尚未存在的技术的人，一个有勇气挑战常规的人。

对于兰德来说，强大的内心并不是问题，他很快就被选中了。

1954年，兰德向艾森豪威尔提出了设计一种单人飞机的想法，这种飞机可以飞得很高很快，并搭载一个功能强大的摄像头。他挑选相机技术公司（柯达的Itek）和飞机供应商（洛克希德）共同建造了世界上第一架间谍飞机U–2。这架飞机在整个“冷战”期间发挥了关键作用。1962年在古巴发现苏联导弹的证据，正是U–2飞机拍摄的照片。

1957 年，兰德和基利安向艾森豪威尔提出了一个新提议。他们担心载人飞机飞越敌方领土会有风险（这种担心是有预兆的。1960 年，苏联击落了一架飞越其领空的 U–2 飞机，并俘获了飞行员）。兰德和基利安建议，美国应开发和部署携带照相机的卫星，并将巨大的望远镜镜头对准地球，而不是依靠载人飞机。

在太空中拍摄照片听起来是个好主意，但是如何使这些照片返回地球？兰德和基利安推荐了一种系统，在该系统中，曝光的胶片装置被系于降落伞上的罐子里，由卫星发射出去。然后，空军飞行员会带着一种特制的钩子上飞机，用钩子把那些罐子从空中抓回来。

艾森豪威尔给这个项目亮了绿灯。他还接受了兰德和基利安提议设置一个新机构的建议，即美国侦察局，由空军和中央情报局共同管理。

随着“冷战”和苏联扩张的继续，卫星计划的局限性越来越明显。1968 年 8 月 20 日，苏联入侵捷克斯洛伐克。卫星胶片清楚地显示，苏联入侵前曾在边境上集结了大量的坦克和飞机。但当空军收回这些胶片时，这已经是个过时的消息了：入侵已经结束了。

11 月，当选的理查德 · 尼克松向他的工作人员明确表示，他希望实现实时成像，而不是提供几周前的成像，他希望在“他的第二个任期”内实现这一设想。这场争夺迅速演变成一场苦战。

一方面，几乎所有的军事领导层和大多数内阁成员，包括美国国防部部长（梅尔文 · 莱尔德）、他的副手（戴维 · 帕卡德）、美国国防工程部部长（约翰 · 福斯特）、美国空军参谋长（罗伯特 · 希曼），以及日后的美国国防部部长（詹姆斯 · 施莱辛格）和美国国务卿（乔治 · 舒尔茨），都主张一种渐进的解决方案：在现有的胶片卫星上增加扫描仪，如传真机。照相机可以用普通胶卷拍照。这些照片将在机器上扫描并传到地球上的各个站点。对他们来说，使用 CCD 芯片进行无胶片数码摄影的想法太牵强、太不确定、太疯狂。

另一方面，埃德温 · 兰德。

不出所料，军方赢了。到1971年春天，一项价值20亿美元的扫描卫星内部胶片的计划获得了进展。在1971年4月总统情报咨询委员会的一次会议上，兰德直接向总统致辞。他告诉尼克松关于胶片扫描仪的设想是“谨慎的一步”，数字技术才是“量子跃迁，这将使美国在这一领域获得无可争议的技术领先地位”。兰德说，官员们“不愿意在没有总统支持的情况下承担巨大的财政风险”。他解释了为什么数字技术会起作用，为什么风险是可控的，以及为什么该计划优于将军们的建议。

让我们暂停一下：此时是1971年的春天。第一篇描述CCD的论文几个月前才发表，索尼（生产了第一台商用数码相机）、佳能和尼康甚至还没有开始进行数码摄影的研究。在这之前，兰德一直在倡导数码摄影，比所有人都早。

9月，尼克松的国家安全顾问亨利·基辛格向所有党派透露，总统已决定继续支持兰德的量子跃迁方案。军方的20亿美元计划将被终止（一位美国国家侦察局的历史学家将兰德的成功归结于他对“尼克松总统希望被人们记住他是比他的前任更具活力、更敏锐的决策者”的理解）。

1976年12月11日，在尼克松第二个任期的最后几天（尼克松于1974年8月提出辞职），空军发射了第一颗数字卫星KH-11。1月21日下午3点15分，在吉米·卡特就职的第二天，美国中情局代理局长汉克·诺奇在白宫地图室会见了卡特及其国家安全顾问兹比格纽·布热津斯基。诺奇在桌子上摊开了一堆黑白照片。这些是最早取自太空的现场照片，记录了总统的就职典礼。这些照片对于兰德量子跃迁项目的解释，好过任何简报中的文字。现在，美国可以看到世界各地正在发生的事件，就在正上方，像天使那样注视它们的发生。

实时可视情报技术改变了美国应对危机、指导国家安全行动和核实军控条约的方式。与胶片相比，CCD的感光度要高得多，它提供的图像远超基于胶片的卫星所能提供的图像：它们可以记录卡车的车牌，而不只是城市的轮廓。从许多方面来看，美国国家侦察局发射的300多颗数字成像卫星被证明是过去 60 年来美国收集的最有价值的情报的来源。

兰德对数码摄影并不感到惊奇。他曾当着美国总统的面为这种奇思狂想辩护。1988 年在纪念兰德的仪式上，中情局局长威廉·韦伯斯特宣称：“兰德博士为国家安全所做的贡献是不可估量的，他对我们目前的情报能力所做的贡献是无与伦比的。”

宝丽来后来怎么了？为什么不让兰德在他自己的公司发展数字摄影，利用国家情报部门的领先优势，击败索尼、佳能和尼康呢？

§

相爱

摩西陷阱：当人仅仅被一个崇高的思想主导并因此喜悦前进时，他的一切行为就都是出于对奇思狂想的热爱，而不是策略的压迫。

在宝丽来股东大会上，热烈的自动摄影机发布会即将结束之际，在兰德完成了他的演讲并感谢了红帽舞者后，引导员带领观众参观了 20 个特别设计的“胶片站”。每个站点都配备了哑剧、舞者和杂耍演员。记者和投资人检查了机器，制作了 3 分钟的速印胶片，然后回到座位上进行提问。在几十个喜悦的表演者的包围下，兰德回答了很多问题。在完成一些例行的评论之后，一位分析师问：“你的底线是什么？”

兰德用他一生中最著名的一句话回答：“唯一重要的事情是底线？这是什么自以为是的说法，我的底线在天堂。”

***

在经历了几十年的辉煌之后，宝丽来这个公司变得越来越陈旧，工业巨人从此由盛转衰。它失去了对新技术的渴望。一个自命不凡的年轻人，戴维，用一件出乎意料的武器杀死了这个步态笨拙的巨人。这个武器是一个大家都忽视的新想法、新技术或某种奇思狂想。

埃德温·兰德、胡安·特里普以及我们将在下一章中看到的史蒂夫·乔布斯却选择了不同的道路。兰德、特里普和乔布斯都是P型奇思狂想大师，他们永远不会对大胆、冒险的项目失去欲望和好奇心。后来，他们的巨人消失了（或几乎消失了，就乔布斯而言），也是因为这三个人曾遵循的相同模式让他们陷入相同的陷阱。

每个有远见的领导者都创造过辉煌的奇思狂想的温床；他们实现了布什—韦尔原则的第一原则：相态分离。但他们仍然是新思想的法官和陪审团。与布什和韦尔不同的是，这三位P型大师举起了他们的旗帜，将自己视为摩西，为自己所选的奇思狂想奋斗到底。他们视自己为园丁，倾向于在奇思狂想和特许经营之间保持联系和平衡，鼓励技术的转移和交换。换句话说，这也是他们提出的布什—韦尔的第二原则：动态平衡。

让我们看看能从摩西陷阱中学到什么，以及它是如何引导这些人中豪杰的：

第一：危险的“良性”循环会形成势头

P型奇思狂想培养了越来越多的追随者，而这反过来又提供了更多的P型奇思狂想。例如新的发动机帮助特里普飞得更远、更快，载客量也更多，带来了更多的收入，从而推动了更大、更高效的发动机的设计。从即时黑白相机到即时彩色相机，为市场带来了巨大需求，也为SX-70提供了资金支持。更快的技术，产生了更多的照片，从而推动了更大的扩张。最终实现了更快，更好，更多。

第二：特许经营权降低了对技术的需求

只有那些让车轮持续转动的P型奇思狂想才是重要的。特里普看到了新的经营方式，而鲍勃·克兰德尔和其他大型航空公司的S型奇思狂想，或者太平洋西南航空公司等当地折扣店里的S型奇思狂想，却被他忽视了。埃德温·兰德不仅看到了数字技术，他还对数字技术进行了深入的研究。但因为他的公司支持自动摄影机研究，他明显忽略了新的经营方式。他将即时照相技术升级到即时视频技术，却没有将即时视频技术发展到数字技术。

数字摄影的 P 型奇思狂想虽然将宝丽来赶下神坛，但这绝不是尽头，新技术将由隐藏的 S 型奇思狂想带来。正如我们所见，兰德完全参透了这项技术。他抓住了数码摄影的潜力，向级别最高的将军和政治领导人证明了数码摄影的价值，这让业内几乎所有人都感到不安。

兰德和他的管理团队之所以摒弃数码摄影，是因为 30 年来他们一直靠卖胶片赚钱：他们靠卖相机获得的收入比卖即时打印墨盒少得多。有了数码摄影，胶片就“没有办法赚钱了”，他们说。兰德摒弃了这项新技术，是因为他没看到其中隐藏的 S 型奇思狂想：所有的数字化方式都能带来新的收入。换言之，就像特里普一样，他只关注他强壮的一面，没有注意到他脆弱的一面：S 型的奇思狂想。

第三：摩西定律能确保一切有力量的奇思狂想野蛮生长

布什和韦尔管理着技术的转让，而不是技术本身。他们关心的是奇思狂想和专利特权之间的联系和平衡。另一方面，兰德是自动摄影机项目的“主要参研人员和发言人”。

一位在宝丽来公司工作了 20 年，领导过多个研究小组的兰德的崇拜者，写了一篇关于兰德的文章：

> 他不仅是公司的老板，也是研究工作的领导。我想随着时间的推移，这变得越来越清晰了。他不仅是董事长兼首席执行官，还担任研究总监……这表明了他真正的兴趣所在。他的研究决定永远占统治地位，别人无法干预。

在宝丽来自动摄影机发布时和产品被淘汰后不久，兰德带着一位自由灯光设计师，参观了一个满是即时自动摄影机的仓库。设计师问兰德为什么带他去看“这片凄凉的风景”。

兰德回答说：“我想让你看看狂妄所带来的下场。”

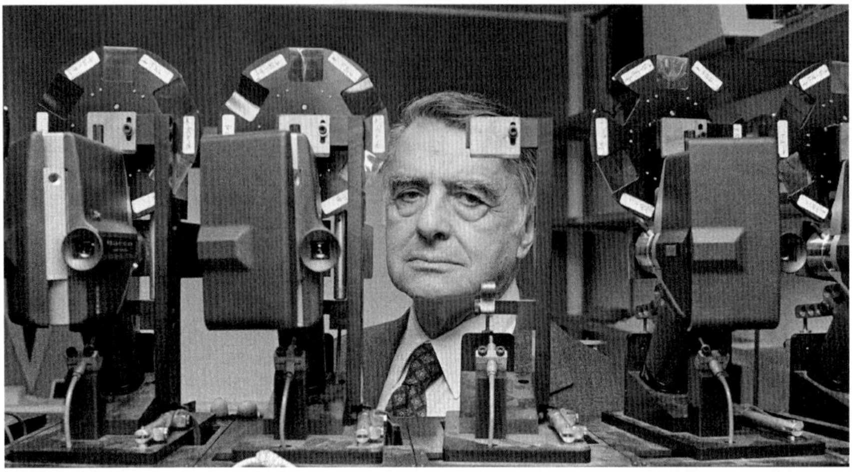

图 4–9 兰德和他的即时自动摄影机

***

在第 1 章中，我们曾用一张图来说明布什和韦尔完成了什么。他们用引以为傲却迅速过时的特许经营，将老化的机构带到了右上方的象限中。同样强大的创新团队和特许经营团队（相态分离）不断地交换项目和想法，双方都没有压倒对方（动态平衡）。

兰德和特里普成功地从左下角的象限中爬了出来，但只爬到右下角，就又掉进了摩西陷阱。

兰德把他的奇思狂想孵化所与公司的其他部门隔离开来。他禁止比尔 · 麦库恩——公司的工程主管，以及其他没有直接参与研究的人进入他位于 9 楼的私人实验室。他的奇思狂想催生了诺贝尔奖级别的突破。这家特许经营集团售出了数百万台照相机。因为兰德完全掌握着在什么时间、什么条件下，哪些奇思狂想会出现的决策权。

转变在右下角的象限有所推迟，但并不会阻止相变的发生。一个摩西定理指向一个奇思狂想，并使它获得生命。但这种魔力在奇思狂想生命力耗尽时也会停止。

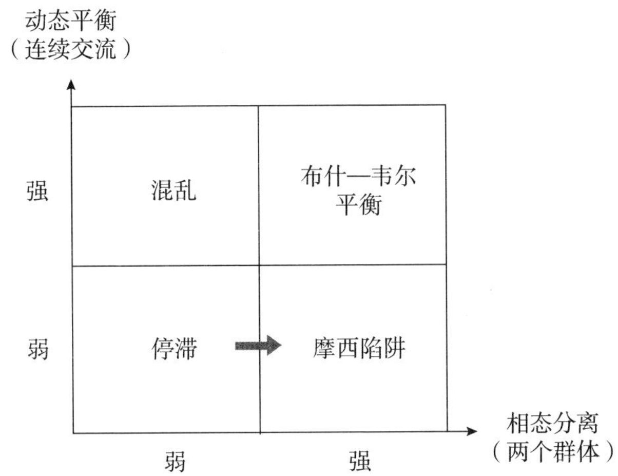

图 4-10　摩西陷阱

德国宿命论学派（以斯宾格勒、熊彼特为代表）认为衰退是不可避免的。就像帝国一定会僵化，大卫总会杀死哥利亚一样。这种创造性的毁灭循环真的不可避免吗？那帝国该怎么办？

布什和韦尔明白，世界末日并非不可避免，可持续、可再生的创造力和增长的最佳机会在于将团队带到右上方的象限：由稳定的动态平衡所连接的独立相态。

但是我们怎么去那里？

第5章 逃离摩西陷阱

拯救波音747、发明iPhone，并解释系统思维

“乔布斯回来了。”《纽约时报》于1988年10月13日宣布了这一消息，并介绍了乔布斯新公司NeXT首款产品的发布情况。三年前，乔布斯以一种不光彩的方式和他创办的公司——苹果分道扬镳了。

3 000人聚集在旧金山的戴维斯交响乐大厅，只为见识乔布斯推出的NeXT计算机。

“我认为，我们将共同体验计算技术领域每10年才发生一两次的时刻之一。”乔布斯以此作为开场白。乔布斯穿着宽松的深色西装，打上了细窄领带，顶着蓬松的头发—— 一种披头士乐队式的装扮。“这是一场革命。”他说。

随后有文章评论道：

乔布斯以其引人注目的产品介绍而闻名，他和他的公司受益于计算机领域对他和他公司新机器的浓厚兴趣。

他独自站在一个深色的舞台上。舞台上只有一台计算机和一瓶花，一个巨大的屏幕在他身后。他走过去把新机器拉了过来，向在场观众演示了如何录制和发送语音信息、播放具有光盘品质的音乐文件，以及如何从存储在其光盘上的《莎士比亚全集》中检索名句。

乔布斯用两个小时演示了产品的处理器、端口以及面向对象程序设计的情况，之后他用修长的手指比出一个禅宗的问候姿势，停了下来。

“宝丽来的创始人兰德博士一直是我心中的英雄，”乔布斯宣称，“他说他希望宝丽来站在艺术和科学的交会点上。我们在 NeXT 上也产生了相同的感受。在我们接触过的所有事情中，我认为最接近灵魂的是音乐。”

与此同时，乔布斯介绍了旧金山交响乐团的首席小提琴家丹·科比尔克。科比尔克走近 NeXT 计算机，开玩笑似的用他的琴弓敲击它，并开始与其共同演奏了一段长达 5 分钟的二重奏。机器与人一起演奏了巴赫的小提琴协奏曲的一个小节。当科比尔克完成并抬起头时，第三束聚光灯聚焦在乔布斯身上，他举着一朵红玫瑰。人们发疯似的起立鼓掌。

将小提琴手换成红帽舞者，这就是一场宝丽来式的发布会。

8 兆字节的性满足

大众媒体进行了铺天盖地的宣传。《新闻周刊》在封面上宣称乔布斯使计算机有了更多的可能性。《芝加哥论坛报》指出：“此次发布活动之于产品演示就像梵蒂冈二世之于教会会议。”另一个标题简单地写着：“8 兆字节的性满足！”这次发布也引发了激烈的讨论。当被问及微软是否会为新机器开发软件时，比尔·盖茨回答说：“为它开发？我会尿在上面的。”他贬低了这项技术（“任何人都可以给索尼一张支票”）和这个时髦的全黑设计（“如果你想要黑色，我会给你一罐油漆”）。

5 个月后，NeXT 宣布与美国最大的计算机零售商 Businessland 合作。其总裁大卫·诺曼预计，该产品前 12 个月的销售额将达到 1.5 亿美元。这是个惊人的数字。在一次 Businessland 的顶级员工聚会上，乔布斯鼓励他们“打垮那些人！”。不久后，一位与会者描述了 Businessland 聚会的场景：“想象一下，他们都是聪明的成年人，而他们都站在椅子上尖叫着，表现得非常兴奋。”

为了制造这些机器，乔布斯坚持使用拥有最先进技术的全自动化工厂。这个工厂有艺术画廊般的墙壁和灯光、设计师级别的浴室设备和高端皮革家具。一名记者称这家工厂已准备好登上《建筑文摘》的封面。

IBM 和苹果每年销售数百万台个人计算机。太阳计算机系统公司每年销售超过 10 万个工作站。乔布斯也是按照数 10 亿美元的销售规模来设计他的工厂的。然而一年过去了，Businessland 销售的 NeXT 计算机数量还不到 400 台。

与宝丽来或波音 747 一样，NeXT 计算机是一款美观、技术卓越、价格昂贵，但没有客源的机器。新的光驱具有数倍于磁驱或软盘的容量。但竞争对手提供了更便利、更有用的应用程序和更低的价格。对宝丽来的总结——“一种科学和美学吸引力高于其商业价值的产品”，这句话同样适用于 NeXT 计算机。

“我们看到了一些新技术，我们决定让我们的公司去冒险。”乔布斯在发布会上谈及光驱时这样说。斯考特·麦克尼利是太阳计算机系统公司的 CEO，该公司是 NeXT 的主要竞争对手之一。麦克尼利意识到 1 万美元的机器不会因炫目的营销活动和时尚的设计而使大众购买它。能够负担得起 NeXT 计算机的大用户想要实用的机器，并且希望确保机器使用可靠的硬件并可随时更换部件。

乔布斯曾谈及对奇思狂想的热爱。麦克尼利运用了策略的力量。太阳计算机系统公司的销售额增长超过 30 亿美元。两年后，NeXT 的零售合作伙伴 Businessland 倒闭了。它对 NeXT 下的大赌注不是其倒闭的唯一原因，但多少加速了它的倒闭。

1991 年 4 月，两名曾在 NeXT 工作的乔布斯的联合创始人已经辞职。6 月，NeXT 最大的个人投资者罗斯·佩罗辞去董事会职务，他说：“我不应该让你们这帮家伙拥有所有这些钱，这是我犯下的最大错误。”在接下来的几个月里，公司不得不从银行借钱来发工资。NeXT 走在破产的边缘。乔布斯前往其合作伙伴和最大投资者——日本佳能公司寻求帮助。佳能主要生产计算机的光驱和读写设备。佳能写了一张支票,并在接下来的一年内又写了两次,直至最后画出底线。1993 年年初，NeXT 的几乎所有副总裁，包括所有 5 位最早的联合创始人都离开了。

《福布斯》杂志的一篇文章称："商业世界中的奇迹缔造者很少，很明显史蒂夫·乔布斯不是其中之一。"

当摩西弯下腰

乔布斯在 1985 年被迫退出苹果公司的事实，以及他在 NeXT 制造的混乱局面，已经得到清晰的展示。1975 年，史蒂夫·沃兹尼亚克（苹果公司创始人之一）将微处理器、键盘和屏幕组装成最早的个人计算机。乔布斯说服沃兹尼亚克辞去工作并创办公司。然而，在他们的苹果 I 系列和 II 系列取得最初的成功之后，他们的竞争对手很快就超过了苹果。1980 年，雅达利和美国无线电公司销售的计算机数量是苹果的 7 倍。1983 年，康懋达计算机公司变成了市场的主导者，仅推出个人计算机两年的 IBM 紧随其后。苹果的市场份额下降至不到 10%，而且还在迅速萎缩。

苹果公司试图通过苹果 III 系列和 Lisa（苹果公司的图形界面计算机产品）重新赢得关注。但这些由乔布斯领导的项目均以失败告终。1984 年年初的一则超级碗广告宣传了一款名为麦金托什机（Macintosh）的苹果公司新产品，它产生了巨大的宣传效果，使产品初期的销量呈爆发式增长。但这台计算机运算缓慢、没有硬盘，而且容易过热（乔布斯坚持不使用风扇，以保持安静）。在 IBM 和康懋达公司各自都销售超过 200 万台计算机的这一年，麦金托什的销量锐减至每月不到 1 万台。

然而，对于该公司来说，比接连失败更危险的是员工接连离职。

员工不断离职，这是公司功能严重失常的信号。如前所述，在成立贝尔实验室之后，韦尔表示，任何群体"都不可能在不平衡整体的情况下，以牺牲其他群体为代价而得到青睐"。二战期间，布什抓住一切机会强调他对军队的尊重，即使他几乎所有的时间都是与科学家们一起度过的。然而，平等地对待奇思狂想和合作团队需要人们克服本能的偏好。因为艺术家更容易青睐艺术家，士兵更容易青睐士兵。

乔布斯自豪地、公开地宣称其麦金托什开发团队为艺术家。他称公司其他正在开发苹果Ⅱ系列产品的人为笨蛋，因为苹果Ⅱ系列的工程师们喜欢佩戴印有一个圆圈和一条线穿过小丑波佐图案的徽章（波佐在美国俚语中有笨蛋的含义）。沃兹尼亚克是一位不拘小节的工程师，受到了公司员工和业内人士的广泛爱戴。他辞职了，并公开抱怨这种令人泄气的攻击。离职在苹果Ⅱ系列开发小组变得如此普遍，甚至有笑话传出："如果老板给你打电话，一定要询问他的名字。"在消极情绪影响下，麦金托什的主要设计人员也很快离职。

没过多久，苹果董事会及其最近聘请的 CEO——约翰·斯卡利就得出这样一个结论：这种功能失常不可以再持续下去了。乔布斯于春天被剥夺了运营管理的权利。乔布斯和他们讨论，希望自己可以留下来带领一个小部门来开发他新近听闻的新技术，如触摸屏、平板显示器。他听说旧金山北部的马林县，一群古怪的工程师发明了一台超级强大的图形计算机。然而，乔布斯最终还是决定离开。他于 1985 年 9 月正式辞职，创立 NeXT。

然而，建造一台超级强大的图形计算机的想法仍萦绕着他。

乔布斯离开苹果后，由约翰·斯卡利领导的团队修复了麦金托什最明显的缺陷。他们恢复了风扇，增加了一个硬盘驱动器，并增加了内存（这提高了运行速度）。销量开始增加，产品大受欢迎。乔布斯很快就被追誉为"产品创新大师"。正是他创造了苹果Ⅱ系列产品和麦金托什。他把个人计算机、图形用户界面和鼠标带给了大众。《花花公子》和《滚石》杂志采访了他。他登上了《时代周刊》、《新闻周刊》和《财富》的封面。一家商业杂志将他评为"近 10 年来的最佳企业家"。

当 NeXT 仍在苦苦挣扎而乔布斯名声大噪时，NeXT 的几名员工，以及康柏和戴尔的高管，向乔布斯提出了一个想法：退出硬件行业。NeXT 的软件很棒，它的图形界面和编程工具比微软的 DOS 系统和早期的 Windows 系统更加强大。乔布斯可以为个人计算机制造商提供一个他们迫切想要的微软产品的替代品。作为回报，个人计算机制造商可以为 NeXT 提供它迫切需要的东西：未来。

从硬件切换到软件的想法是一个典型的 S 型奇思狂想。乔布斯因销售那些更大、更快、更强的硬件而声名鹊起。当时的明星公司 IBM、DEC（美国数字设备公司）、康柏、戴尔都在销售闪闪发亮的印有各自商标的机器。每个人都知道软件没有钱可赚，只能靠硬件赚钱。

许多故事都称赞乔布斯是他那一代的 P 型创新大师。就像在他之前的兰德和特里普一样。

放弃硬件？这不是乔布斯的选择。

事实上，乔布斯已经加注了。离开苹果后不久，乔布斯就与马林县那些开发图形计算机的工程师取得了联系。如果你能拥有两台更大、更快的机器，为什么还要押注于一台呢？他买下了他们的公司，决心开发一台比 NeXT 更强大的计算机。

乔布斯不知道这些工程师掌握着把他从摩西陷阱中救出来的钥匙。这和他们的机器没有任何关系。

牛顿与乔布斯：一个短暂的插曲

关于伟大突破的故事往往围绕着一个人、一个天才，甚至一个时刻。这些故事讲起来很有趣，也很容易理解。有时候这些故事是真的，但更多的时候，它们仅保留了事实的核心，却忽略了更丰富、更有趣的画面。

例如，艾萨克·牛顿因发现万有引力、解释行星运动以及发明了微积分而闻名于世。但早在牛顿之前，约翰内斯·开普勒就首先提出了太阳的作用力会带动行星运动的观点。罗伯特·胡克是第一个提出万有引力设想的人。克里斯蒂安·惠更斯则提出了圆周运动会产生离心力的观点。很多人又利用惠更斯定律推导出现在人们所熟知的重力公式。乔凡尼·博雷利使用引力解释了木星卫星的椭圆轨道运动。约翰·沃利斯等人发明了牛顿使用的微分数学。戈特弗里德·莱布尼茨发明了我们今天仍在使用的微积分。这些故事比苹果掉在牛顿头上难讲多了。

胡克向牛顿建议尝试用引力解释行星运动。胡克的建议使牛顿写出了他的杰作:《原理》。虽然胡克提出了一些最初的想法,但他并不具备创建一个完整理论系统的能力。牛顿做到了。牛顿是一个伟大的融合者,而乔布斯也是这样一个伟大的融合者。

艾萨克·牛顿有罗伯特·胡克。史蒂夫·乔布斯有杰夫·拉斯金。胡克在业余时间设计了像蝙蝠翅一样的飞行翅膀,发明了能跳 12 英尺远的弹簧鞋,还研究了大麻的用途。("病人不理解,也不记得他看到的任何东西——然而他很快乐。")拉斯金在业余时间设计并制造了遥控飞机套件,教授羽管键琴,管理一家歌剧公司,申请包装设计专利。像胡克一样,拉斯金涉猎广泛。

1967 年,当时 24 岁的工程师拉斯金提交了一篇博士论文,主张计算机应该有图形界面,认为计算机的实用性比效率更重要。在大型机占主导的当时,这两种想法都是激进的。20 世纪 70 年代初,拉斯金成为斯坦福大学及施乐公司帕洛阿尔托研究中心的访问研究员。在帕洛阿尔托研究中心,他看到科学家们用位图屏幕、图形界面、图标和鼠标创造出了世界上第一台支持图形的个人计算机 Alto。(帕洛阿尔托研究中心没有将这些技术商业化。有关帕洛阿尔托研究中心的更多信息,见本章末尾的摘要部分。)

1978 年,在乔布斯和沃兹尼亚克创办苹果公司一年后,拉斯金加入了苹果公司。不久之后,他启动了一个项目:以 Alto 为基础,创建一个易于使用、价格低廉、支持图形、占用空间小的计算机。他称之为"麦金托什计划"。乔布斯和苹果公司的其他人试图阻止这个项目,而拉斯金则鼓励他们去施乐公司帕洛阿尔托研究中心亲自看看。他们照做了,并且改变了想法。

最终，乔布斯把拉斯金推到一边，接管了这个项目。

拉斯金启动了最初的麦金托什项目，并向乔布斯提出了一些核心想法。但是他没有能力将这些想法组织成一个完整的系统。而乔布斯做到了。乔布斯是一个伟大的融合者。

牛顿和乔布斯用类似的方法对待他们的先驱。牛顿抹黑胡克并试图掩盖他的贡献。（据说牛顿丢掉了胡克唯一一幅为世人所知的画像。）牛顿将胡克描述为“一个脾气古怪、不善交际的人”。乔布斯形容拉斯金是“一个烂透了的白痴”。

图 5–1　“上帝带着计算机下山”

在乔布斯去世后的一次采访中，比尔 · 盖茨说：“史蒂夫和我总是会得到比我们应得的多得多的赞誉，因为如果不是这样的话，这个故事就太复杂了。”他补充说：“乔布斯和接下来的 1 000 个人的区别就好比，上帝诞生了，他带着一个平板计算机下了山。”我相信盖茨可能把耶稣和摩西的比喻搞混了。但他的观点很清晰。

更丰富的故事绝不会止于卡通故事式的简单总结——牛顿发现了引力，乔布斯创造了 Mac（苹果电脑），或使神灵人性化。更丰富的故事能帮助我们理解天才和机缘巧合是如何产生重大突破的。真正的历史，而不是修正过的历史，其中蕴含的线索可以帮助我们从中学到如何让天才在机缘巧合下为我们工作，而不是起反作用。

1976 年，由彼得·方达和布莱思·丹纳主演的一部电影在 36 分钟的时间里就给出了乔布斯故事的第一个线索。

未来世界

场景：飞船驾驶舱。装饰：20 世纪 70 年代，有许多闪烁着灯光的计算机。

1 号科学家穿着白色的实验服，走进了画面。单调的电子画外音响起：“关节软骨和滑膜读数已记录。”

1 号科学家：情况如何？

2 号科学家（坐下，检查显示器）：我们已完成全身系列的检查，将在 1 小时内开始分子研究。

1 号科学家：好的，你更换他们的食物了吗？

2 号科学家：是的，应该有 4~6 小时了。

1 号科学家：我希望所有热射线和电化学研究在今晚完成。

2 号科学家：时间不太够。

1 号科学家：必须完成，布朗宁先生可是非常挑剔的。

2 号科学家：我的屏幕上有一幅全息影像，正在重组。

一个半透明的白色三维左手图像出现，手指向上伸展，慢慢旋转。最左边的三根手指向下弯曲。然后手腕向下弯曲，拇指收起来，整只手慢慢转动直到食指指向屏幕外的观众。

2011 年，美国国会图书馆将这段视频选为美国国家电影登记处收录的 25 段视频片段之一。旋转的手是第一个出现在电影中的由计算机合成的 3D 图像。它是由犹他大学物理学专业的计算机图形程序员埃德·卡特穆尔制作的。

不同学科往往会在不同的时间、不同的地点开花结果，就像快闪行动一样。20 世纪 70 年代，一群年轻的计算机图形学先驱在犹他大学的校园里大出风头：吉姆·克拉克后来创建了硅谷图形公司；诺兰·布什内尔后来创办了雅达利公司；约翰·沃诺克后来建立了 Adobe（奥多比公司）；还有艾伦·凯，他后来在施乐公司的帮助下创造了第一台支持图形的个人计算机 Alto。卡特穆尔也加入了他们的行列。这位性格温和的摩门教研究生，后来与人共同创办了当时最伟大的动画电影公司。

在犹他州，卡特穆尔为一个课程项目制作了 3D 手部图像。他和他的论文导师、图形学先驱伊凡·苏泽兰把它带到了迪士尼。沃尔特·迪士尼是卡特穆尔儿时的偶像，后者曾梦想成为迪士尼的动画师。卡特穆尔走进动画大楼，就像参观神社一样。然而，迪士尼拒绝了他所提供的技术。卡特穆尔也没有获得动画方面的工作机会。

在接下来的十年里，迪士尼，一个建立在动画之上的帝国，将会摒弃一系列由犹他校友发明的动画技术；正如致力于提高工作效率的施乐帝国，也会对一系列由其子公司施乐帕洛阿尔托研究中心发明的提升办公效率的奇思狂想不屑一顾一样。

与此同时，卡特穆尔已经取得博士学位并需要一份工作。他发明了一种重要的数学工具，可以将图像和纹理投影到物体上。比如，它可以将米老鼠的图像投影到网球表面。他创造了第一个出现在电影中的 3D 动画形象，但似乎没有人对此感兴趣。卡特穆尔当时 29 岁，已婚，有一个两岁的儿子。

他后来去了波士顿的一家计算机软件公司工作。

直到一个人打电话谈及《矮胖的大号》。

从《矮胖的大号》到皮克斯图像计算机

20 世纪 60 年代，健谈、古怪的百万富翁亚历克斯·舒尔在纽约长岛北部海岸附近购置了几栋豪宅，并把它们变成了一所被他称为“纽约理工学院”的私立贸易学校。最初，这所学校是为那些无法在其他地方入学的人设立的。由于他的许多学生需要补习数学，因此舒尔聘请了一位漫画艺术家为他们把数学课的教学内容画了出来。这些漫画效果不错，所以他又雇用动画师将这些漫画拍成电影。这部电影在纽约国际电视电影节获得了金奖。正如有过一次成功经历的古怪百万富翁注定要做的那样，舒尔认为自己是一位专家，一位久经考验的电影人。他已准备好撰写、导演并制作他的下一个项目。他称之为“矮胖的大号”。

舒尔雇用了 100 名动画师开始制作这部动画电影，但他很快就意识到，手工绘制每一帧画面是一个乏味而艰苦的过程。为了为《矮胖的大号》寻找更好的技术，他来到了犹他州，找到了卡特穆尔，并给他打了个电话，询问对方如果给他一大笔钱来建立一个独立的研究实验室，雇用一个团队，购买他们需要的所有设备，只为开发伟大的动画技术，没有任何其他附加要求，他是否会同意这件事。最终，卡特穆尔辞去了他的工作，加入了舒尔的项目。

艾尔维·史密斯是卡特穆尔的第一批雇员之一，他是一个高大的留着长发的得克萨斯州人，拥有计算机科学的博士学位。史密斯在纽约大学教了 5 年书，然后决定离开学术界，搬到加利福尼亚州的伯克利，没有任何计划。他最终找到了一份施乐帕洛阿尔托研究中心的工作，在那里，他负责彩色显示器和图形软件方面的研发工作。（帕洛阿尔托研究中心还开发了世界上第一个计算机绘图工具。）然而，不到一年，施乐就终止了这个项目，打发他走了。他的上司解释说："彩色显示不是未来公司计划的一部分。"

那时，史密斯对计算机图形学的潜力非常着迷。他拼命想找到一条回到业内的路。他很快就听说"长岛上的疯子"建立了一个实验室。史密斯花光最后一点儿钱，买了一张机票，去了纽约理工学院。他立刻就被录用了。犹他州的摩门教徒和得克萨斯州的嬉皮士住进了一间车库——由原来的范德比尔特—惠特尼庄园改建而成的两层四车位车库。他们开始建造美国最先进的计算机图形实验室。这标志着一个计算机图形王朝的诞生。"这是一次施乐家族与犹他家族的联姻。"史密斯写道。

1977 年春天，舒尔在曼哈顿的一家私人影院自豪地向他的团队展示了他们制作的电影。在放映结束时，电影的一位动画师平静地说："哦，上帝，我浪费了两年的生命。"卡特穆尔将这部电影描述为一场火车事故，因为这部电影制作得很业余。卡特穆尔和史密斯发现舒尔对故事和人物的构建没有天赋。他们意识到舒尔不可能是沃尔特·迪士尼，他们梦想制作的那种可与真人电影匹敌的计算机动画电影将永远不会出现在范德比尔特—惠特尼车库里。

图 5-2　《矮胖的大号》

幸运的是，不久之后，另一位想为他的电影寻找更好技术的大亨打来电话。他的电影是在《矮胖的大号》展出的一周后首映的，并且他已经在着手制作一部备受期待的续集。但是一帧一帧、一场一场地绘制激光剑（电影《星球大战》的道具之一）实在太费时间了。

当图形团队抛弃《矮胖的大号》的制作人，转而选择《星球大战》的制作团队——全球极客的偶像时，长岛沿岸仿佛响起一阵巨大的轮船加速行进的嗖嗖声。摄制组搬到了加州马林县一幢不起眼的办公楼里，这里是乔治·卢卡斯的电影制作公司所在地。在接下来的 5 年里，卢卡斯影业的计算机部门创造了许多改变过去 40 年来的电影制作方式的软件和硬件，比如 3D 渲染、数字编辑、光学扫描、激光胶片打印，当然还有非常逼真的用计算机合成的图像（CGI）。十几岁的时候，我第一次看到他们在描绘未来的电影《星际迷航 2：可汗怒吼》（1982）中使用的场景。这几乎弥补了我为史波克（电影主角之一）流下的眼泪。

卢卡斯影业为达到这些效果而制造的强大的图形计算机需要一个名字。史密斯建议用“Pixer”表示“Pixel+Laser”（像素 + 激光）。图形组的一位同事提出了一些更高科技的想法，如雷达，或天文学中的类星体或脉冲星。最终，大家的意见统一为“Pixar Image Computer”（皮克斯图像计算机），这个名字很快就被简称为 PIC。

***

1985 年，乔布斯正处于离开苹果后的漫长而沮丧的时期，他的同事艾伦·凯建议他看看 PIC。在加入苹果公司之前，艾伦·凯是施乐帕洛阿尔托研究中心的早期个人计算机先驱之一。艾伦·凯曾与犹他州的卡特穆尔和施乐的史密斯共事过。他从他们那里听说，卢卡斯打算卖掉这个团队。因为卢卡斯最近刚刚离婚，急需现金。

乔布斯一直梦想着实现 NeXT 的计划，但突然之间，PIC 诞生了。它庞大、快速、强大，而且非常有吸引力（这个团队与卢卡斯和斯皮尔伯格都有过合作）。它也非常昂贵：一台机器要价 10 万美元。

1985年秋天，在《华尔街日报》的一次采访中，卢卡斯解释了PIC的许多潜在用途：它可以在放射学、石油和天然气勘探、汽车设计等领域辅助成像工作。卢卡斯说：“与我们现在涉足的其他行业相比，电影行业是一个微不足道的市场。”

“这就好比我们设计了一辆非常复杂的赛车，它能够在赛道上完成各种令人惊叹的壮举，但最终有很大一部分人只想把它当作通勤工具。”这是一个关于试图摆脱一门生意的经典故事。

乔布斯很快就下定决心。首先，他试图说服苹果董事会成员收购皮克斯图像计算机公司。但是他们拒绝了这个想法。那年的夏末，随着乔布斯与苹果关系的破裂，他向卡特穆尔和史密斯提议收购他们的公司并负责运营。卡特穆尔回忆说，乔布斯的意思很清楚：“他的目标是制造下一代家用计算机，以此来与苹果对抗。”他们对这场斗争没有兴趣，于是谢绝了他。最近刚与妻子分居的卡特穆尔能够理解这种痛苦。他告诉史密斯：“我们不想成为他离婚后的第一个女人。”

到1985年年底，在被将近20家公司（包括迪士尼）拒绝后，卢卡斯工作室的总裁道格·诺比决定，如果再找不到买家，他将在年底关闭这家计算机公司。幸运的是，在11月，卡特穆尔和史密斯说服了需要医学成像仪器的荷兰电子公司飞利浦和通用汽车公司联合收购了卢卡斯的图形团队。然而，就在签署协议的前一周，交易失败了。当时，通用汽车公司计算机部门的负责人罗斯·佩罗已经准备好收购协议了，但通用汽车其他部门恰好在同一时间宣布以52亿美元收购休斯飞机公司。佩罗怒不可遏，对董事会进行了公开指责：“当通用汽车连一辆可靠的汽车都造不成的时候，它怎么能证明花费数十亿美元在通信卫星上是合理的呢？”因此，通用董事会成员撤回了他们之前对佩罗进行计算机交易的支持（第二年他们干脆将佩罗开除了）。

乔布斯听说收购失败，便打电话给诺比说他对皮克斯公司仍然很感兴趣。乔布斯不仅需要说服卢卡斯的工作室主管以合理的价格把这个团队卖给他，还需要说服卡特穆尔和史密斯帮他运营这个公司。那个时候，乔布斯已经开始运行 NeXT 公司，他告诉卡特穆尔和史密斯，他们可以在为 NeXT 公司工作的同时经营他们自己的项目，此外，他们还可以住在离乔布斯和 NeXT 公司以北仅几个小时车程的马林县。此外，卡特穆尔还将担任公司的首席执行官。卡特穆尔和史密斯当时没有选择的余地，所以他们同意了。在以低价收购卢卡斯的皮克斯图像计算机公司后，乔布斯成为卢卡斯电影公司计算机部门的主要投资者和最大股东，该部门更名为皮克斯公司。

“看看史蒂夫·乔布斯从电影里找到了什么！”当时的《商业周刊》标题如是说。

多事之秋

乔布斯买下这家公司是为了它的大型计算机。他在宣布这项收购时说：“在接下来的几年里，图像计算领域将会有爆炸式的发展，就像超级计算已经开始盈利一样。”这件事与 1978 年的个人计算机行业有着相同的轨迹。乔布斯终止了皮克斯正在进行的一个电影项目，并领导团队在 7 个城市开设了计算机销售办公室，还增加了硬件销售人员，使公司员工从 40 名增长到 140 名。

然而，两年后，他们售出的计算机总共不到 200 台。这让乔布斯对皮克斯图像计算机的期望落空了。大部分的 CGI 工作可以在更便宜和功能更多的工作站中使用 Pixar 软件完成，比如由太阳计算机系统公司或硅谷图形公司建造的工作站。因此，人们就不需要使用皮克斯图像的计算机硬件了。1986 年，为了凸显计算机动画的潜力，皮克斯制作了著名的《顽皮跳跳灯》短片。迪士尼的动画总监说：“与大多数两小时的电影相比，《顽皮跳跳灯》在短短五分钟的时间里包含了更多的情感和幽默元素。”这部当时由其他公司借助工作站制作而不是由皮克斯图像计算机公司制作的作品，现在已经成为皮克斯的标志之一。

和 NeXT 公司、宝丽来以及波音 747 一样，皮克斯图像计算机是一个外观漂亮、具有“涡轮增压”的昂贵机器，但它没有与之匹配的消费者。再一次，对奇思狂想的热爱战胜了战略的力量，就像胡安·特里普和埃德温·兰德一样。不同的是，乔布斯在摩西陷阱中陷入的程度比其他人深得多。

经过两年多的时间，投资超过 5 000 万美元，乔布斯终于决定放弃皮克斯图像计算机。1990 年 4 月，皮克斯公司将其硬件业务出售给了加州的一家叫作维亚康姆的技术公司，然而这家公司不久之后就倒闭了。乔布斯将公司员工缩减到 40 名左右，解雇了许多他的老员工。

皮克斯公司陷入分崩离析的状态，NeXT 公司也处在艰难挣扎当中，乔布斯陷入了资金不足的困境。乔布斯试图解散皮克斯动画团队仅有的 5 名员工，但卡特穆尔和他的团队拒绝了。与此同时，乔布斯也尝试着卖掉皮克斯，但他找不到一个愿意接手的买家。后来他把那次经历描述成“到脚踝那么深的狗屎”，他每天都待在家里不出去工作。

几年前，当我对公司刚刚发布的坏消息感到非常沮丧时，一位在一家大型上市公司工作几十年后退休的顾问把手搭在我的肩膀上说：“世事无常。”对于乔布斯来说，此时正是多事之秋。

在生物技术领域，苦苦挣扎的初创企业往往试图通过向规模更大、更富有的大型制药公司出售工具和服务来争取发展。这样做的目的是为内部研发团队争取时间，让他们有足够的时间来研发一种有效的新产品——一种引人注目的原创药品。

这正是皮克斯在电影行业所做的。它把工具和服务卖给了更大、更富有的迪士尼公司，并存活了足够长的时间，从而使内部团队能够创造出一个引人注目的原创产品。

在皮克斯工作期间，乔布斯不仅争取到了时间以及一个他从未设想过的产品，他还找到了一种与众不同的方法来培养奇思狂想。

巴斯和胡迪拯救了这个时代

1995 年感恩节前的一个晚上，洛杉矶的埃尔·卡皮坦大剧院中的灯光变暗，大幕升起，一个名叫巴斯·光年的玩具宇航员和一个名叫胡迪的玩具牛仔出场了。皮克斯的《玩具总动员》作为电影行业第一部完全由计算机制作的故事片，已经三周蝉联美国票房榜的冠军。直到今天，这部电影在烂番茄网（美国知名影评网站）上的评分仍然很高。当时的评论把它描述为“视觉上的震撼”“艺术形式的重生”“新时代的黎明”。这部电影由约翰·雷斯特构思并导演。10 年前，他也参与了《顽皮跳跳灯》的制作。这部电影开启了卡特穆尔和雷斯特作为自沃尔特·迪士尼以后最伟大的动画师的统治时代。这种乔布斯之前试图抛弃的动画形式，突然之间变得让他非常感兴趣。这次成功也使得乔布斯成为亿万富翁。

这部电影标志着其与迪士尼长达 10 年合作关系的顶峰。在卢卡斯电影公司工作期间，卡特穆尔和史密斯曾试图说服迪士尼公司购买一些皮克斯图像计算机来制作特定的动画效果。当迪士尼看到皮克斯的短片赢得了图形大会全体成员的掌声时，迪士尼认为该团队可以制作出一部优秀的故事片。1991 年，在迪士尼聘请雷斯特失败之后，迪士尼与皮克斯签署了一份包含三部动画电影的协议，《玩具总动员》就是这三部动画电影中的第一部。

在首映前的几个月里，乔布斯与银行家们合作，为皮克斯公司准备 IPO（首次公开发行股票）。IPO 的准备工作包括起草招股说明书，一份分发给投资者的公司描述文件。皮克斯的招股说明书封面印着面带微笑的巴斯·光年从计算机显示器上跳出来的画面。我起草过很多份招股说明书，参与过很多项目，但是从来没见过有人在文件封面上放这样一个占据了整个画面的可爱的动画玩具形象。

电影首映一周后，皮克斯的股票得到了投资者的狂热追捧。该股开盘价比银行家的初步估计高出 250%。这家公司的市值达到 15 亿美元，而乔布斯拥有 80% 的股份。他的股份价值 12 亿美元。而就在这不久之前，他持续进行风险投资的能力还受到了严重质疑。

早些时候，我提到牛顿和乔布斯都是伟大的融合者。牛顿把其他人提出的行星天文学、运动定律、微积分数学的思想融合在一起，并将它们组成为一个从未见过的连贯整体。乔布斯把设计、营销和技术整合成一个连贯的整体，这是很少有人能做到的。但他缺失了一个关键因素。像以前那些把类似技能集合在一起的人一样，乔布斯也只是一个像摩西一样的领导者。

从今天一个苹果产品爱好者的角度看，乔布斯得到的最有价值的礼物，不是他投资皮克斯所获得的经济回报，而是他看到了布什—韦尔原则的作用。他学到了一种与众不同的领导方式，可以在培养奇思狂想和发展特许经营的同时平衡两者的紧张关系。

当乔布斯回到硬件行业时，整个美国的电子行业正与他的前一家公司一同复兴，而正是这一缺失的因素成为他第三次行动的关键。

电影和药品：简短的插曲

皮克斯的故事情节很曲折：一个小型的、苦苦挣扎的公司，几乎被行业内的所有主要参与者摒弃，却最终被一个合作伙伴拯救。这种合作关系导致的产业转型，对整个行业造成了冲击。这种冲击促成了一种非常成功的商业模式的出现，而这种模式又制造了一系列新的热门产品：《怪兽电力公司》《海底总动员》《超人总动员》《赛车总动员》《美食总动员》《机器人总动员》《飞屋环游记》《头脑特工队》等。

有一家公司的发展历程和皮克斯类似。1978 年，一家名为基因泰克的小公司开发了一种未经验证的新技术，名叫“基因工程”。这项技术在当时被几乎所有同行摒弃。它后来与一家大型制药公司签署了合作协议。皮克斯的技术使一个手动过程变为一个自动化过程，它允许动画师创造一种新型的电影。基因泰克公司的技术也实现了手动过程的自动化，它允许科学家创造一种新的药物。

与皮克斯一样，基因泰克 IPO 的时机恰到好处，市场反应也很好。疯狂的超额认购发行于 1980 年 10 月 14 日结束。该股开盘价比银行家们的初步估计高出 200%。皮克斯的 IPO 标志着一种新的艺术形式的诞生。基因泰克的 IPO 标志着一种新的生物技术的诞生。许多疗效显著的药物应运而生：赫赛汀（用于治疗乳腺癌）、阿瓦斯汀（用于治疗结肠癌、肺癌和脑癌）、利妥昔康（用于治疗血癌）。

像任何一家优秀的药物开发公司或电影制片公司一样，基因泰克和皮克斯学会了平衡奇思狂想和特许经营，因为它们必须这样做。

在生物技术领域，可能没有哪家公司比基因泰克做得更好。2009 年，当它被出售给罗氏公司时，其估值刚刚超过 1 000 亿美元。而在电影的世界里，可能没有哪家公司做得比皮克斯更好。从 1995 年到 2016 年，皮克斯发行了 17 部长片动画，平均票房为 5 亿美元，烂番茄网上的评分中位数达到令人震惊的 96 分。

在丑陋的婴儿和野兽之间寻求平衡

皮克斯公司的卡特穆尔将奇思狂想的早期理念称为“丑陋的婴儿”。这是一种全新的说法，但它也可以追溯到几个世纪前。1597 年，哲学家弗朗西斯·培根爵士写道：“由于生物在诞生之初是不成形的，因此所有诞生初期的创新也是不成形的。”卡特穆尔描述了电影行业在奇思狂想和特许经营这一“野兽”之间保持平衡的必要性：

> 创意是脆弱的，而且在最开始的时候，它往往并不漂亮。这就是我把电影的早期模型称为“丑陋的婴儿”的原因。它们不美，它们是成人的缩小版本。它们真的很丑陋：笨拙且未成形，脆弱且不完整。它们需要时间和耐心不断成长。这意味着它们此时很难与野兽共存……

当我谈论野兽和婴儿的时候，我们清楚地知道野兽是坏的，婴儿是好的。而事实是，现实介于两者之间。这头野兽贪吃，但它也是一个有价值的激励者。这个婴儿是如此纯洁无垢，充满潜力，但它需要关怀，而且它让人难以预料，它会让你在整个晚上睡不着。关键是要使你的野兽和你的婴儿和平共处，这需要你保持各方力量的平衡。

保持平衡非常困难，因为奇思狂想和特许经营遵循不同的路径。要想在这些路径中幸存下来，就需要那些充满激情、全心投入、具有不同技能和价值观的人。

以第一部“007”系列电影《诺博士》为例，许多人在一开始都拒绝接受原创电影。就像第一种他汀类药物作为突破性药品所经历的错综复杂的普及史一样，“007”对美国电影公司来说太英国化了，而且很多人认为弗莱明的小说“甚至够不上在电视上播放的水平”。于是弗莱明不再将电影版权卖给电影制片厂，而是将系列作品中的9部小说版权授予两家看起来并不可靠的制片公司。其中一家制片公司很快就破产了，而另一家公司在电影制作方面的经验十分有限。双方的合作关系一开始并不是很好。弗莱明最初把《诺博士》中的反派刻画为一只蹲在其亲信肩上的高智商猴子，而最后的电影剧本中却没有猴子，这让作者非常失望，他坚持要在影片中删除他的名字。6位明星都拒绝出演这部影片，直到制片人找到了32岁的肖恩·康纳利。此时的康纳利仍是一位不知名的演员，他在演戏之前的工作是送牛奶。发行商怀疑他们能否在美国的主要城市发行这部电影，因为“主角是由一个曾经负责送牛奶的卡车司机扮演的”。最终，只有俄克拉荷马州和得克萨斯州的汽车影院放映了这部电影。

而当拍摄第26部邦德电影时，则是一种完全不同的景象。演员们为了出演第26部邦德电影中的角色进行了激烈的竞争，制片厂排队争取市场营销权，现金大量涌入。我们现在已经知道，一个穿牛仔衬衫的英国间谍就意味着大量的票房，就像我们知道基因泰克公司研发的下一种他汀类药物可以降低胆固醇一样。当然，在前进的路上也会有坎坷，比如 Baycol（基因泰克的第 6 个他汀类药物产品）由于意外的高毒性而被销毁。虽然由蒂莫西·道尔顿（第 4 个饰演邦德的演员）主演的一部邦德电影遭遇了票房滑铁卢，但这个电影系列的发展方向已经定型了：邦德需要一个坏人、一辆快车、一款爽口的饮料、一个美女角色和一些双关语，就像后续的他汀类药品需要清除安全范围及疗效范围外的干扰因素一样。特许经营项目比奇思狂想更容易理解，更容易量化，也更容易在大公司中出售指挥链的所有权。这些续集电影或后续药品的挑战不在于面对怀疑和不确定的黑暗隧道，而在于超越自己过去的表现。

图 5-3 邦德大战邪恶的猴子

当然，邦德系列电影和他汀类药物在这些挑战中生存了下来。邦德电影成为历史上最成功的电影系列。他汀类药物也成为历史上最成功的药物。

支持奇思狂想的发明家或创意家经常会嘲笑特许经营，就像史蒂夫·乔布斯对苹果Ⅱ系列的后续产品“bozos”所表现的那样。但是双方都需要彼此。如果没有特许经营，奇思狂想的高失败率将使公司和行业破产。如果没有奇思狂想，特许经营开发商也会枯竭而死。如果我们想要更多的《朱诺》和《贫民窟的百万富翁》，我们就需要下一个《复仇者联盟》和《变形金刚》。如果我们想要更好的治疗癌症和老年痴呆症的药物，我们就需要下一种他汀类药物。

正如卡特穆尔和其他人所描述的那样，皮克斯创造了一种众所周知的环境，我们称之为相态分离和动态平衡，它能够培养奇思狂想，同时又使奇思狂想和特许经营之间得以保持平衡。但从皮克斯这里我们能得到的最有趣的经验或许是两种领导方式的差异，这是逃离摩西陷阱的关键，我称之为系统思维和结果思维的差异。

为了更清楚地解释这种差异，让我们来看一个象棋游戏。

怎样在国际象棋比赛中获胜

加里·卡斯帕罗夫是国际象棋大师，他曾 15 年蝉联世界冠军，创造了这项比赛最长的冠军蝉联纪录。在许多评选中，他都被认为是有史以来最伟大的棋手。我从他的书《棋与人生》中学到了系统思维和结果思维的区别。卡斯帕罗夫认为这一原则是他成功的关键。

我们可以分析为什么某一次落子是不好的，例如，从 1 级策略或结果思维角度出发——为什么兵吃了象这一步让我输掉了游戏。但对于卡斯帕罗夫来说，当糟糕的一步使他陷入困境之后，他不仅会分析为什么这个走法是不好的，而且会思考应该如何改变这一决策过程。换句话说，在那一刻，在面对那个对手时，他应该如何进行决策，以及这对他今后如何在决策过程和赛前准备方面进行优化意味着什么。分析国际象棋背后的决策过程，也被称为 2 级策略或系统思维模式。

这一原则适用广泛。你可以用它来分析投资失败的原因。例如，原因可能是该公司的资产负债能力太差了。这就是结果思维。但通过分析投资决策的过程，你会收获更多。比如，你的投资清单上有什么？你是怎么分析那个清单的？是否有什么事情分散了你的注意力，或者让你忽略了清单上的某个项目？你应该怎样改变清单上的内容，或者你应如何改变分析方法？这些都是投资决策背后的过程，你需要合理优化这个过程才能够确保错误不会再次发生。这就是系统思维。

图 5-4 加里·卡斯帕罗夫

你也可以用它来分析你为什么会和配偶争吵。比如，也许是因为你对配偶的驾驶技术进行了评论。而如果你可以搞清楚为什么你会认为发表评论是个好主意，是什么决定了你做出这样的判断，就可能会进一步改善你们的婚姻关系。那么，在发表评论之前你处于什么状态？你在想什么？当你处于这种状态并这样思考时，你会不会做些不同的事情？在你发表完评论，最终不得不一个人睡沙发时，你感觉如何？

让我们将相同的原则应用到团队组织上。最弱的团队根本不分析失败原因，它们只是埋头苦干。这是 0 级策略。

具有结果思维（1 级策略）的团队会分析项目或策略失败的原因，比如可能是电影故事情节太容易预测，自己的产品与竞争对手的产品相比不够突出，或者候选药物的数据结果不行。这些团队将在开发更好的故事、生产独特的产品或提供更好的数据方面进行努力。

具有系统思维（2 级策略）的团队会探索失败背后的决策过程。我们是怎么做出这个决定的？是应该请不同的人参与，还是应该让原来的成员以不同的方式参与？在未来做出类似决定之前，我们是否应该改变分析的方式？我们现有的激励措施如何影响我们的决策？我们应该改变这些措施吗？

系统思维要求我们仔细评估决策的质量，而不仅仅是结果的质量。例如，失败的结果并不一定意味着背后的决策或决策过程是糟糕的。好的决策也可能产生坏的结果。任何事都有风险，即使在操作时很有把握，也可能没有好的结果。例如，如果一个彩票的兑奖率是 100∶1，但只有三张票待售，而其中一张会中奖，那么购买这三张彩票中的一张就是一个很好的决定，即使你可能会成为两个没中奖的人中的一个。在同样的条件下，你总是应该做出同样的决定。

反之，对决策和结果分别进行评估也很重要：错误的决策有时也会产生好的结果。你的策略可能有缺陷，但你的对手犯了一个更大的错误，所以你还是赢了。你把球轻轻地踢向守门员，而他在泥地上滑了一跤，于是你就进球了。这就是为什么探究胜利和探究失败同样重要。不分析胜利原因可能会强化一个糟糕的过程或策略，而在下一次你可能就不那么走运了。如果你将一个投资水平不佳却因为市场泡沫而走运大赚一笔的人视为投资天才，跟着他投资，那么下次你很可能就血本无归了。

在皮克斯工作期间，卡特穆尔在胜利和失败之后都对系统和过程进行了研究，例如应该如何调整反馈过程，以便向董事会提供最有价值的意见。艺术家们往往讨厌来自穿西装的商人或营销人员的意见反馈，但他们欢迎来自同行的、经过深思熟虑的反馈。

因此，在皮克斯，每位董事都从其他董事的咨询小组那里收到了有关项目的私人反馈，同时也会为其他董事提供类似的服务。此外大家还会分析，董事提出的激励措施是如何改变他们在预算、时间线和质量方面的决策过程的，以及他们应该如何应对这些变化；因为某些因素，现在有哪些电影的制作方式可能是不必要的，或者可能是适得其反的。

就像布什在第 1 章中坚持认为他在“战争中没有做出任何技术贡献”一样，卡特穆尔认为他的工作是关注系统，而不是管理项目。

这也适用于乔布斯。乔布斯在这个体系中扮演了一个角色，他是一个出色的交易决策者和投资人。例如，是乔布斯坚持将皮克斯公司的 IPO 与玩具总动员的发行时间同步，也是他负责与迪士尼协商关于皮克斯的交易的。但他被要求远离电影早期的反馈环节，因为他的威严可能会破坏处于制作初期的脆弱项目。在参观那些已经快完成制作的影片的场合，乔布斯会说：“我不是一个电影制片人。你可以忽略我说的每一句话。”乔布斯已经学会了关注系统，而不是管理项目。

放弃对一个创造性项目的控制，完全信任发明家、艺术家或任何其他奇思狂想的拥护者，并不等同于放弃对细节的关注。14 年来，基因泰克的首席执行官阿特・莱文森因其对科学精确性的坚持而闻名。几年前，在规模最大的年度生物技术会议上，莱文森大步走上舞台准备发表主题演讲。而在正式开始之前，他指着会议组织者身后的标志——一个巨大的 DNA 螺旋图像说：“这是一个左手螺旋，在自然界中是不存在的。”（DNA 分子是右手螺旋。）会场一片哗然。他解释说：“我们身处的是一个大型产业，我们应该把我们的 DNA 弄对。”这句话所传递出的信号激励了在场的每一位科学家。对于科学研究者而言，精确性很重要。

我经常从基因泰克公司的科学家和管理者那里听到关于莱文森的故事，包括他是如何给实验室的初级技术人员打电话询问数据的，等等。就像布什和韦尔以及几十年后的卡特穆尔一样，莱文森以及基因泰克的早期创始人，他们理解在相应阶段量身定制工具的必要性。对科学细节、艺术视觉或工程设计的关注是为研发阶段量身定制的一种工具，它可以激发科学家、艺术家及各类创意家走向卓越。

基因泰克获得了科学界的最高尊重。在论文引用次数上，这家公司只排在麻省理工学院之后。它做到了这一点，同时也没有牺牲特许经营的卓越性。它不仅开发了过去 20 年中 4 种最重要的治疗癌症的药物，而且还成功克服了在实验室的活体生物中培养药物，进而为全世界数百万患者提供治疗方案的不可能的挑战。该公司将科学和制造的专业知识转化为年销售额超过 100 亿美元的产品。在很大程度上，它非常好地兼顾了奇思狂想和特许经营。

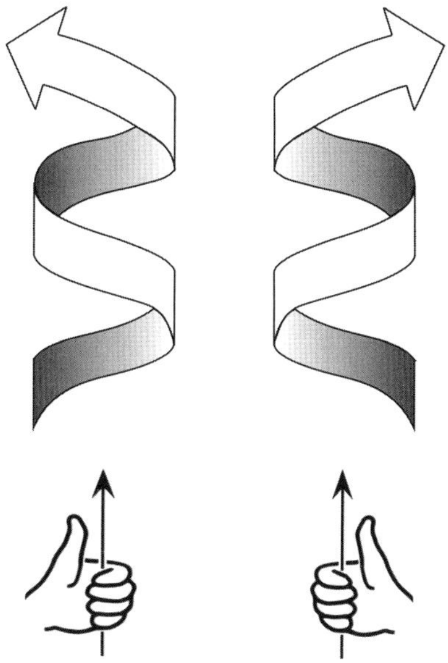

图 5–5　左手螺旋 DNA 和右手螺旋 DNA

2000 年 4 月，乔布斯回到苹果公司 3 年后，他邀请阿特·莱文森加入新董事会。在乔布斯于 2011 年去世后，莱文森接替他担任苹果公司的董事长。

救援行动

乔布斯重返苹果，使其迅速崛起，并成为全世界最有价值的公司。这是一个培育奇思狂想以便在危机时刻营救特许经营的例子。现在，这个故事已经是一个人们耳熟能详的例子了。

在二战开始前的几个月，布什来到华盛顿，他要拯救一个在技术竞赛中远远落后的特许经营项目。布什的体系不仅让美军成为世界上占主导地位的军事力量（我们将在第 8 章看到这个故事），还帮助美国成为在世界经济中占主导地位的国家。韦尔在其电话专利到期、竞争对手占据领先优势时，回到 AT&T 以拯救处于危机中的特许经营项目。韦尔的体系不仅使 AT&T 成为美国最成功的企业，而且创造了能够推动电子时代前进的伟大发明，这也为他赢得了诺贝尔奖。

在苹果的案例中，救援行动于 1996 年 12 月开始。当时苹果宣布收购 NeXT，由乔布斯担任顾问。这是该公司为拯救自我而进行的最后一次尝试。苹果的操作系统和机器已经过时了。此前为了与微软的 Windows 系统竞争而进行的三次操作系统改造都以失败告终。苹果的市场份额已经跌至 4% 以下。巨额财务损失和沉重的债务使苹果濒临破产。董事会先后 6 次尝试为公司寻找买主，但都失败了。1997 年年中，苹果先将乔布斯升为临时首席执行官，又在 1998 年年初将其升为全职首席执行官，这一系列举措被视为苹果的孤注一掷。在行业分析师和观察者看来，NeXT 许多失败的承诺都降低了乔布斯作为技术领导者的威信。

当乔布斯最终接手苹果时，他不再对员工流露出轻蔑的态度。1998 年 3 月，他聘请了来自康柏公司的被称为“库存清理之王”的蒂姆·库克来运营公司。

同时消失的还有对 S 型奇思狂想的阻碍。例如，2001 年时，互联网上的盗版音乐猖獗。在网上商店出售那些能够免费下载的歌曲的想法似乎很荒谬。没有人在线销售歌曲，因为用户可以将歌曲保存在他们自己的计算机上（当时，在线歌曲只能通过订阅获得：以向流媒体支付月费的方式）。外加一件疯狂的事情：没有人以 99 美分的价格售卖单曲，而不是售卖整张专辑。“你疯了，”任何人都这样和乔布斯说，“这样没有办法赚钱。”

但当 6 天内 iTunes 商店卖出了 100 万首歌后，这个想法似乎变得不那么疯狂了。这里面没有任何新的技术出现，只有一个策略上的改变。

当然，苹果公司的 P 型奇思狂想改变了其所处的行业。iPod、iPhone 和 iPad（均为苹果公司的电子产品，尽管其所使用的大多数技术都是以往由其他人发明的），除了卓越的设计和市场营销，最终让这几样产品获得巨大成功的因素都是一个潜在的 S 型奇思狂想，一项几乎被业内其他所有人拒绝的策略：打造封闭的生态系统。

许多公司都曾试图将封闭系统强加给用户，但都失败了。IBM 设计制造了一台安装有 OS / 2 专有操作系统的个人计算机，但是该计算机和操作系统最后都消失不见了。分析师、观察员和行业专家已得出结论：一个封闭的生态系统永远不会奏效，用户想要自己选择。当乔布斯在 NeXT 工作时，苹果公司遵循分析师和专家的建议开放了它的系统，对外公开了麦金托什机的软件和架构。与基于 Windows 的个人计算机一样，苹果只是在制造大量的复制品。

当乔布斯回到苹果公司时，他坚称董事会已同意停止这类复制。在已经陷入破产边缘的时候，苹果仍然花费超过 1 亿美元取消了现有合同。但封闭苹果生态系统这一决定最终使苹果产品的销售额有了惊人增长。新产品吸引了大量用户。就像脸书之前的产品 Friendster 的失败，或者基因泰克之前的他汀类药物在降低胆固醇上的失败，或者波音 747 之前的彗星飞机的失败一样，IBM 的 OS / 2 系统的失败是一场虚假的失败。

在拯救苹果的同时，乔布斯演示了如何逃脱摩西陷阱。他试着培育两种类型的奇思狂想：P 型和 S 型。他切分了不同的相态：苹果的首席产品设计师乔纳森・艾维只向乔布斯汇报，其工作室变成了像“曼哈顿计划期间的洛斯阿拉莫斯国家实验室”一样的禁区。他学会了爱上艺术家和员工，将蒂姆・库克培养为继任首席执行官就是其成就之一。乔布斯为这一相态量身定制了工具，平衡了新产品与现有特许经营之间的紧张关系，他采取的方法在许多关于苹果的书籍和文章中都有介绍。他已经成为一个培育奇思狂想的园丁，而不再是指挥员工的摩西。

乔布斯告诉他的传记作者沃尔特·艾萨克森："关于如何建立公司的整体概念是很有意思的。我发现最好的创新有时就体现在公司的组织方式上。"

乔布斯得出了与半个世纪前的军事历史学家詹姆斯·菲尼·巴克斯特相同的结论，论证了布什体系在二战中的成功。巴克斯特写道："在组织内部已创造的条件下运作更有可能取得成功。"

§

布什—韦尔原则的前三个原则

施乐公司的帕洛阿尔托研究中心的案例已经出现过几次了。在总结我们从第一部分的 5 个章节中所包含的 5 个故事中学到的东西之前，有必要简要介绍一下在帕洛阿尔托研究中心发生的事情。它突出了摩西陷阱的反面。

1970 年，施乐公司成为创新的象征。这是在苹果公司之前，第一家在不到 10 年时间内通过单一技术（复印技术）获得 10 亿美元销售额的公司。但到了 1970 年，复印机的特许经营技术已经发展成熟，因此施乐公司的领导人决定在加利福尼亚州的帕洛阿尔托建立一个远离纽约总部和得克萨斯州的制造部门，以探索新技术。他们称这个新的制造部门为帕洛阿尔托研究中心，也就是 PARC。PARC 吸引了美国乃至全世界最优秀、最聪明的人才。PARC 的工程师赢得了许多最负盛名的计算机科学奖，并且参与了许多初创计算机公司（包括苹果公司）的转型。

20 世纪 70 年代，PARC 的工程师发明了第一台支持图形的个人计算机（Alto）、第一个基于视觉的文字处理器、第一个激光打印机、第一个本地网络系统（以太网）、第一个面向对象程序设计语言以及其他 6 个产品。这是令人难以置信的突破。但施乐公司并没有将这些突破商业化。

“一些公司就相当于创新垃圾堆。”一位苹果的高级管理人员写道，他曾帮助苹果招募了一些来自 PARC 的最好的工程师，“在垃圾堆中，好的想法会被掩埋。在 PARC，关键研发人员不断离开，因为他们从未看到他们的产品进入市场。”

PARC 的个人图形计算机项目的负责人之一逐渐意识到，这一结果是由公司结构造成的，而不是由成本评估或技术愿景造成的。这使得 PARC 的这个制造了复印机和其他办公设备的知名团队分崩离析。得州团队“不得不放弃 Alto III 计算机，因为如果将它投放市场，团队的业绩就无法达标，他们也不会得到奖金。对于他们来说，在成功制造出复印机之后，再次面向世界推出第一台个人计算机，这是一项他们绝对负担不了的任务。他们永远不应该被要求这样做，所以这个项目失败了”。

换句话说，如前所述，他们团队的薄弱环节并不在于没有创新想法，也不是人才缺乏或公司文化方面的问题，而在于团队的结构——系统的设计。

***

PARC 是摩西陷阱的一个反例。他们的相态分离得非常成功。但是，奇思狂想不是由摩西驱逐出团队的，而是由于被忽视或由团队主动撤销的（“彩色显示不是未来公司计划的一部分”），并且此后永远不再出现。PARC 并非唯一的例子。PARC 陷阱——奇思狂想被搁置，得不到许可——这种现象是很常见的。例如，1975 年，柯达研究实验室的史蒂夫·萨森开发了最早的数码相机，但这个发明被柯达埋葬了 10 年。图 5-6 表明过度干预会使公司掉入摩西陷阱，而缺少干预却会使公司掉入 PARC 陷阱。

善良的领导者可以创建一个高绩效、独立于公司的研究小组，正如施乐公司的领导者所做的那样，这种环境非常适合创造和发明。团队会从“停滞”的错误中脱身，转换到正确的道路上。但在特许经营的团队中，新的想法总会遇到阻力，正如美国军方最初抵制的许多技术后来才被布什团队开发了出来并脱颖而出一样。

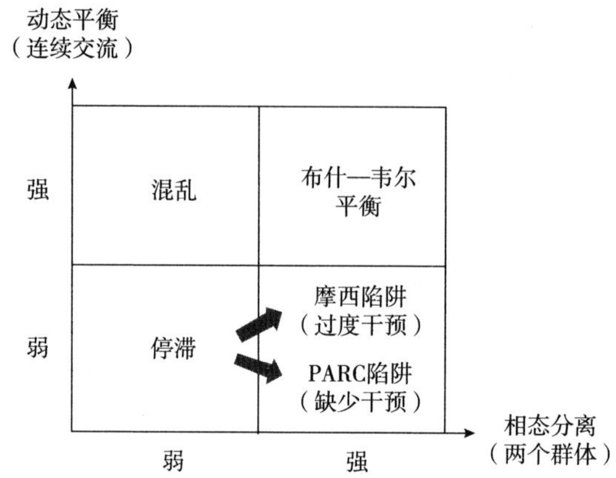

图 5-6 摩西陷阱和 PARC 陷阱

要想获得恰当的平衡，就需要一只温柔的手来克服内部障碍——是园丁的手而不是摩西的手。如果转换思路是强制转换（严厉的指令）或者被迫转换（缺乏外部引导），那么有成功希望的想法和技术之花都将在实验室中凋零。该团队将失去技术，从而在与时间的竞赛中被淘汰，发明家们将会离开。

第一部分的故事说明了布什—韦尔原则的前三条原则：

1. 相态分离

- 将艺术家和士兵分开
- 根据相态量身定制工具
- 注意盲点：培养两种类型的奇思狂想（P 型和 S 型）

2. 创造动态平衡

- 平等地对待艺术家和士兵
- 转换管理方式而不是技术：做一位园丁而不是摩西
- 任命并培训项目负责人，以弥合分歧

3. 传播系统思维

- 不断提出疑问：为什么团队做出了这个选择

- 不断提出疑问：如何改进决策过程
- 找到具有结果思维的团队，并帮助他们培养系统思维

本书首先介绍了那些极具创新性的团体突然停止创新的案例。这些例子包括卡特穆尔对迪士尼衰落的描述："《狮子王》之后，他们的灵感枯竭了 16 年……我感觉我迫切需要了解背后隐藏的原因。"

上面的布什—韦尔原则描述了如何在优秀的团队准备毙掉一些绝妙的想法时，阻止紧随相变而来的衰落和停滞。但还有一些因素和理由我们并未找到：那些隐藏的力量是什么？它们为什么会出现？换句话说，是什么导致了这种转变？

那么现在让我们转向这两个新的问题。了解这些力量将揭示的第 4 条布什—韦尔原则。

我们将从一位传奇的侦探和一位同样著名的政治哲学家开始讲起。

他们都专注于隐藏的力量。

第二部分

科学的突变

虽然每个人都是难解的谜，可是把人聚合起来，就有规律可循了。

——夏洛克·福尔摩斯，《四个签名》

插

曲

涌现的重要性

你为什么要相信关于团队或公司或任何一群人的任何原则？所有人都不同。所有团队都不同。

然而，一些描述许多人一起完成任务会发生什么结果的原则，似乎的确很有效，如有效市场原则、无形之手原则等。毫无疑问，这些原则已经确立并经受住了检验，不是吗？

好吧，某些程度上是的。下面是担任美联储主席 19 年的经济学家艾伦·格林斯潘于 2011 年发表在英国《金融时报》上的文章中的一段话：

> 今天这个竞争激烈的市场，无论我们是否意识到这一点，都是由亚当·斯密所说的“无形之手”驱动的。除了极少数例外（如 2008 年），这个作用于全球的“无形之手”创造了相对稳定的汇率、利率、商品价格和工资水平。

问题在于：分析除了泡沫和经济危机等“极为罕见的例外”的市场，就像分析除暴风雨和干旱之外的天气。我们确实希望了解暴风雨和干旱，我们想知道我们是否需要提前准备一把雨伞。

并非所有经济学家都同意格林斯潘的观点。有人将他的逻辑扩展到对外交事件的分析上：“除了极少数例外事件，德国在 20 世纪与邻国基本保持了和平。”

然而，格林斯潘认为，有效市场和“无形之手”很少（如果有的话）违反基本原则。但这是一个谬论。这种谬论是造成政策灾难（或形成投资机会，如果你是交易员的话）的常见原因。

有效市场和“无形之手”都不是基本原则。它们都具有涌现特征[①]。

涌现是集体行为：整体的动态不依赖于部分的细节，宏观高于微观。无论细节如何不同，分子都会在高温下流动并在低温下冻结。水分子有 3 个原子，结构像三角形。氨分子有 4 个原子，结构像金字塔。巴克敏斯特富勒烯的分子具有 60 个原子，结构像足球（因此也被简称为巴基球）。然而，它们在高温下都表现出了相同的流体力学特性，在低温下都表现出了相同的固体力学特性。

将液体流动这类涌现特征与量子力学或重力这种基本原则区分开的一个关键要素是：涌现特征是可以突然改变的。温度的微小变化就可能使液体突然变成固体。从一种涌现行为到另一种涌现行为的突然转变正是我们所说的相变。

尽管人与人有所不同，团队与团队也有所不同，但是突发特性和它们之间的相变如此有趣的原因在于，它们是可预测的。我们将会看到，为什么组织总会在发展到一定规模后发生变化，就像水总是在一定温度以下冻结，道路上的汽车超过一定数量后，道路就会堵塞，森林中一棵燃烧的树总是会在大风中引燃整片森林。这些都是相变的例子。

每个人和每个团队都可能是一个谜题。但总的来说，正如福尔摩斯所说，任何一个群体经历相变的可能性在数学上都是确定的。

关于涌现科学的一个重要的事情是，我们一旦理解了相变，我们就可以主导它。我们可以设计更强韧的材料，建设更高标准的高速公路，让森

① 涌现特征（emergent properties）：一种从低层次到高层次的过渡，是在微观主体进化的基础上，宏观系统在性能和机构上发生的突变，在这一过程中，旧质可以产生新质。——编者注

林更安全——以及创造更具创新性的团队和公司。

***

那么，所有这一切告诉了我们关于格林斯潘和被广泛认可的万能的“无形之手”的什么呢？如同我们在前一章中提到的牛顿和乔布斯的类比一样，对于“无形之手”绝对正确的信念是虚假偶像崇拜的结果。200 年来，我们一直在向 17 世纪物理学家的错误低头屈服。

为了让你明白我的意思，让我们回到两个世纪前英国的一个夏天。

1790 年 7 月 11 日是星期日，一位受人尊敬的苏格兰哲学家在爱丁堡的家中奄奄一息。这位哲学家后来以那些他自己也并不相信的思想和一句未说出口的短语而闻名于世。他派人请了两位朋友来到家中，在留下唯一一篇手稿后，他请求朋友们烧掉他剩余的未发表的笔记和手稿。几个月以来，这两个人一直不停地拒绝他，希望他能改变主意。但是那个星期天，他们屈服了。他们总共焚烧了 16 卷笔记和手稿。这位学者松了一口气，并和他的朋友一起吃了一顿晚饭。9 点 30 分，他起身回到病床上，并宣布：“谢谢你们的陪伴，先生们，但我相信我必须离开你们去另一个世界了。”6 天后，他去世了。

知道自己将何时离开这个世界的亚当 · 斯密已经成为一个朦胧的偶像，他是自由主义者和自由市场主义者心中的英雄，后者希望经济能保持秩序并遵守道德（但真正的亚当 · 斯密主张对市场施加限制，并且他更重视道德，而不是经济）。亚当 · 斯密要求他的朋友们保留的手稿与道德或经济学并无关系，而是他完成研究生学业不久后撰写的《天文学史》。

在《天文学史》中，亚当 · 斯密指出，哲学家的任务是研究自然事物间的关联特性，并解释其与杂乱的观测结果之间的内在关系。他分析了行星运动的竞争理论，最后深陷“人类最伟大的发现”——牛顿力学理论之中［当时的人们非常崇拜牛顿。想要了解这种崇拜，可以看一下《艾萨克 · 牛顿爵士的哲学解释——女士用》（*Sir Isaac Newton's Philosophy Explain'd for the Use of the Ladies*）这本书］。

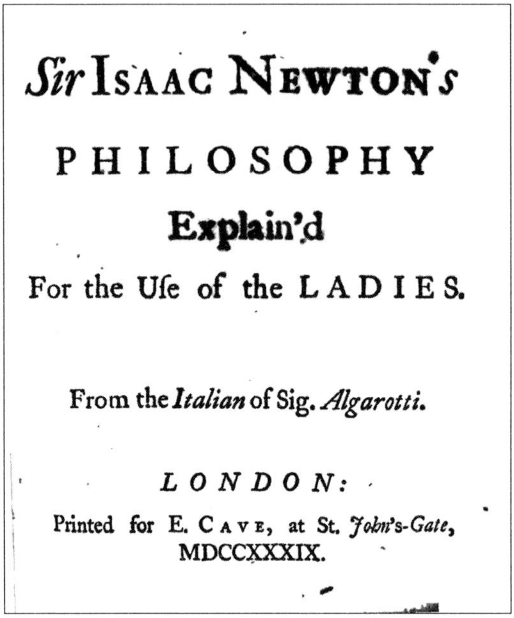

Sir ISAAC NEWTON's

PHILOSOPHY

Explain'd

For the Uſe of the LADIES.

From the *Italian* of Sig. *Algarotti.*

LONDON:

Printed for E. CAVE, at St. *John's-Gate,*
MDCCXXXIX.

图 0–4　1739 年出版的《艾萨克·牛顿全集（修订版）》

正如万有引力原理解释了行星运动和潮汐现象，那种能够解释复杂行为的潜在力量使亚当·斯密着迷。他的《道德情操论》（1759 年）提出了能够解释人类行为的潜在力量。他的《国富论》（1776 年）提出了能够解释市场行为的潜在力量。

亚当·斯密本人并不打算将市场中的潜在力量称为无形之手。在他的所有著作中，他只使用了这个短语三次，而且每次都是含混不清、前后不一致的（第一次，他用它来讽刺迷信，那是一个“有点儿讽刺意味的笑话”）。许多作家都使用过这个隐喻。但是在当时的金融市场背景下，这个隐喻在亚当·斯密去世后的 170 年里一直被忽略了。直到 20 世纪 50 年代，一本经济学教科书重提了这个短语，赋予了它新的含义，并将这一含义的提出者追溯到亚当·斯密那里。

无论其起源如何，这个短语当前的含义已成为被广泛接受的事实：纯粹出于自身利益的个人行为会导致复杂的市场行为。价格将根据需求调整，资源将得到有效分配。店主卖东西，人们买东西，这些集体行为都会涌现出来。无论屠夫出售的是鸡蛋还是牛肉，无论面包师出售的是蛋糕还是面包，同样的行为都会涌现。它们是整体的、动态的，不依赖于部分细节。

这听起来很熟悉。无论某种液体是由水还是由氨构成的，它都会以相同的方式流动。市场的集体行为具有像液体那样的显著性质，而不是像万有引力那样的基本规律。两个世纪以来，经济学家一直渴望确定一些牛顿式的基本规律（国际贸易中的“引力模型”、经济学中的“量子理论模型”“守恒定律”，这些都是由诺贝尔奖得主提出来的）。这些经济学家都受到了牛顿的启发。牛顿成为物理学一个分支的领袖人物。这个分支被称为物理天主教。物理学的这个分支崇尚对基本规律教条式的信念，以及对这些规律的令人着迷的探索。

然而，亚当·斯密的工作内容更接近该领域中较为安静、知名度较低的分支：涌现现象。这个分支的领袖人物是与牛顿同时代的广受尊敬的罗伯特·玻意耳。

这两个分支之间的对抗一直持续到今天。其中一方认为，首要任务应该是寻找基本规律，并如此表示：“我们正在经历人类历史上一个里程碑式的时期，在这个时期，对宇宙终极定律的探索将画上圆满句号。”

另一方则认为可能并不存在这样的基本规律。自然规律可能就像一座无限高的摩天大楼，每一层都有不同而迷人的规律，当你沿着楼梯往下走，距离某一层楼越来越近时，这些规律就会逐渐显现出来。这个分支的现任领袖写道：“这些（涌现的）规律显然是存在的，以致上流社会中没有人讨论这种陈词滥调。”同时他们的反对者写道：“只承认自己喜欢的事实所带来的安全感，从根本上讲是与科学不相容的。它迟早会被历史抛弃。”后两句名言出自之前提到的鲍勃·劳克林，他是一位诺贝尔奖获得者，也是菲尔·安德森的弟子。他要求他的所有学生（我是其中一个）阅读安德森的一篇名为《更多就是不同》的文章。

对于非专业人士来说，各物理学分支之间的区别可能根本不是其所关心的话题，就像无神论者对不同宗教分支之间的区别可能也没什么兴趣一样。但这种区别可能很重要。一方面，完美有效的市场——一种牛顿式的基本信念——是没有泡沫和崩盘的。另一方面，在某些合理的假设下，玻意耳风格的新兴市场则总会有泡沫和崩盘出现。

表 0-1 从奇思狂想到特许经营的相变

奇思狂想 （被广泛驳斥或嘲笑的想法）		特许经营
1992 年	一名 12 岁的糖尿病患者接受了用磨碎的胰腺提取物进行的治疗	胰岛素
1935 年	一枚重达 50 千克的导弹通过火箭被加速到每小时 500 英里	远程弹道导弹
1961 年	一名 32 岁的前牛奶运送司机扮演了一名拯救世界的英国帅气间谍	詹姆斯·邦德
1976 年	一部名为《星际杀手卢克的冒险》的剧本获得了批准	《星球大战》

相变 （当一个或多个控制参数超过临界值时，系统行为会突然转变）	
水	随着温度的降低，从液体变成固体
高速公路上的汽车	随着汽车数量的增加，从顺畅通行到阻塞缓行
森林火灾	随着风速的增加，从受控到不受控
公司中的个体	随着公司规模的扩大，从专注于“奇思狂想”到专注于职业发展

这让我们意识到涌现的重要性，或者至少帮助我们理解了涌现是什么。它可以帮助我们在获得多样性优势的同时，降低群体灾难的风险。我们希望从群体的智慧中获益，同时降低市场崩盘的风险。我们希望从多种信仰中受益，同时降低宗教战争的风险。

在接下来的章节中，我们将运用玻意耳式的科学来帮助我们理解公司中的群体性行为，就像亚当·斯密运用玻意耳式的科学（而不是牛顿式的科学）来帮助我们理解市场中的群体性行为一样。

了解这些行为将帮助我们理解我们真正想知道的事情：如何获得一个庞大的群体为实现伟大目标——赢得战争、治愈疾病、改造行业——而带来的好处，同时降低摧毁宝贵而脆弱的奇思狂想的风险。

为了了解它是如何工作的，让我们从有关高速公路交通状况的例子讲起。

第6章 相变Ⅰ：婚姻、森林火灾和恐怖分子

当渐进式转变引起突然的转变

你下班开车回家，走在高速公路上，你有点儿紧张，也许是因为略微超速，但当下的交通状况的确很顺畅。突然，高速公路变成了停满汽车的停车场。没有明显的原因，前方没有坡道，也没有发生事故。你把已经变冷的晚饭和愤怒的妻子抛到脑后，开始思考：为什么会堵车？

答案是：你刚刚经历了一个相变过程，即两个涌现行为之间的突然变化。这两个涌现行为分别是平滑流和阻塞流。

不妨想象一下，高速公路上几乎空无一人。你前面那辆车的司机在几百米开外轻轻地踩了几下刹车，也许是因为他看到了一只松鼠。你看到红色的刹车灯短暂地闪了一下，但由于这辆汽车离得太远，你觉得没有必要减速。

而在拥挤的高速公路上，上面提到的司机可能与你只有几个车位的距离。他一踩刹车，你要就猛踩你的刹车。你前面那辆车的刹车灯可能只亮了 2 秒。但是，你前面的司机一旦松开刹车，你就必须松开刹车，要花超过 2 秒的时间才能回到原来的行驶速度，你可能需要 4 秒。而对你身后的司机来说，这种延迟会增加，他可能需要 8 秒才能恢复到原来的速度。而对于他后面的司机，这个时间可能是 16 秒。一个小小的延迟呈指数级增长，直到变成交通堵塞。

20 世纪 90 年代初，两位物理学家发现，当公路上的车辆密度低于临界密度时，交通流是稳定的。例如，当松鼠经过公路时，司机轻踩刹车这一小干扰不会影响交通。交通工程师称之为平稳流动的交通状态。但一旦超

过这个临界值，交通流量就突然变得不稳定了。小的干扰产生的影响会呈指数级增长，这就是阻塞流状态。平滑流与阻塞流之间的突变是一次相变。

随着交通高峰期的临近，汽车的密度逐渐升至临界值的边缘。例如，在高速公路的某段路上，在一辆缓慢行驶的卡车后面排着队缓慢行进的汽车会造成更大范围的交通堵塞。

没有明显原因而神秘出现的拥堵被称为“幽灵堵塞”。这一现象不仅从对高速公路的观察中得到了证实，而且也在实验中得到了验证。2013 年，日本的一组研究人员在名古屋的一个室内棒球场对行驶的汽车进行了跟踪测试。他们发现，正如预测的那样，当汽车密度超过临界值时，自发性的拥堵就会突然出现。

在过去的 20 年里，交通流量研究人员在基本模型的基础上引入了许多变量：更多的司机与更少的司机，更快与更慢的反应时间，大型汽车（卡车）和小型汽车的数量比例，等等。在所有的情况下，他们都发现了相同的相变。当汽车密度超过临界值时，交通将从平稳流状态切换到阻塞流状态。图 6-1 为正在进行这一实验的场景。

图 6-1　在日本名古屋进行测试的交通流相变

相变无处不在。

***

要了解相变是如何更有效地培养奇思狂想的，我们只需要知道两件事：

1. 每一次相变的核心都是两股相互竞争的力量之间的拔河比赛。

2. 当系统性质（如密度或温度）的微小变化导致这两种力量之间的平衡发生变化时，相变就会被触发。

就是这样。

为了说明这两个概念，我们先把交通流量放在一边（因为这个问题可能过于复杂），先从一些更简单的东西开始，比如婚姻。

简·奥斯汀，物理学家

凡是有钱的单身汉，总想娶位太太，这已经成了一条举世公认的真理。

——简·奥斯汀，《傲慢与偏见》

奥斯汀女士认为，有两股相互竞争的力量在吸引单身男性。那些财富不多的人，在他们还年轻、处于积极进取的阶段时，可能会为了追求名誉、财富和荣耀而四处旅行。我们称这种力量为“熵”。

那些更富有的人，在其年龄逐渐增加，脾气变得更温和时，更想要和一个伴侣安定下来。他们寻求家庭、稳定和有线电视。我们称这种力量为“结合能”。

物理学家理查德·费曼说过：“通过尝试用其他想法理解简单的事情来学习——总是诚实而直接的。”他的弟子、我的前研究生导师伦尼·苏斯金德认真思考了这个建议。伦尼向我解释过一个复杂的拓扑学概念，有关物体的表面。他说：“想象有一头大象，正用它的鼻子使劲向后顶，形成了一个环，这个环就是你的表面。”

类似地，让我们想象一下一个非常大的鸡蛋盒的下半部分，具体来说，想象一个正方形的纸盒，有 400（20×20）个蛋孔。我们把这个纸盒封在一个玻璃保护罩里，这样我们就可以观察并检查蛋孔了。因为我们要对纸盒进行晃动，为避免最后搞得一团糟，所以与其想象盒里装的是鸡蛋，不如让我们想象盒里装的是小弹珠。那些弹珠现在就像简·奥斯汀笔下的男人一样，正处于稳定的状态：他们婚姻幸福，还养育着孩子。

现在想象一下，你在轻轻地来回摇动盒子。这些弹珠会在它们的小蛋孔里晃动，但它们总会回到原地。然后，逐渐增加你摇动的力度。你会发现弹珠在孔的两侧跳得越来越高，但它们还是会回到原地。最后，当你的力度超过某一临界值时，弹珠就会脱离孔口，然后就是一片混乱。弹珠离开原来的孔口，落在邻近的孔里，然后它们很快就会离开该处，前往下一个地方。这些弹珠会不停地弹进弹出。它们随机运动，没有在有序的模式中安静下来，而是在纸盒周围随意弹跳，形成了一个分散无序的弹珠海洋。

欢迎来到曼哈顿的单身酒吧。

从物理学的角度来看，我们触发了一个从“弹珠—固体”到“弹珠—液体”的相变，正如图 6–2 所示。

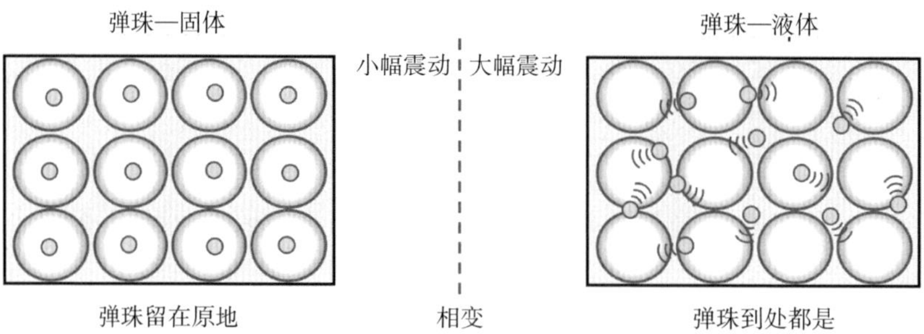

图 6–2　从弹珠—固体到弹珠—液体的相变：当振动强度超过某个阈值时，弹珠突然挣脱

我们逐渐改变以触发相变的系统属性被称为控制参数。在交通流实例中，高速公路上车辆的密度是控制参数。在弹珠晃动的过程中，振动强度是控制参数。振动强度可以用一个尺度来衡量。我们称这个尺度为“温度”。温度越高，熵就越占优势（四处游荡的冲动占据主导）。温度越低，结合

能就越占优势（蛋孔底部对弹珠的吸引力占据主导），当温度超过一个阈值——熵和结合能之间的平衡点，系统会突然改变行为，这就是相变。

在真实的固体中，结合能来自分子间的作用力，而不是固定的小蛋孔场景，但它们的原理是一致的。熵和结合能在微观层面上的拉锯战是每一次从液态到固态的相变的原因。

***

在下一章中，我将向您展示，团队规模在组织中的作用与温度在液体和固体中的作用其实是一致的。当团队规模超过一个特定值时，激励措施的平衡点就会从奇思狂想切换到员工个人的职业发展上。

然而，这个特定值并不是一成不变的。不同的团队会在不同的规模下发生转变，就像不同的固体会在不同的温度下熔化一样。这里的原因是我们第四个原则背后的关键。这就是为什么我们可以改变这个神奇的数字，因为系统有多个控制参数。

在鸡蛋盒的例子中，想象一下把蛋孔打深 100 倍。这样一来，你就要用 100 倍的力气来摇动才能把弹珠摇出来。就像更深的蛋孔，固体具有更强的结合能。例如，铁的结合能比水的结合能强近 100 倍。这就是为什么铁在接近 2 800 华氏度时才会熔化，而冰在 32 华氏度时就会融化。结合能是另一个控制参数。

当系统面临崩溃时，确定其他控制参数是改变这一局面的关键：固体将于什么时间熔化，交通将于什么时间堵塞，团队将于什么时间开始拒绝奇思狂想。

相变图

让我们回到交通流的例子，看看科学家用来解决这些问题的一个有用的技术。

在高速公路上，司机注意力的两大竞争因素分别是速度和安全。一名司机会为了满足高速公路的限速规定而加速，但也会为了避免撞上前车的保险杠而刹车。汽车的间距——平均汽车密度是一个控制参数，但并不是唯一的参数。当你看到前车的刹车灯亮起时，你是否要猛踩刹车，不仅取决于你的车到前车的距离，还取决于你开得有多快。以时速 30 英里行驶时，你的刹车距离大约是 6 辆车的长度；以时速 80 英里行驶时，这个距离就接近 30 辆车的长度。在决定是否刹车时，你的大脑会直观地估计你的停车距离，并将其与你和前车保险杠的距离进行比较。汽车的平均速度和道路上汽车的平均密度的改变都有可能触发转变。

相变图可以显示这两个控制参数。在图 6-3 中，垂直轴表示汽车之间的平均车距，水平轴表示平均车速。在低速行驶或高速公路上车辆稀少时，你处于虚线的左上方（下图中的①号位置），交通顺畅。当交通流量在更高的汽车密度（②号位置）或更快的车速（③号位置）穿过相变线时，微小的干扰就会发展成成倍的拥堵。虚线向右倾斜，是因为随着车速的加快，刹车距离会变长，这意味着为了避免堵车，汽车之间需要留出更大的平均车距。

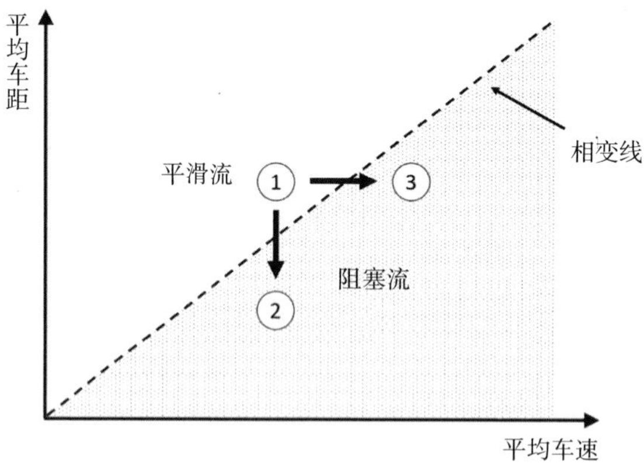

图 6-3　当车辆之间的平均车距低于相变线（①→②）或汽车平均速度高于相变线（①→③）时，流畅的交通突然变得堵塞

交通工程师会利用这些想法来设计更好的公路。在交通拥堵时降低车速的限制似乎违反直觉，但它减少了一个微小干扰导致交通堵塞的可能性（它可以将交通流从图 6-3 中的③号位置移至①号位置）。有些高速公路采用匝道计量的方式：当汽车密度和汽车速度开始接近图 6-3 中的相变虚线时，匝道交通信号可以暂时减少高速公路上的新车流量。这使高速公路的交通流远离了虚线。禁止卡车超车的政策（也被称为“卡车超车禁令”）减少了卡车后方汽车拥堵的可能性。那种暂时的拥堵也会增加汽车密度，并可能使平稳的交通流越过虚线，造成更大范围的交通堵塞。对德国高速公路的研究表明，卡车超车禁令是有效的。它改善了普通汽车的流动状况，但也略微限制了卡车的流动。

***

从交通流的例子中我们可以看到，对相变的科学研究已经远远不只是一种学术上的好奇心。识别转变的控制参数有助于我们管理这种转变。这正是我们将与团队和公司一起做的事情：确定我们可以调整哪些内容，以便设计出更善于培养“奇思狂想”的组织。

我们将会看到，调节控制参数的一些最具创意的想法来自系统之间的连接，这些系统看似无关，但实际上具有相同的相变类型。

上面所描述的从固体到液体的相变——无论是小弹珠的运动还是真实固体的熔化，都属于一种“对称破缺转变”。从某种意义上说，液体具有对称性，因为无论何时，从何种角度观察，它看起来都是一样的。这叫作旋转对称。固体则不然：它破坏了旋转对称性。因为从沿 X 轴向下的角度观察分子与从沿 X 轴倾斜 5~10 度的角度观察分子的结果非常不同。那些用对称破缺转变理论所解释的发现已获得十多项诺贝尔奖。

交通流量的突然变化属于第二类相变，也被称为动态不稳定性。控制参数的变化会使一种运动（平滑流）转变为另一种运动（阻塞流），因为平滑流对微小干扰（司机轻踩刹车）非常敏感。流体和气体也存在动态不稳定性。它们流动平稳，但速度必须低于某个临界值，一旦超过这个临界值，气流和水流就会突然变得汹涌澎湃。

想象一下，一艘船沿着河流缓慢地移动。水在船的前部被平稳地划开。在船的后面，当水加速填补船走后留下的空间时，水流就形成了一个大的、混乱的尾流。或者想象香烟在静止的空气中冒出的烟雾。在图 6-4 中，鲍嘉的烟雾在烟头上方几英寸处散开。最初，烟雾在一个平滑的柱状结构中流动。随着烟雾颗粒聚集的速度加快（从烟头喷出的热空气加速上升），烟雾柱就会突然分裂成混乱的一团。船只周围的水流和空气中升起的香烟烟雾都是平滑流向紊流过渡的例子。由于紊流与阻力密切相关，理解这种过渡有助于我们设计出更好的船只、飞机，甚至高尔夫球（高尔夫球表面之所以有凹陷，是因为让球的表面附近产生一点点紊流有助于减小阻力，这也就是为什么你用力挥杆就能把一个表面有凹陷的高尔夫球打出 400 码[①]远，而击打表面光滑的高尔夫球大约只能将球打出这个距离的一半）。

图 6-4　亨弗莱・鲍嘉展示了从平稳流动到紊流的转变

① 1 码 ≈ 0.914 4 米。——编者注

1957 年，两位英国数学家发现了一个新的相变范畴。它能帮助我们了解森林火灾为何会蔓延，并可以帮助我们预测石油储量。近期又有研究发现，通过分析潜在恐怖分子的网络行为，这个新的相变范畴可以帮助我们预测并预防可能的恐怖袭击。多亏了涌现行为的神奇作用，我们现在有了一个可以在不侵犯隐私的情况下使用的搜索潜在恐怖袭击的工具。

这一切都始于一个有关防毒面具的谜题。

从防毒面具到森林火灾

1954 年，一位名叫约翰・哈默斯利的数学家在伦敦皇家统计学会的一次会议上发表了一篇不同寻常的论文。他描述了一种新的统计技术，这种技术可被用于评估某些模式纯属偶然的可能性。

哈默斯利列举了苏格兰西部新石器时代石阵的例子。这些石阵是由德鲁伊人在 3 000 多年前建造的，直径从 9 英尺到 100 英尺不等。一位名叫亚历山大・托姆的工程师研究过这些石阵，并声称每一个石阵的长度都是某个单位长度的倍数。他遭到了专业考古学家的嘲笑。一位听众将其描述为一场关于我们应该把新石器时代的人看作野蛮人还是看作现代人的争论。但哈默斯利的统计方法支持了托姆的说法。德鲁伊人比他们之前的任何人都要复杂。他们确实是现代人。

在当天的听众中，26 岁的工程师兼诗人布罗德本特对此很感兴趣。布罗德本特就职于英国煤炭利用协会，他的工作是分析煤炭生产。他接到了一项为煤矿工人设计更好的防毒面具的任务。防毒面具所使用的黏性材料的表面附有足够小的孔隙，当空气通过时，这些孔隙将吸附空气中的有害颗粒。这些材料的孔隙大小不同并且随机分布。为了使防毒面具发挥作用，这些随机的孔隙必须至少形成一个连通的通道，允许空气从面罩的一侧不间断地流到另一侧，以便矿工呼吸。

在论文报告后的讨论会上，布罗德本特向哈默斯利提问。他想知道，数据随机性分析技术是否可以判断哪些具有随机分布的孔隙的材料至少包含一个连通通道。换句话说，如果告诉哈默斯利材料的类型，他能否预测当煤矿工人戴着由该材料制成的面具时，是否会出现窒息的问题。

哈默斯利很快意识到，从来没有人提出或者回答过这类统计问题，于是两人开始展开合作。34 岁的哈默斯利是牛津大学的一名兼职统计学家（当时该专业还没有发展成一门主要学科）。他的工作是解决大学管理层或教职工提出的所有问题。有一年，他被要求去林业系教授一门关于研究人员应该如何搜集和分析树木生长数据的课程。不久，哈默斯利就意识到布罗德本特提出的问题不仅适用于防毒面具的设计，同样适用于森林大火防范问题。

想象一下，森林是由树木随机分布形成的。现在，假设森林的一侧着火，同时，假设只有当树木足够接近时，一棵树上的火势才会蔓延到邻近的树上。那么，火势是否会从森林的一侧蔓延到另一侧？

布罗德本特和哈默斯利发现，防毒面具谜题和森林火灾谜题的答案都可以用相变来描述。当防毒面具的气孔密度在临界值以下时，空气无法顺畅地通过；而当气孔密度在这个临界值以上时，则总是会出现一条通道，将一端与另一端连接起来。对于森林来说，如果树木密度低于临界值，大火就会熄灭；如果密度超过这个临界值，大火将吞噬整个森林。

但树木的密度并不是唯一的控制参数。就像高速公路上的汽车数量一样，森林火灾的控制参数也不止一个。比如，风很大时，火势就更容易从一棵树蔓延到另一棵树。那么，在高风速的条件下，蔓延临界值所对应的树木密度就相对较低。换句话说，图 6–5 中的虚线就应该向右倾斜。

空气在面具上的小孔中找到通道，火在树木间找到蔓延路径，这些都让哈默斯利想起了咖啡渣中渗出的水。如果咖啡渣被挤得太紧，水可能就找不到流通的路径。而当咖啡渣足够松散的时候就，咖啡就会一滴一滴漏下来。因此，哈默斯利把他的这项技术和思想称为“过滤理论”。

就像对称破缺一样，过滤理论最终将一系列看似不相关的系统连接了起来。

岩石什么时候断裂？随着时间的推移，岩石会随机积累应力和裂缝。

当这些小裂缝合并成一个大裂缝，并从岩石的一边移动到另一边时，岩石就会裂开。这就是岩石的过滤阈值。

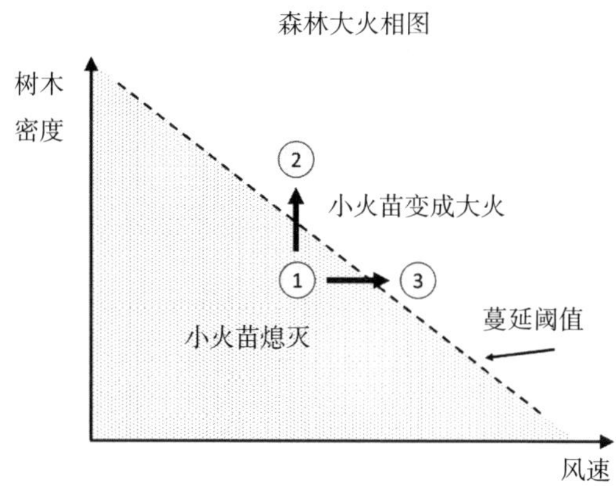

图 6-5　当树木密度超过空气扩散阈值（①→②）或风速超过相同的阈值（①→③）时，小火花会变成野火

你应该什么时候钻探石油？地下深处的裂缝是随机形成的，就像防毒面具上的气孔一样。在这些裂缝的过滤阈值以下，你的钻头很可能会碰到一小簇与石油层断开连接的石油团块，而这将让你的钻探成为一次非常糟糕的投资；而在裂缝超过过滤阈值的条件下，你的钻头更可能会穿透一个巨大的、连通的油层，这将是一次非常好的投资。

一场小型疾病暴发后会在什么时候发展成流行病？让我们回到火苗在树之间的蔓延模型。森林中的大风会将火花快速从一棵树传到另一棵树，这让火花看起来就像是一种具有高度传染性的病毒。高密度的树木就像住得很近的人（比如住在城市里的人）。当病毒的传染性和病毒分子的密度超过一个临界值时，小范围出现的病毒就会发展成流行病；当二者都低于临界值时，小范围出现的病毒就会很快消失。这就是流行病的相变。

那么，真正的火灾研究人员对这些新的数学模型有何反响呢？

反响不佳。消防队员们花了很长时间才逐渐熟悉统计物理学家这种职业以及他们的这种观点。下面是一个在教科书中被广泛使用的关于火灾管理的故事：

消防员中的老前辈们（常常）没有意识到，对于一个从未有机会亲自观察火灾的人来说，很多事情是未知的。为了证明这种由于缺乏经验而导致的知识匮乏，一位中年男子讲述了一个发生在20多年前的关于他自己的小故事。某天，在一位年长的护林员到达之前，当时还年轻的他很容易就到达了火场附近的观察点。在他面前的是他以前从未见过的如地狱般翻滚着的火焰。在惊恐之中，他告诉自己，人类所有的力量都无法阻止这场大火。然而，年长的护林员在赶到后看了看，随即便卷起一根烟，自言自语道："大火的前沿会在半小时内落进那片旧火场，到日落时，风就会停止，我们到时再追踪它的行进路线也不迟。"然后，他懒洋洋地冲一个通讯员说道："乔，去给总部打电话，告诉他们火势已经得到控制。"

显然，这不是一群着迷于微分方程的伙计。

如何变得简单

在20世纪90年代，一些研究小组最终成功地激发了人们关于过滤理论实际应用的兴趣。几十年来，林业部门一直在使用火灾模拟模型来捕捉微观情况：银顶白蜡桉与黄松的燃烧特性、火灾蔓延速度与坡度的关系等等。这些模型有助于预测火灾的局部走向。比如，火苗会向左转还是向右转，是加速还是减速。但这些模型无法帮助人们处理全局宏观情况，大型火灾的频率预测就是例子。图6-6是一片正在燃烧的森林。

为了抓住像上面那个故事中的年轻人和年长护林员这样的人的兴趣，一个由地质学家、景观生态学家和物理学家组成的研究小组在微观和宏观之间找到了一个平衡点。他们是如何做到这一点的？这个问题的答案将是下一章中我们讨论如何与团队和公司合作的关键。

图 6-6　正在燃烧的森林

早期的森林火灾模型没有引起经验丰富的消防员的兴趣，因为它们过于宏观、过于简单。例如，它们假设树木在森林中以相同的速度再生。显然，这个假设不合适，被烧毁的地区需要几十年才能恢复。类似的模型还假设，燃烧的树木总会点燃附近的树木。但在真实的情况下，许多因素会影响火灾的蔓延：空气湿度、地面湿度、树木种类、土地坡度。例如，在倾斜率 30% 以上的斜坡上，火灾的蔓延速度将是正常情况的两倍。当湿度低于 25% 时，仅仅是小范围的火情就已经很难控制了。但是，记录每一片森林的微观细节，将使预测宏观模式成为不可能。

研究人员通过创建一个简洁的模型找到了一个中间平衡点。丢掉太多的细节，你就什么也解释不了，保留所有的细节也是一样。我们显然不需要先了解银顶白蜡桉和黄松燃烧特性之间的区别，才能设计出一套更安全的森林防火原则。我们也不需要从 137 个案例和几十种理论中筛选出一般原则，从而设计出更具创新性的团队和公司。我们只需要一个足够简单的模型，以便从微观起源中提取宏观的见解。

换句话说，我们想要得到一个由树木构建的描述森林的模型。

事实证明，要理解森林火灾的宏观模式只需要两个关键参数。在前几页的森林火灾相变图中，我将横轴标记为“风速”。但是描述火灾蔓延的真正原因有一个更好的术语，即“病毒式传播因子”。高风速、干燥的地面和低湿度将增加病毒式传播因子：它们使火灾更容易蔓延。低风速、潮湿的地面和高湿度的条件会减少病毒式传播因子：它们降低了火灾传播的可能性。

1988 年，黄石国家公园的一场大火烧毁了 80 万英亩[①]土地，占整个公园面积的 36%，这是该公园历史上遭受的最大一次火灾。在公园防火政策的制定过程中，过滤理论首次展示了它的实际作用。直到 1972 年，黄石公园的防火政策仍在要求管理员立即扑灭每一场小火，不管火是由人类行为引起的（如随意丢弃香烟）还是由自然因素引起的（如雷击）。森林中发生小火灾的频率有时被称为火花率。公园管理者降低火花率的政策虽然本意是好的，但在事实上导致了森林里长满了老树。他们在无意中使森林里的树木密度越过了前文森林大火相变图中的虚线。正是他们的防火政策让像 1988 年那场大火一样的大规模火灾不可避免。

如今，大多数林业部门都认识到人为降低火苗率的“黄石效应”。现在，他们允许小型或中型火灾在可控制的情况下继续燃烧，这被称为控制燃烧政策。在某些情况下，如果某片森林的密度过于接近火灾蔓延阈值（相变图中的虚线），则消防管理人员将启动小型人工辅助燃烧行动，也即“预定燃烧”，使森林密度远离阈值。

控制燃烧的想法在今天看来似乎是明智的，甚至几乎是直观的。过滤模型通过打牢此观点的科学基础，帮助传播了这种直观的想法。但这些模型真正的成功之处在于，它们的预测结果与不同规模的火灾的发生频率的历史记录出乎意料地一致。

过滤模型所预测的东西是你永远无法通过直觉、经验，或借助关于不

① 1 英亩≈ 0.004 047 平方千米。——编者注

同的树木的微观模型进行想象的。这个独特的预测来自关于涌现和相变的科学理论。根据这些模型，当森林的状况接近相变阈值时，火灾就将爆发，因此火灾的发生频率应该具有特定的模式。火灾的发生频率应该与火灾的规模成反比：20 英亩范围的火灾发生频率应该是 10 英亩范围的火灾发生频率的一半。40 英亩范围的火灾发生的频率应该是 10 英亩范围的火灾发生频率的 1/4，100 英亩范围的火灾发生的频率应该是原来的 1/10，以此类推。这种模式被称为幂律，这是一种令人惊讶的预测——一条关于森林即将爆发火灾的数学线索。

这种模式在其他地方也出现过，正如我们将在下面讨论的，幂律模式不仅会出现在森林火灾模型中，而且会出现在金融市场和恐怖袭击中。

然而，上述三个看似不相干的系统要再过 10 年才能被联系到一起。在森林火灾这个领域之外，人们对哈默斯利和布罗德本特的过滤理论的兴趣开始减弱。数学家们开始探索这个问题的变种问题：把树放在一个正方形网络的节点上（每个节点有 4 个邻居），或者一个六边形网络（就像足球上的图案，每个节点有 3 个邻居），或者一个 19 维的立方体网络（有 38 个邻居），然后试图计算出火灾将在树木密度达到多大时爆发。在对几十个类似的变种问题进行了分析，并回答了大多数重要的问题之后，这一理论逐渐进入了研究的末期。它与其他古老的理论一样，难以再引起年轻人的研究兴趣。

过滤理论的大规模重生始于 1996 年 1 月。在布罗德本特向哈默斯利提出关于防毒面具问题的 40 年后，一位名叫邓肯·沃茨的澳大利亚年轻人问了一位名叫史蒂夫·斯托加茨的数学教授一个关于蟋蟀的奇怪问题。

六度的凯文·贝肯游戏

20 世纪 90 年代中期，当时 24 岁、身高 6 英尺 2 英寸的沃茨，是澳大利亚国防军学院的一名毕业生，兼职攀岩教练，也是一名正在康奈尔大学学习数学的不安分的研究生。他对研究生生活感到十分厌烦。36 岁的斯托加茨专注于高级数学技术在不寻常场合的应用（他撰写过一篇关于罗密欧与朱丽叶的数学论文）。在斯托加茨加入康奈尔大学应用数学学院时，沃茨正在寻找合适的论文指导老师。当时，斯托加茨正致力于理解自然界中的同步性：数百万的心脏细胞如何以同一个节奏跳动？成千上万的萤火虫为什么会同时闪烁？沃茨对这个问题非常感兴趣，于是选择斯托加茨作为自己的导师。在商讨之后共同的研究问题时，他们发现了一个关于昆虫的谜题：巨型蟋蟀是如何同步发出唧唧声的？

沃茨和斯托加茨开始收集蟋蟀，并把它们分别放在实验用的单独的小隔音盒里，其中每个盒子里都有内置的麦克风和扬声器。他们想通过扬声器播放其他蟋蟀的声音，并通过调整声音的传送方向来测试同步理论。图 6–7 是一幅蟋蟀的漫画图。

图 6–7　蟋蟀如何同步发出声音？

当沃茨在学校的果园里忙着收集蟋蟀时，他想到一个问题，那就是在他的微型蟋蟀录音棚之外，野外的蟋蟀是如何取得联系的。蟋蟀会听到周围其他蟋蟀的话吗？它们是否会倾听一定距离内所有蟋蟀的声音？是否有一个蟋蟀头领在进行指挥？

百老汇戏剧《六度分离》在当时普及了这样一种观点，即每个人与社会中的其他人只要通过几个人便能取得联系。三个大学生开启了一个名为“六度的凯文·贝肯”的游戏，基于类似的想法对电影演员进行排序：如果某演员曾和贝肯一起出演电影，则记为一度，如果他和一个曾经和贝肯共同出演电影的人一起出演电影，则记为两度，以此类推。令人惊讶的是，190 万名演员都与贝肯的关系达到了三度及以下的程度。那么，这个游戏说明了什么？

布罗德本特关于防毒面具的问题和沃茨关于蟋蟀的问题为一个更大的研究范畴打开了大门。如前所述，人们已经通过过滤理论探索了各种各样的网络，包括方形网络、六边形网络、高维网络。但是社交网络呢？距离遥远的人（蟋蟀或其他动物）是如何发展成为朋友的？

早期的过滤模型对于研究火灾或传染病在不移动的对象（如森林中的树之间）间的传播是有意义的。但是蟋蟀以卓越的弹跳力闻名，而人类更具灵活性。你不会长时间待在家里，只和左、右、前、后的邻居交流。在一天的时间里，你可能会在送孩子上学时停下来和其他父母聊天。在办公室里，你可能会和同事在你的桌子或饮水机旁闲聊新闻或体育比赛。下班回家路过食品店时，你可能会遇到一些朋友，再停下来聊聊。偶尔，或者一周几次，你可能会和全国各地的朋友联系，这些朋友的生活圈子和你的往往大不相同。

大部分连接发生于紧密的社区之中，偶尔，某个个体也会与某个遥远的社区连接，这种模式描述了很多类型的系统。大脑中的神经元大多在一个簇内连接，但偶尔，它们的轴突也会向外延伸，连接到一个完全不同的簇。细胞内的蛋白质主要在一个功能群内相互作用，但偶尔也会与远处的受体连接。互联网上的网站大多链接在一个紧密的群组内（名人新闻网站链接到其他名人新闻网站；生物学站点链接到其他生物学站点），但偶尔也会存在一个站点链接到其集群之外很远的地方的情况［如TMZ（八卦新闻网站）链接到神经科学研究网站］。凯文·贝肯的游戏表明，在这类网络中，连接任意两个节点（参与者）的步骤都少得惊人。因此，沃茨和布罗德本特将这样一个系统称为“小世界网络”。

回到蟋蟀的话题，沃茨想知道是否有人研究过一个小世界网络的过滤作用。他认为这个基本问题应该已经得到解决,于是便去图书馆查找答案。但是，没有人问过这样一个问题。当沃茨向斯托加茨询问并了解到该问题没有被研究过之后，他很快意识到，他们研究的是比昆虫音乐学更重要的东西。

计算机病毒是会在互联网上广泛传播，还是会迅速消失？微小的神经功能失调是无害的，还是会突然发作并吞噬你的大脑？一个想法在人群中是会以爆炸性的速度传播，还是会迅速消失？所有这些活动都受到类似的动力学原则的控制，即一个小世界网络的过滤作用。

沃茨和斯托加茨的论文发表于1998年6月。截至2018年年中，该论文已被引用了16 505次。在科学期刊上发表的180万篇关于网络的论文中，他们关于小世界的论文引用次数排名第一。它被引用的次数超过了爱因斯坦关于相对论的论文、狄拉克关于正电子的论文，以及历史上任何关于“基础”物理学的论文。

***

早些时候，我们看到夏洛克·福尔摩斯曾提出一个关于涌现的公理：虽然每个人都是难解的谜，可是把人类聚合起来，就有规律可循了。在《四个签名》的一幕中，夏洛克·福尔摩斯试图寻找窃贼，他计算出了他的获胜概率，并向华生医生解释了他关于犯罪等级的理论。

在阿瑟·柯南·道尔写下这句话的一个世纪后，牛津大学的一位物理学家开始追捕恐怖分子。他将森林中随时可能爆发火灾的过滤原理，应用于随时可能爆发恐怖袭击事件的小世界网络。

他追踪恐怖分子的策略正是建立在数学确定性的基础上的。

尾部的幂律

一个人一周只能吃下一定量的沙拉三明治。在 20 世纪 80 年代末，当尼尔·约翰逊还是哈佛大学物理系的研究生时，他偶尔会无视杰斐逊物理实验室外大街上的沙拉三明治餐车，跑到隔壁法学院的自助餐厅吃午餐。在那里，他遇到了来自哥伦比亚的法学院学生埃尔韦拉·雷斯特雷波。他们很快结婚并定居在波哥大，直到 1992 年约翰逊被任命为牛津大学教授，他们才搬到英格兰生活。

约翰逊在游击战和恐怖主义的研究工作中从一种奇怪现象中得到了启发。约翰逊告诉我："我们会前往哥伦比亚探望家人，而我们看到的（关于哥伦比亚长达数十年内战的）新闻总是：今晚 3 人死亡。今晚 8 人死亡。今晚 2 人死亡。"

约翰逊是一个金发碧眼的英国人，有着真诚的笑容以及典型的民粹主义者对科学的浅显接触。想象一下年轻的托尼·布莱尔（1997—2007 年担任英国首相，年轻时的他很受欢迎）在讲台上讲解微积分，你就能大概知道约翰逊的样子了。但当他描述这些新闻时，他的笑容消失了。这些报道勾起了他的回忆。"我在伦敦长大，而我总能看到这样一些来自北爱尔兰的新闻：今晚 2 人死亡。今晚没有人死亡。今晚 4 人死亡。"

在牛津大学任教期间，约翰逊专门研究利用物理学技术在看似随机的数字中发现隐藏模式的相关问题。因此，当 2003 年第二次伊拉克战争开始时，每天的死亡人数再次成为世界新闻的焦点时，约翰逊开始思考：这些关于每天死亡人数的悲惨数据是否有规律可循？

约翰逊获得了哥伦比亚内战伤亡人数的详细数据。他发现，这些伤亡数据遵循着一种在股市中同样出现过但从未得到合理解释的规律。

有关股票市场行为的教科书往往像《圣经》一样，都是从一种信仰宣言开始的。最初，存在有效市场。市场将所有信息反映在价格上，有效价格的偏离是随机的（通常被称为"随机游走"）。某些利欲熏心的执行者可能会破坏这种原则（内幕交易、操纵），但只要保持良好的监管和适当的执法，市场将恢复到纯粹的、完全有效的状态。许多现代金融理论，包括风险估计和股票期权定价，都以这一信念为基础。

然而，实际的市场似乎并非如此。价格变动应该一年发生一次，而不是像我们看到的那样每天发生。纽约、伦敦、巴黎和东京的股票交易所都显示出了同样的现象。衡量价格波动频率的曲线理应有一个极小的尾部，用于表示罕见的异常值。但在现实世界中，这些尾部并不小。当极端结果比预期出现得更加频繁时，概率分布将呈现出统计学家所说的“肥尾效应”。

物理学家喜欢肥尾效应。对于没有隐藏联系的随机系统（比如抛硬币）而言，其概率分布会有很细的尾部。而肥尾效应的出现说明网络中出现了有趣的动态。它可能是一个由树木组成的网络，火灾以它作为介质蔓延。它也可能是一个股票交易网络，换句话说，一个金融市场，通过这个网络，一个想法得以传播开来。包括约翰逊在内的物理学家多年来一直在研究金融市场中的肥尾现象，试图弄清它们的意义。市场崩溃（格林斯潘的“特别罕见的异常现象”）、对冲基金崩溃以及银行突然违约，这些现象往往是由肥尾放应引起的，或至少与肥尾效应有关。

2003 年，尼尔·约翰逊与人合著了一本关于将统计物理技术应用于市场的物理学教科书。这本书里有一个不寻常的建议。大多数研究人员试图通过研究个体交易者的行为来解决肥尾问题。然而，尼尔·约翰逊研究的是群体。他提出，如果我们假设交易员都是同一个小圈子里的人，那么会发生什么？同一个小圈子里的成员都有相同的行为，也就是说，他们会做出相同的买卖决定。（从郁金香狂热到互联网泡沫，市场中存在集体思维的证据非常充分。）集群不必是永久性的，就像一个高中的小班级一样，成员来来去去；交易小集团形成又解散，它们与其他小集团合并又分裂。想象一下把一壶水烧开，就在水沸腾之前，气泡出现了。当新的气泡形成时，旧的气泡会变大或破裂，也可能与其他气泡合并。尼尔·约翰逊提出，交易集团的这种行为类似于这些气泡。

通过建立一个简洁的模型捕获交易的本质，同时避免迷失在细节中，尼尔·约翰逊指出，他的交易模型似乎很好地解释了金融市场的肥尾分布。那条肥尾呈现出一种特殊的形状：幂律。40 人的小团体的数量只占 10 人的小团体数量的 1/32；160 人的小团体的数量又只占 40 人的小团体数量的 1/32。小团体的数量随小团体规模的增大以一个特殊的幂次减少，这个幂次就是 2.5。

哥伦比亚数十年内战造成的伤亡数据也显示了近乎完美的幂次规律。造成 40 人死亡的袭击的数量只占造成 10 人死亡的袭击的数量的 1/32；造成 160 人死亡的袭击的数量只占造成 40 人死亡的袭击的 1/32。有记录的攻击次数随着伤亡人数的增加而减少，减少幅度仍是与之前相同的幂次：2.5。

市场交易数据与一个国家的游击战数据存在相似性，这可能只是一个巧合，但确实是一个奇怪的巧合——如此一致的幂律实属罕见。因此，尼尔·约翰逊和他的合作伙伴开始研究其他的冲突事件。值得注意的是，伊拉克和阿富汗战争的数据显示出了同样的规律：袭击造成的伤亡遵循同样的幂律指数 2.5。在接下来的三年里，他们向外界寻求帮助，获得了来自世界各地的研究人员提供的更广泛的数据，最终形成了包含 9 场战争的 54 679 个暴力事件（或“武装冲突”）的数据库，覆盖塞内加尔、秘鲁、塞拉利昂、印度尼西亚、以色列、北爱尔兰，这还不包括之前的三个国家——伊拉克、哥伦比亚和阿富汗。而最终结果显示幂次仍保持不变：2.5。

就在尼尔·约翰逊和他的团队整理数据的时候，另一组位于新墨西哥州圣达菲的研究人员报告了全球恐怖袭击造成的伤亡数量。他们使用现有的最大规模的恐怖袭击数据库，记录了 187 个国家的 5 000 多个城市发生的逾 28 445 起事件。这些活动跨越 40 年，从 1968 年到 2006 年。无论是单独分析死亡人数，还是分析受伤人数加死亡人数，数据都显示出了一种惊人的一致性：幂次约为 2.5 的幂律。

普遍存在的现象是一种线索，但不能作为过滤理论的确凿证据：群体在无休止的循环中形成、解散、合并、分裂。一致的幂律有很多可能的解释（尽管自然形成指数为 2.5 的幂律的情况很少），而尼尔·约翰逊需要更强有力的证据。

在森林中，你可以拍摄航拍照片以及跟踪火灾发生的过程，即火团的形成、熄灭、合并和分离来收集证据。然而，航空摄影不能帮助你追踪恐怖主义小团体。让恐怖分子填写一份关于他们社会习惯的调查问卷（“请列出你最近加入或离开的任何恐怖组织”）似乎也不是一个可行的方案。尼尔·约翰逊和他的团队被这个有趣但很难把握的线索困住了。直到 2014 年 ISIS（一个宗教极端主义恐怖组织）出现，他才决定上网找找新办法。

当恐怖活动开始蔓延

跟踪社交媒体上的个人用户对恐怖活动发表同情的帖子或推文，已经被证实不能有效地对未来的袭击进行预测。然而，约翰逊的数据常用于分析群体行为而不是个体行为。因此，约翰逊决定在社交媒体上寻找线上集群的迹象。

约翰逊和他的团队很快发现，对 ISIS 感兴趣的追随者正在俄罗斯最大的社交网络 VKontakte 上组建特别小组。他们通过使用一个共同的虚拟页面（相当于一个品牌或企业的脸书页面）聚集在一起。脸书通常会立即关闭支持 ISIS 的页面，而这个当时拥有 3.5 亿用户的网站并没有做到这一点。由于这些组织仍然在吸引新的追随者，约翰逊和他的团队成员得以密切追踪这些支持 ISIS 的页面。追随者们使用他们的公共页面发布实时战斗情况，传授实用的生存技能（包括如何躲避无人机袭击），请求资金援助（为那些想去叙利亚但负担不起费用的“战士”提供资金）。当然，还有招募新兵。（“这是对所有兄弟的召唤！”）

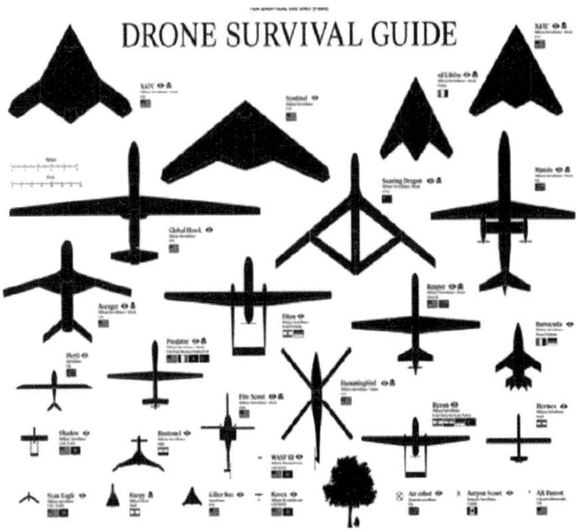

图 6-8　来自一个线上恐怖组织的内容样本

这些虚拟的网络恐怖组织并不固定。它不像人们熟悉的公交车站，人们每天都会聚集在同一个地方乘车，每个人都知道公交车站在哪里。它昨天在那里，明天也会在那里。一个公交车站不会突然出现、扩张、消失，或者与另一个公交车站合并，也不会分裂成两个更小的公交车站。

但是，网络恐怖组织做到了上述所有事情。就像高中的小团体或者金融市场上的交易专员一样。

现实世界中的恐怖组织群体非常难以识别和追踪。而约翰逊和他的团队很快意识到，虚拟的恐怖组织更容易追踪。借助简单的计算机算法，我们就可以检测和记录新用户何时链接到了恐怖组织创建的网页，何时断开链接并离开，组织群体何时合并、何时分裂、何时因被网络代理捕捉到而解散，追随者又是何时重新组合成新单元的，等等。

从 2014 年 ISIS 出现到 2015 年年底，约翰逊的团队共收集了 108 086 名 ISIS 的个人追随者以分钟计算的在线行为数据，这些追随者总共与 196 个虚拟恐怖组织单元有关联。这可能是有史以来收集到的最大规模的关于恐怖行为的公开可用的鉴定数据集。

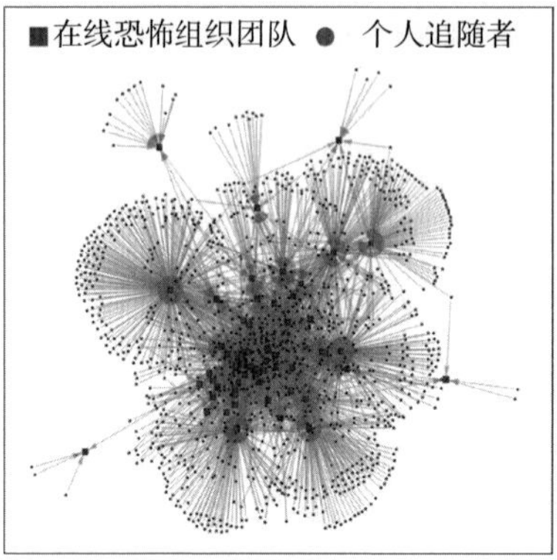

图 6-9 虚拟恐怖组织网络图

图 6-9 是虚拟恐怖组织的一个示意图，其中较小的点表示单个追随者，较大的点表示他们链接到的页面（虚拟恐怖组织单元）。

对这些数据的分析证实了约翰逊的猜测：虚拟恐怖组织单元的行为就像过滤模型中的集群。它们会像森林里的火一样扩散、合并、分裂或熄灭。如本章前面的森林火灾相变图所示，森林火灾的两个控制参数是树木的密度和火灾在树与树之间蔓延的可能性（“病毒式扩散因子”）。在临界值以下，小火会自行熄灭，超过这个临界值，小火就会爆发成大火。

约翰逊的团队在社交网站上为这些虚拟恐怖组织单元确定了类似的控制参数。集群的数量就像树木的密度。一个追随者链接到一个节点的速度会影响另一个追随者链接到相同节点的速度，这种“传染性”就相当于火焰从一棵树传播到另一棵树的速度，即“病毒式扩散因子”。

将森林火灾模型推广到对虚拟恐怖组织的分析上，约翰逊和他的团队便可以预测这些控制参数什么时候会超过临界值，而一旦超过临界值，则网络上就会出现某种迹象。换句话说，他们可以借此预测什么时候恐怖袭击会很快发生。

为了验证这一理论，约翰逊的团队不仅分析了恐怖袭击的数据，还与国家机关合作，使用相同的技术分析了来自拉丁美洲民间抗议网络组织的数据。他们发现，往往在事件爆发的数周前，网络上就会出现早期袭击和大规模抗议的迹象。图 6-10 显示了虚拟恐怖组织单元的数量在爆发前是如何呈指数级增长的，这一特征可以被用于预测在几天内将会发生的恐怖袭击的具体时间。

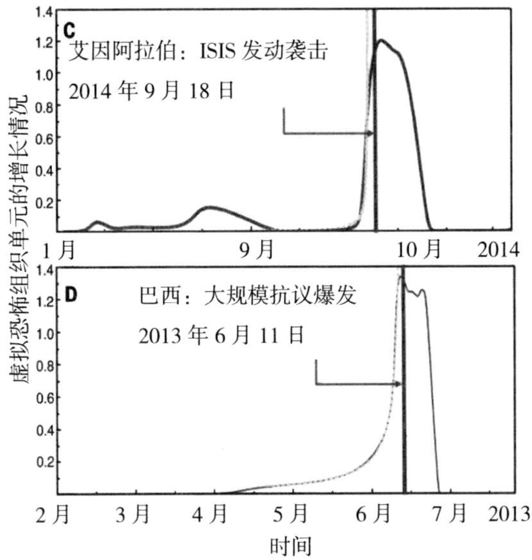

图 6-10　通过测量虚拟恐怖组织单元的增长来预测冲突何时爆发

将这些过滤模型应用于虚拟恐怖组织单元，不仅为探测和预测恐怖袭击事件提供了新的方法，也为设计打击恐怖主义的新策略打开了大门。

第一，研究结果表明，与其密切监控数以百万计的个人在线行为，不如关注一小部分团体的行为，这些团体的数量可能在几十个至几百个之间。这种做法能更好地利用时间和资源。

第二，最新的数学技术已可以用于识别“超级传播者”，即影响最大的集群。（这些网站并不总是链接最多的网站。）沃茨—斯托加茨的论文描述了随处可见的小世界网络，它们有一个有趣的特点：既异常健壮，也异常脆弱。它们对随机攻击或随机故障展现出了很强的鲁棒性[①]。这就是为什么随机发生的服务器中断对互联网流量几乎没有影响的原因。但是如果其辐射范围最大的节点被攻击，它们就特别容易受到影响。正如人们所见，这通常表现为互联网上的攻击。识别并关闭网络超级传播者是打击恐怖主义网

① 鲁棒性指控制系统在一定参数摄动下，维持其他某些性能的特性。——编者注

络传播的策略之一。

第三种策略是提高集群分裂解散的速度。目标是让线上的恐怖主义活动远离传染过渡区域，就像通过预定燃烧让森林远离火灾蔓延过渡区域一样。（研究这些话题的作者不愿讨论具体细节。）目前，我们正在制订更多这样的战略。对这些技术的应用正从 ISIS 扩展到校园枪击、民族主义团体的爆炸袭击以及其他形式的暴力冲突。

2007 年，约翰逊辞去了牛津大学的工作，前往迈阿密大学任教。2019 年，他又离开迈阿密，加入了位于华盛顿特区的乔治华盛顿大学。他说，他来到华盛顿的部分原因是与已经表示有兴趣应用这些技术的国家机构进行更密切的合作。

这些技术为 21 世纪的警务工作提供了希望：在不侵犯隐私的前提下保护民众。约翰逊说："你无须了解关于个体的任何情况，就能发现他们在网络上表现出来的集体行为模式。"

这就是涌现的魔力。

§

显微镜下的拔河比赛

在一场微观战争中，当双方的力量突然逆转时，系统就会发生突然的变化，甚至瞬间崩溃，例如液体突然冻结，交通突然堵塞，森林突然着火，或者恐怖组织袭击事件突然爆发。两股力量相互竞争，胜利的天平总是在双方之间摇摆。

将一颗弹珠放到鸡蛋盒中，它会很快滚到鸡蛋盒的蛋孔底部，但是如果使劲摇晃鸡蛋盒，弹珠就会从蛋孔里跳出来。这就是结合能和熵的关系。

司机总是想要开得更快一点儿，但是为了避免撞上前车的保险杠，他只能刹车。这就是速度与安全的关系。

火焰虽然在树与树之间蔓延，但是树总会烧完，雨水也可能会淋湿树木。暴力事件的诱因可能会在人群中传播，但这些想法可能会过时，网络管理员也可以关闭虚拟恐怖组织的页面。这两个例子都涉及病毒式扩散因子的增加或减少。

作用在单个原子或个体上的力量只会引起渐进的变化。但如果这种变化乘以 1 000 或者 100 万，它就变成了一个系统性的突变：相变。

现在，让我们看看如何将这些想法应用到团队、公司或任何有任务需要完成的团体中。

图 6-11　正在进行的拔河比赛

第7章 相变Ⅱ：神奇的数字150

猴子、斧子和拔河比赛

在上一章中，我们看到了两种对立力量之间的对抗可以触发相变。当水的温度下降时，分子的振动就会变慢，直到水温达到一个临界值，此时结合能超过了熵,水分子就会结晶成坚硬的冰。这就是从液相到固相的转变。

在本章中，我将向您展示类似的事情是如何在组织内部发生的。随着组织的规模不断扩大，激励措施会从鼓励个人关注集体目标转向鼓励他们关注自己的职业发展和晋升道路。当团队的规模超过一个临界值时，职业稳定性就会占据主导地位。那时，团队将开始放弃奇思狂想，而专注于巩固和延续已有的特许经营项目——电影系列的下一个续集、降胆固醇药的下一个版本、对已有项目的下一轮延续——才能存活下来。

更重要的是，我们将找到控制这种转变的方法：改变“临界值”所代表的那个神奇的数字。

摩门教徒、谋杀和猴子

1844年6月27日下午，一群暴徒聚集在伊利诺伊州迦太基的一个小监狱外。一对儿被关在里面的兄弟曾在4个州6次逃脱了法律的制裁和愤怒民众的围堵。这一次，他们的胜算似乎不大。那天早上早些时候，弟弟约瑟夫·史密斯给妻子艾玛写信说：“我愿意顺从自己的命运，我知道自己是正义的，并且已经尽了最大努力。”

狱卒对他们很友好，于是兄弟俩让一名访客给他们买了一瓶酒。多年后，他们的一名狱友，约翰·泰勒写道：“有报道称，我们派人去买酒是为了完成圣餐。不，没有这样的事。我们一般都处在萎靡不振的状态之中，喝酒能使我们振作起来。”

兄弟俩让泰勒唱了一首歌。他选了一首灵歌，讲的是一个在监狱里游荡的悲伤的人“注定要在早晨遭遇背叛的厄运”。

“这非常符合我们当时的感觉。”泰勒写道。这首歌的结尾揭示了游荡的人就是救世主。

在泰勒唱完几分钟后，他们听到枪声，接着是沉重的脚步声。牢房的门突然打开了：约瑟夫开了一枪，那把枪是他偷偷带进牢房的。泰勒试图用手杖打退袭击者。几分钟后，兄弟俩都死了。泰勒腿部中弹。当时他藏在了床下，因此幸免于难。

36 年后，泰勒成了这对兄弟曾经创建的宗派的主席。该宗派被称为耶稣基督末世圣徒教会，其追随者最初被嘲讽为“摩门鬼”（Mormonites），今天则被称为摩门教徒（Mormons）。

***

19 世纪 20 年代初，约瑟夫·史密斯在纽约州北部的一个农场小镇上首次提出了自己的宗教展望。20 年后，摩门教徒的人数超过了 2.5 万人。在那个时代，宣示自己的愿景并招募信徒在新英格兰并不罕见。在缅因州，艾伦·怀特根据自己的愿景发起了基督复临安息日会。在纽约，某个天神启示一般的异象刺激杰迈玛·威尔金森的追随者建造了一座名为耶路撒冷的城镇。在哈佛神学院，诗人拉尔夫·沃尔多·爱默生（一名牧师之子）发表演讲说，耶稣所传达的真正信息是，任何人都可以得到神灵启示，他试图唤醒他人：“抛开一切的顺从，与神面对面地接触。”

其他有愿景的人更多只在当地活动。而史密斯的愿景指引他向西，为他的信众寻找一个新的耶路撒冷。史密斯和他的追随者们在他们途径的每一个地方建造城镇——俄亥俄州的科特兰、密苏里州杰克逊县、伊利诺伊州汉考克县。他们的独特吸引力，以及不断增长的经济和政治影响力，开始威胁当地早期的定居者。密苏里州州长发布了一项行政命令，要求摩门教徒必须“被消灭或被驱逐出该州”。（士兵包围了他们的城镇并没收了他们的财物。执行任务的将军解释说，如果他们不立即离开，他们就会被打死。）迦太基镇也通过了类似的决议。就像几千年前的另一个流浪部落一样，这个部落发现自己先是被排挤，然后成了替罪羊。

1844 年年初，史密斯对执政党无力保护其人民的现状感到失望，宣布自己将作为独立的美国总统候选人参加竞选。这次竞选宣示使他对民间领袖的威胁进一步增大。十几份证词都证明了有人要在迦太基监狱谋杀史密斯。

监狱暗杀事件发生一年后，在已被目击者指认为凶手的情况下，6 名反摩门派领导人和当地民兵成员被判无罪。伊利诺伊州州长担心摩门教徒的武装报复可能升级为内战。他敦促史密斯的继任者杨百翰和他的追随者离开该州。不久后，这种要求变成威胁：要么离开，要么被强行驱逐。杨百翰同意离开。

杨百翰现在面临着严峻的组织挑战。他应该如何策划一次大迁徙？他应该如何移动成千上万的家庭和他们的马、骡子、公牛、母牛、绵羊、猪、鸡、狗、猫、鹅和山羊，并为他们寻找一个永久的家？由于对这个问题感到很苦恼，杨百翰和他的顾问们进行了讨论，最后，在 1847 年 1 月 14 日，他宣布上帝给了他一个启示：教会应该分成小的连队，每个连队都由一个队长带领。大家向西进发。

杨百翰领导着第一支 149 人的队伍出发了。当看到一片被山川环绕的空地时，他决定结束这次翻越落基山脉的艰苦跋涉，他宣布：“这就是我们的目的地（现在的盐湖城）。”在接下来的 12 个月里，又有 14 支队伍来到这里。

这些队伍的平均规模为 150 人。

***

一个世纪后，罗宾·顿巴，一位专门研究狒狒社会习性的伦敦大学学院人类学系的研究员，发表了一篇不寻常的文章。

顺便介绍一下顿巴的背景。顿巴不是一般的灵长类动物学家。这是顿巴对猴子梳理毛发习惯的看法：

> 被一只猴子梳理毛发就是体验原始情绪：一段未经测试的关系在开始时一定存在不确定性。然而，你会逐渐屈服于一只热心的猴子用手指熟练地在你裸露的皮肤上忽隐忽现地滑动的感觉。随着那只灵巧的手从一处移动到另一处，你的肉体产生了被轻轻挤压、抓弄以及轻咬的感觉。在短暂的令人不安的疼痛后，你会在不知不觉中产生一种舒缓的愉悦感，一种温暖的感觉开始从内向外蔓延。
>
> 你开始放松，投入工作，惬意地任神经信号起落，这些信号从体表飞速地传递到大脑。在心灵深处的某个地方，它们的光芒啪嗒啪嗒地敲打着你的意识之弦。

简单地说，这段话让我简直想变成一只猴子。

顿巴在 1992 年的文章中列出了 38 种狐猴、猴子和猿的脑容量和平均社会团体规模的大小。他的研究表明，如果用图像表示大脑体积（大脑皮层的大小）与社会团体规模之间的关系，那么二者之间呈线性关系——大脑越大，团体规模越大。

顿巴据此提出了一个新颖的观点：一个物种大脑的大小决定了其社会团体规模的最佳大小。顿巴认为，维持人际关系需要脑力。维持更多的关系需要更多的神经元。将这个理论假设从灵长类动物的大脑推广到人类的大脑，他发现，如果这个假设成立，则人类社会团体的最佳规模将是一个有趣的数字：150。

尽管顿巴有研究猴子的天赋，但这篇文章并没有引起多少关注。直到2000年，马尔科姆·格拉德威尔出版了轰动一时的《引爆点》，其中有一章就讲到了这个神奇的数字——150。这一章总结了猴脑与团体规模的对比结果，以及顿巴的观察结果：在一些以狩猎和采集为谋生手段的社会中，团体的平均规模与专业军队中“最小的独立单位”的规模都大致是这个数字。格拉德威尔还提到了戈尔公司这个有趣的例子。戈尔公司是戈尔特斯面料的生产商，该公司对在同一栋大楼里一起工作的员工人数进行了限制。“我们在停车场里安排了150个停车位，”总裁比尔·戈尔说，“当人们开始在草坪上停车时，我们就知道是时候建一座新工厂了。”

这种由人脑容量决定的“人际关系上限为150人”的观点迅速传播开来。脸书的早期员工戴夫·莫林在咨询了顿巴的意见后创建了一个新型的社交网络——Path，其理念是将每个人的好友人数限制在150人以内。基于顿巴的研究成果，最近成立的精英网络大学——密涅瓦大学，也把学生分为每组150人。广受欢迎的商业和社会学博客也在继续传播“顿巴数”的这个概念。

可以预见的是，这些论述在科学家中引发了强烈的反对。顿巴本人就在他最初发表的文章中就提出过一个反对意见：从科学的角度来看，将线性关系推广至远远超出原始数据集的范畴是有问题的。顿巴的样本中有一半猴子的体重还不如一个小南瓜。对科学家来说，从猴子推广到人类，就像通过分析一辆宝马迷你车来预测满载的油罐车的行驶状况一样。此外，也没有生物学方面的证据支持这个观点。神经元数量与灵长类动物行为之间的联系并不存在确凿证据，最多也就是像基因数量与行为之间的联系一样。而洋葱所含的DNA数量就是人类的5倍。对生物学家来说，用对小猴子大脑体积的分析来解释人类行为毫无意义。

人类学家和社会学家反对这个具体的数字。许多人指出，狩猎采集部落和军队单位可以有效地组织成各种规模的团体。在商业世界中，一些团队和公司成功地在更大的规模下保持了创新性。

仅仅因为一个理论就做出判断可能有点儿不靠谱，但这并不意味观察到的事实毫无意义。用物理语言来讲，正确的观察也可能导致错误的理论。几十种超导理论来了又去，而观察结果从未改变。在顿巴的理论和其他社会模型出现之前，比尔·戈尔和杨百翰就已经自发地将群体限制在 150 人以内了。不仅如此，我们也可以直观地意识到，当团队和公司在规模上跨越某个阈值时，其内部就会发生变化。只不过我们大脑皮层的体积可能与此无关。

让我们看看涌现科学是如何提供另一种解释的。

看不见的斧子

假设你是辉瑞公司的一位中层经理。你在参加一个委员会会议，目的是评估一个项目，其涉及一种处于研发早期阶段的新药。就像每一个早期项目一样，它也有缺点：一些重要的实验还没有做过，或者结果很差；这一研究方向并不流行；大型学术会议上的主讲人对这一领域不屑一顾。但你喜欢这个主意，因为它能抓住你的想象力。你该怎样做？

选项 1：你可以敲打桌子，提出支持它的理由，开始一场艰难的说服之旅：在每个委员会的每次会议上提出同样的理由，敲打同一张桌子。你可能会被拒绝，但假设你赢得了这场辩论以及接下来的几场辩论，你就赢得了继续前进的绿灯。在接下来的 7 年时间里，这个项目可能需要经过三次奇思狂想的绝境并设法幸存下来。每次项目失败（这是不可避免的）时，那些一开始祝福你一切顺利的人就会转而试图埋葬你和你的项目。他们想要回曾经拨给你的预算。他们想让你彻底消失。

这一奇思狂想的成功概率——药物有效并且人们想要使用它，大约是 1/10。一种优秀的药物在上市后的前几年里，其每年的销售额可以达到 5 亿美元。这意味着这种成功将为雇员为 10 万人、年收益为 500 亿美元的公司带来 1% 的年收益增长。而如果这个项目真的成功了，即使其所带来的收益只占很少的比例，也会有 99 999 个人抢着邀功。而如果它失败了，那么 99 999 人就会立即退出，只留下你一个人承担责任。他们会提出那些曾经你毫不在意的项目的早期缺点。你的职业生涯将受到影响，你可能会被解雇。

选项 2：你可以用开玩笑的语气贬低这个项目，强调它的缺陷，指出它的缺点。你可以解释为什么这个世界似乎并不接纳这种想法，为什么在大型学术会议上没有主讲人会提到它。你可以向房间里的每一个人展示你的智慧、广博的知识和良好的判断力。如果你运气好，你对行业发展方向的总结恰好与你的老板（或许还有他的老板）一致，他们就会边笑边点头。

你没有坚持自己的项目，相反，你提出了一个在时下最流行的领域已有稳健发展潜力的项目。大家对此都很了解，那么一路绿灯到达山顶就很容易。每个人都会支持你的想法。如果你继续玩聪明的办公室政治游戏，并且表现良好——幽默地自嘲，对行业趋势做出完美的总结——你或许就能得到你老板的那份工作，也许你明年就能得到晋升。你的薪水将增加 30%，你的声望和影响力也无疑会成倍增加。当你开始四处寻找新工作的时候，你在之前公司得到的经验和资源可以帮助你在另一家公司找到一份薪水更高的工作，只要小心不出差错就好。

那么，你会选择哪一个呢？你是会把你的精力和雄心都投入奋斗了 7 年、具有 1% 的回报率，并且失败率极高的选项 1？还是会投入扩张发展已有项目，从而在明年得到 30% 的加薪的选项 2？

放弃奇思狂想转而支持已有项目是理性的选择。

现在想象一下，你在一家小型生物技术公司工作，或者在一个电影制作工作室工作，或者为任何一个时间跨度更长、成功率更低的创业项目工作。你的团队可能只有 50 人，而不是 10 万人。你的年收入可能为零，而不是 500 亿美元。在此条件下，奇思狂想一旦成功，你所在的组织将不只会增加一两个百分点的收入，而是会发生翻天覆地的变化。

如果你拥有一部分公司的股权，那么你的经济回报可能是数百万美元，还有其他的奖励——来自你的同事、朋友、家人的认可。我们可以把这种非金融类的投资回报称为软资产。你赌赢了，你就可以改变一切。与你共享胜利的果实的只有你那一小群不被看好的伙伴，你们永远拥有这场胜利的所有权。

在这种情况下，那些有利可图的选择无关紧要。重要的是使奇思狂想生存下来：团结起来，把它从三次绝境中拯救出来，带它走向胜利。

在此条件下，人们联合起来支持奇思狂想项目将是理性的选择。

随着小型初创企业的规模逐渐扩大，它最终会达到一个盈亏平衡点。在这个平衡点上，两种相互对立的激励机制的影响力是相同的。这时，整个组织中便出现了一种消灭奇思狂想，支持扩张和巩固已有项目的行为倾向。让我们称这种行为倾向为“隐形的斧子”。

隐形的斧子的突然出现是一个相变。

***

上面的例子就是物理学家所说的“思维实验”。它是一种精神热身运动，可以帮助我们理解这两种相互对立的作用力。

人们总是无法在不试图增加风险的情况下做成一个好的思维实验。下面就有一个关于上述思维实验是如何在现实世界中发挥作用的简单数学模型公式。

拔河比赛

在上一章中，我们描述了从一个全新的角度理解森林火灾的一个重要步骤：创建一个易于理解而又不过于简单的模型。海明威曾写道：“冰山在海里移动很是庄严宏伟，这是因为它只有 1/8 露在水面上。”他将其称为“遗漏理论”。散文的优美与感染力源于文章的留白。在科学方面，同样的道理也适用，一个漂亮的模型的功效取决于你选择省略哪些部分。

本着这种精神，要了解组织内部发生相变的原因，我们需要创建一个足以描述组织基本构成的简单组织模型。在这之后，我们就可以添加各种其他的选项以构建更为精致的理论模型。

以图 7–1 所示的一个简单的组织模型图为例，金字塔顶端的高级经理——可能是一家企业的副总裁——有 3 个直接下属。副总裁下属的每一位高管又各自拥有 3 名下属，依此类推，直到最低一级为止。直属员工的数量被称为“管理跨度”。尽管最近的研究表明，一些美国公司的管理跨度已经增长到了 10，但多年以来的平均管理跨度一直为 5~7。（出于页宽的考虑，图中仅展示了跨度为 3 的情况。）

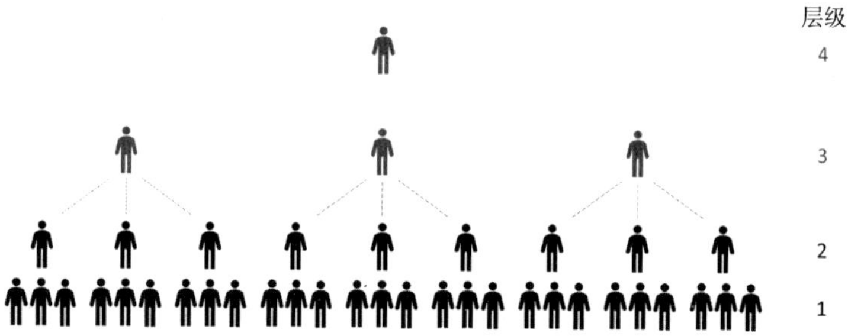

图 7–1 管理跨度为 3 的情况

现在，我们需要将员工与用户为之付费的商品联系起来，这是价值的来源。在律师事务所、咨询公司、投资银行、广告代理、设计公司等专业服务公司中，用户通常按项目付费。例如，金融律师事务所和银行的用户可能会为公司交易（公司合并或公开发行的股票的交易）支付费用，咨询公司的用户可能会为市场研究支付费用，广告代理的用户可能会为营销活动支付费用，等等。

具体工作通常是由一个项目团队来执行的。以律师事务所为例，少数初级员工（图 7–2 中的第 1 级）进行调研工作，高级员工（图 7–2 中的第 2 级）负责监督。咨询公司、银行、广告代理、设计公司和其他服务公司的模式也与之类似。在非服务性的产品类公司，项目团队可能负责开发或销售小型产品（一台咖啡机）或大型产品（汽车点火系统）。

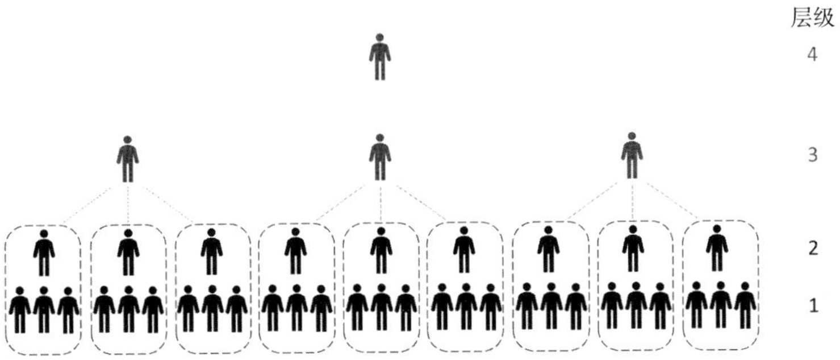

图 7-2　9 个项目组

无论你在金字塔中的哪个位置，你都需要做出选择，如图 7-3 所示。假设你每天工作 8 小时，从上午 9 点到下午 5 点，而现在是下午 4 点。那么你就需要决定如何利用当天的最后一小时：（a）进行可能会增加项目价值的工作（完善用户演示文稿，研究咖啡机的设计）；（b）在公司内部建立人际关系并提升自己的影响力（讨好你的上司、上司的上司或其他有影响力的经理人）。

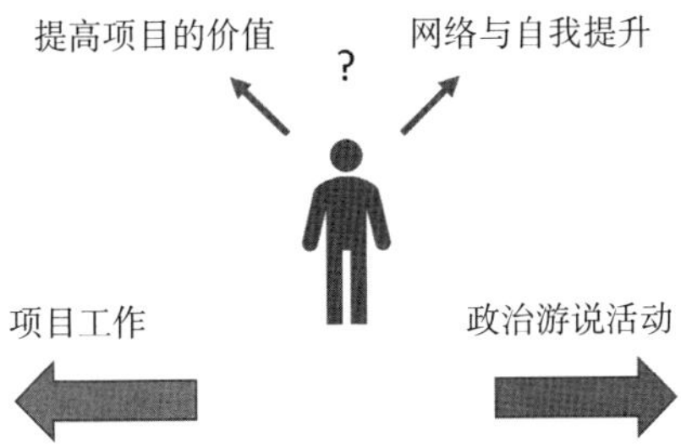

图 7-3　你该做何选择

你会如何选择？为了捕捉你在上述思维实验中产生的想法，让我们来看看你的动机。

激励员工的两种主要形式有多种表现风格和名称，在这里，我们使用最常用的术语：薪水和股权。基本工资（薪水）是第一种形式的典型例子。

而第二种形式，指的是员工在项目的成功中获得的任何形式的利益。股票期权是其中一个典型，但是任何与项目成果相关的“风险性”报酬也都符合其特征，例如限制性股票、利润分红或奖金。

如前文所述，股票期权或奖金等“硬”性股权并非唯一的股权形式。人们的动机不仅仅是拿到工资，还包括：对更高目标的激情、对认可和欣赏的渴望、对提高个人技能的雄心。硬激励和软激励之间不是相互排斥的，而是互补的。但只关注其中一个而忽视另一个可能是一个错误。在下一章，我们将从硬激励开始讨论，然后逐步加入较软的、不易量化的因素。

参数设计（G，S，E）

在简单的组织模型中，每个员工的基本工资取决于他们的级别（前几页图表中右侧的级别：1、2、3、4）。为了进一步简化说明，我们假设每个级别的基本工资增长率相同，我们称之为加薪率 G（薪水增长率）。如果每提升一级职位平均增加 12% 的基本工资，那么 G 就等于 12%。

可以很容易地看出，加薪率会影响你如何利用你的额外时间。想象你在一家每次升职都会带来 200% 的工资增长的公司工作。（那太不可思议了！）你最好每天花上一个小时，确保每个有影响力的人都知道你是谁，你的工作做得有多好，而其他人的工作做得有多糟糕，以及你在更高层级的工作岗位上工作会有多适合。这很可能是一种非常好的时间利用方式。

然而，如果升职仅能带来 2% 的加薪，那么还会有谁在乎呢？你完全可以把精力投入项目，因为完成一些额外工作可以让你赚取更丰厚的奖金，或者，伴随着公司的成功，你所持股份的价值会得到提升。

管理跨度，我们将其写为 S，这是第二个设计参数。为了更好地了解管理跨度，让我们设想一个拥有大约 1 000 名员工的公司。如果跨度很窄，每个经理管理 3 名员工（$S = 3$），那么 CEO 和最初级员工之间将有 5 层间隔。如果跨度更宽，每个经理平均有 10 个直属下属（$S = 10$），那么中间层将只有 2 层。

同样可以很容易地看出管理跨度是如何影响你的选择的。想象一个管理跨度巨大的组织，每个经理都拥有超过 100 名的直接下属（我们将在下一章中讨论一个这样的例子）。升职将是一件十分困难的事，此时花时间进行办公室政治活动就会很不值得。然而，如果管理跨度仅为两人，你就会不断地与你的同事竞争。而面对这么多的层次，一旦获得一次晋升，你可能立即就要开始考虑为下一次晋升做准备，你对升职的渴望永远不会停止。

管理跨度还会以另一种方式影响激励的平衡。在更扁平的组织中，当所有其他条件相同时，管理者在公司中将拥有更大的股权收益。也就是说，他们能分到一块更大的馅饼。这激励着他们更多地关注项目成果，而不是办公室政治活动。

第三个设计参数是股权占比，我们将其写为 E。它将你的工资直接与工作质量挂钩。如果你能制造一台更好的咖啡机，公司就可能因此出售更多的咖啡机，从而增加你的股权价值。如果你编写了一篇更好的用户演示文稿，成功争取到用户再次与你们公司合作，并向他人高度评价和宣传了你的这项工作，那么这也可能会增加你的股票的未来收益。你的股权占比越大，你就越有可能选择投入项目工作而非办公室政治活动。

适应度参数（F）

上面的三个设计参数都很简单。任何一家公司的人力资源部门的员工都应该能够迅速地整理出关于整个公司的平均 G、S、E 的报告。但还有两个更微妙的因素也会影响你的工作动机。

一方面，假设你在工作上表现得非常老练，或者至少在你负责的项目上表现得非常老练，老练到每天在你的项目上多投入一个小时就可能会使其价值增加 1~3 倍。你可能会设计出历史上最伟大的咖啡机，它将超越业内所有其他同类机器。在这种情况下，你是否和老板闲聊，或者是否与公司内部其他有影响力的经理打交道就变得无关紧要了，因为你的咖啡机的成功本身就能证明一切。

另一方面，假设你对分配给你的项目不是很熟悉。多投入一个小时也没有意义，因为无论如何你设计出的咖啡机都很糟糕。那么在这种情况下，把额外的时间花在搞好人际关系上就可能会帮你获得升职。

你在你所负责的项目上的技能熟练度（我们称之为项目技能适合度）越高，你就会越关注项目成果。你的项目技能适合度越低，你可能就会越在意办公室政治游说活动。

真实的适应度参数是很难衡量的，但每个员工都感觉得到。我们可以将这种感觉定义为办公室政治回报率：在晋升决策中，办公室政治因素的重要程度。晋升是纯粹（或几乎完全）根据你的业务能力决定的吗？或者说游说、社交和自我推销能起多大作用？

当然，答案因人而异。有些经理更容易受到游说的影响，有些则对此不那么敏感。但正如每个人身高不同，而每个国家都有一个平均身高水平一样，政治游说的重要性会因管理者而异，但每个公司都会有一个平均水平。当我们说一家公司比另一家公司更在乎人际关系的影响时，我们想要表达的意思就是办公室政治回报率的平均水平在不同公司有区别。

一些公司正在积极寻求通过投入大量精力设置独立、详尽的员工评估来降低政治游说活动在晋升中的重要性（我们将在下一章中讨论这个问题）。而另一些公司则仍像老男孩俱乐部一样运作：几位高级经理围坐在一张桌子旁，决定谁来加入他们的俱乐部。显然，第二类公司比第一类公司更在乎人际关系的作用。

在我们的简单组织模型中，重要的是项目技能适合度和政治回报率之间的比值。我们将这个比例记作 F，它是衡量整个组织“适应度”的一个指标。在高适应度的组织中，奖励制度会遏制政治活动，而员工与他们的职位非常匹配。因此，他们会选择将时间花在创造实际的项目成果上——制造最好的咖啡机。而在低适应度的组织中，政治游说活动对晋升决策有很大影响，员工与职位很不匹配。因此，他们会更倾向于把时间花在政治游说活动上。

下面是一个定量的描述：如果一个员工将 10% 的额外时间花在创造实际成果上，那么他会将这个项目的预期价值平均提高多少？ 1%、10%，还是 100%？（预期价值在此处指的是其商业含义：未来收入流的概率调整价值。）在员工缺乏培训或员工被随意分配到某个项目，而不考虑该项目是否适合他们的公司中，员工的适合度将变得很低，因而预期价值提升的比例也会很低。而在那些积极招聘合适人才以及精心考虑项目安排的公司，这一比例将会很高。

政治回报率也可以用类似的方式来定义：如果一名员工将 10% 的额外时间花在游说和社交上，平均而言，其得到职位晋升的可能性会提高多少？1%、10%，还是 100%？提高比例越大，政治回报率越高。

神奇的数字

当我们研究针对个人的薪酬和股权激励的组合时，我们发现，对于组织规模而言，存在一个神奇的数字 M，使激励政策对项目工作的支持和对政治游说活动的支持会围绕这个数字来回摆动。

当组织规模低于这一阈值时，激励措施将鼓励员工团结一致，让奇思狂想取得成功。而一旦组织规模超过了这一阈值，员工就会更为关注职业发展和职位晋升，此时，政治因素就出现了。组织会变得更倾向于否决奇思狂想，转为支持特许经营的项目。虽然每个个体都可能热衷于创新，但集体的隐形的斧子已然出现。

那么，这个神奇的数字是多少？我们在附录 B 中给出了解析表达式：

$$M \approx \frac{E S^2 F}{G}$$

E 股权占比

S 管理跨度

F 组织适应度

G 等级制度下的薪酬增长率

让我们分析一下这个公式的作用机理。因为股权占比 E 是分子，所以随着 E 的增加，神奇数字 M 会变大。这意味着越来越多的人可以在奇思狂想阶段一起工作，不受政治活动的影响。正如我们上面所讨论的那样，这是合理的，因为更大的股权占比会增加员工投入项目而非政治游说活动的时间。管理跨度 S 也在分子中（以二次幂形式）。管理跨度的增加减少了组织的中间层数，从而降低了政治活动的重要性。它还增加了员工在项目成果中所拥有的权益份额。这两个方面都将激励员工把重点放在奇思狂想而不是职业发展上。

然而，随着薪酬增长率 G 的增长，相反的情况开始出现了。大幅度的薪水升级鼓励了政治游说活动，员工争相讨好上级，期待通过升职以获得大幅加薪，这就减少了在奇思狂想阶段可以一起工作的最大人数 M。

最后一个因素是组织适应度 F。如果公司创建了防范政治游说活动的审查系统，注重发展员工的技能，并做好员工与项目的匹配，让他们的才华得以施展，那么这些公司就将增加其孕育奇思狂想的可能性。

那么，在实际情况中，神奇数字 M 又是多少呢?

对于管理跨度，让我们使用前面提到的区间中值 6。薪酬增长率使用 12% 的标准值。E 和 P 的标准值我们稍后考虑。现在，让我们先假想一个均衡的公司，在这个公司中，股权和薪酬在员工收入中占比相同（各 50%），并且项目技能适合度和政治游说活动的比例等于 1（$F = 1$）。

代入上述数值，可得

$$M \approx \frac{50\% \times 36}{12\%} = 150$$

这个结果很有意思。

前面已经提到，最近的研究报告表明，如今的公司通常拥有更大的管理跨度。2014 年，德勤对 248 家公司进行的调查显示，这些公司的平均管理跨度为 9~11。当然，随着管理跨度和管理者所承担责任的增加，管理者

的工资也随之增加。当设置管理跨度为 10 时，我们的平均薪酬增长率大约为 33%，可得

$$M \approx \frac{50\% \times 100}{33\%} = 150$$

这个结果同样很有趣。

杨百翰、比尔・戈尔、马尔科姆・格拉德威尔和罗宾・顿巴可能在无意中发现了这个重要的规律。事实上，对于控制参数的典型真实值而言，相变总是围绕着神奇数字 150 发生。在该值处，拔河中双方力量的平衡局面发生变化，系统突然从倾向专注于奇思狂想转为专注于职业发展。

然而，杨百翰等人的方法——祷告、停车场车位限制和灵长类动物学并没有告诉我们可以做些什么来改变这个神奇的数字，以帮助更大的团体避免这种命运并成功地孕育出奇思狂想。毕竟你永远不可能在公司的行动清单上看到"增加员工的大脑容量"这样的话。

不过，关于涌现的科学理论确实提出了一些实际可行的方法，即通过调整控制参数来主导这些转变，从而防患于未然。如前文所述，我们在降雪前在人行道上撒盐，是因为盐会降低水的冰点。我们希望雪融化而不是结成冰。

在前一章中，我们看到了相变图是如何捕捉交通流和森林火灾相变的本质特征的，它为我们主导这些转变提供了指导。那么在本章中，关于组织的相变图会是什么样子呢？它又能告诉我们些什么？

当组织规模低于临界值，即上述等式中的神奇数字时，激励措施就会鼓励每个人团结在奇思狂想周围；当组织规模超过这个神奇数字时，激励措施就会鼓励员工关注个人的职业发展，比如关注有助于晋升的政治游说活动（图 7–4 中的①→②）。对于典型的组织结构而言，这个数字约为 150。但是，通过调整股权占比、项目技能适合度、管理跨度、薪酬增长率等参数，我们就可以让这一神奇数字变大。（这就是为什么这条虚线是有角度的，如果我们不能调整这个数字，那么这条虚线将是完全垂直的。）另一种说法是：超过 150

人的组织将陷入政治游说的陷阱（图中的②），而通过调整其结构（图中为②→③），你就可以恢复其对奇思狂想的关注。

如前文所述，这些想法不仅适用于希望在发展过程中保持创新精神的小团队，也适用于希望通过创建强大的研发团队在内部培养奇思狂想的大型组织。

接下来，让我们看看一个 200 万人的组织是如何创造出一个专注于培育奇思狂想的团队的。这个团队在过去半个世纪里创造的激进创新纪录可能是其他任何团队都无法比拟的。

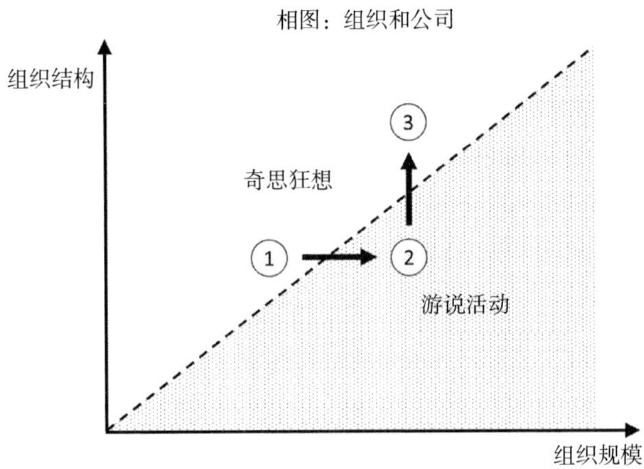

图 7-4　当组织规模超过神奇数字时（①→②），
激励措施由鼓励员工关注奇思狂想转为关注政治游说活动

第8章 第四原则

网络与跨度

自 1958 年以来，在一个庞大的组织内部，一个 200 人的研究小组先后开发出了互联网、GPS、碳纳米管、合成生物学、无人驾驶飞机（无人机）、机械大象、iPhone 中的 Siri 助手等等。其成员促进了，或者说其管理原则激发了美国许多最具传奇色彩的研究机构的诞生，包括本书中提到的几乎所有例子。

这些管理原则就是，通过调整上一章所描述的参数以提高神奇的数字——有些是极端的案例。这些变化提高了所有奇思狂想团队的创造力。

在我们开始之前，首先要记住，加快创新引擎的运转速度——培养更多的奇思狂想、更高的生产力和效率。这意味着需要更多的想法和更多的实验，这也必然意味着更多次的实验失败。这不是所有团队的正确选择。例如，如果你是一个飞机装配小组中的一员，那么你绝对不会想着卖出去的 10 架飞机中哪 8 架会从天上掉下来。飞机的制造和装配流程属于专业制造商。奇思狂想团队则致力于开发可能用于飞机的疯狂技术。

现在先让我们介绍一下，这个 200 人团队的奇思狂想是如何产生的。这一切都始于太空中一个闪亮的金属球发出的稳定的“哔哔”声。

美国国防部高级研究计划局（DARPA）网络

如第 1 章所述，布什设立了科学研究与发展办公室，以开发军方不愿资助且未经证实的技术。第二次世界大战结束后不久，这个组织解散了，没有任何继任者。有关这一构想的国家研究机构首先被杜鲁门总统否决，然后由于国会的政治斗争而推迟。在输掉这些战斗之后，布什写道："压力终于来了，我开始崩溃，不再出席社交活动。"他再也无法完全投入公共服务领域。

1950 年，矛盾终于得到解决，美国国会建立了相关研究机构，在今天，它们已是国家研究实验室系统的骨干机构。美国国家科学基金会、美国国家卫生研究院和类似机构都在支持公益科学：疾病传播、水净化、地震预测等方面的研究。这些机构还支持对"市场崩溃"领域的研究：这些领域的商业前景不确定或过于遥远，以至没有一家公司能够负担得起相应投资。例如 50 年前的基因工程、今天的核聚变研究等。

美国国家科学基金会和美国国家卫生研究院都是民间机构。即使冷战升级，也没有类似的奇思狂想实验室取代布什在军队中设立的美国科学研究与发展局。1949 年，苏联引爆了其第一枚核武器。1950 年，朝鲜战争爆发。1952 年，艾森豪威尔凭借其竞选口号（"如果当选，我将前往朝鲜战场"）参加竞选并获胜。1955 年 11 月，苏联第一颗氢弹爆炸成功，其威力是在广岛投放的原子弹的 100 倍（1960 年，其引爆的核弹威力达到广岛武器的 3 000 倍）。一枚氢弹就可以摧毁美国东海岸。

艾森豪威尔和他的军事顾问迅速决定，应该展示更强大的武力来应对苏联的武力威胁，他们决定扩大美国的导弹军火库，使美国的武器更大、更快、更多，更加专业化。布什和他的团队的经验和教训被忽视了。

随后，1957 年 10 月，苏联发射了一个 22 英寸的铝球，该铝球经过抛光处理，地球上的任何人都能够通过一个双筒望远镜看到这颗被称为斯普特尼克 1 号的卫星。当这个卫星飞过美国时，无线电爱好者们能够听到它发射的恼人的"哔哔"声。图 8-1 是关于斯普特尼克 1 号的漫画。

图 8-1　斯普特尼克 1 号发射，1957 年 10 月

在斯普特尼克 1 号发射后的几年，艾森豪威尔对其不以为然。苏联发射这颗卫星唯一的目的就是向美国显摆。而艾森豪威尔知道美国有能力在苏联之前将卫星发射上天，只是他并不愿意做这种劳民伤财的事情。然而，艾森豪威尔的这种“不作为”使其反对者们嗅到了（攻击他的）机会。参议员林登 · 约翰逊声称：“苏联人将从太空中向美国丢下炸弹，就像小孩在天桥上向过路的汽车丢石头那样。”另一位参议员声称：“我们已经处在生死边缘。”在这个基础上，媒体也发现能够做做文章。《纽约时报》发表了一篇关于共产主义大获全胜的报道。《今日新闻》也发表了“苏联在太空中获胜”的报道。《华盛顿邮报》也发表了一篇报道，隐晦地表示美国处于有史以来最大的危险当中。在一个电视访谈中，氢弹之父爱德华 · 泰勒声称，苏联的这次发射带来的灾难性后果甚至比珍珠港袭击更为严重。

艾森豪威尔的国防部长已经于该年早些时候退休。他的继任者尼尔 · 麦克尔罗伊在“斯普特尼克 1 号”事件后的第 5 天宣布继任美国国防秘书长职位，并获得了媒体的一致欢迎。与布什一样，麦克尔罗伊也是一个外来者。但与布什不同的是，他并没有军事或者技术领域的相关经验。他最初是为宝洁公司推销肥皂的。当时，他发现家庭主妇会花很多时间看电视，因此建议宝洁公司通过电视投放广告。他认为，通过良好的引导，大众将会对某一事物产生兴趣。通过肥皂广告，宝洁公司赚得盆满钵满，这也是他的一大奇思狂想。同时，麦克尔罗伊也是品牌经营之父。他建议小团队致力于子品牌（譬如爱得利、汰渍等）的开发。他认为明智的品牌经理应该将这些子品牌当作独立的公司来运营。基于他的经验，麦克尔罗伊随后将相似的观点应用于他的全新工作领域之中。

艾森豪威尔以及麦克尔罗伊明白民众对激进思想的抵制。麦克尔罗伊曾经使顽固的保洁管理层接受他疯狂的肥皂销售计划。对艾森豪威尔而言，在他漫长的军事生涯中，他目睹了军队间的竞争是如何延缓军事进展的，并曾公开抱怨过这一点。正因为如此，艾森豪威尔力排众议，选择麦克尔罗伊作为他的助手。他需要一个与各方没有任何裙带关系的人来重塑整个系统，而“斯普特尼克 1 号”事件为重塑提供了契机。

1957 年 11 月 20 日，在斯普特尼克 1 号卫星发射的一个月后，麦克尔罗伊成立了一个直接对他负责的机构，该机构的职能就是为“奇思妙想”的研究项目提供资助。换句话说，这个机构就是给那些军方不愿资助的“天方夜谭”般的技术提供相应资助的。

军方部门的负责人很讨厌这个想法。就像他们的前任对待布什在二战前提出的建议那样，他们对麦克尔罗伊成立的新部门嗤之以鼻。空军司令在接收到麦克尔罗伊针对新部门起草的文件后，给麦克尔罗伊回函说：“空军很欣赏您的新想法，会将其作为建议考虑。”但是麦克尔罗伊对他们解释，这不仅仅是建议，而是要真金白银资助的项目。

麦克尔罗伊曾经帮助美国建立了最成功的消费品实验室。他明白，实验室中销毁的产品以及没有及时投向市场的产品都是没有意义的。换句话说，麦克尔罗伊信奉着布什—韦尔原则中的前两条——相态分离及动态平衡，并将其编入其所设立的新机构的规章制度之中。

与美国科学研究与发展局的相似不是偶然。艾森豪威尔以及麦克尔罗伊均没有科研背景，却与麻省理工学院校长詹姆斯·基里安、诺贝尔奖获得者欧内斯特·劳伦斯等在内的一系列曾经与布什共事的科学家进行了精诚合作。

巨大的核栓剂

美国高级研究计划局（ARPA，1996 年被重新命名为美国国防部高级研究计划局，即 DARPA）资助了很多项目，这些被认真考虑的项目，每一个都是传奇。其中我最喜欢的就是关于巨大的核栓剂的故事。

在“冷战”中核威胁最严重的 20 世纪 60 年代，一个自学成才、颇受尊敬的物理学家提出了采用巨型粒子炮对苏联导弹进行防御的疯狂想法。这名物理学家名叫尼古拉斯·克里斯托菲洛斯，他最初是雅典的一名电梯技师。但他并没有安于现状，而是通过自学物理，进入利弗莫尔国家实验室进行武器研究。在特斯拉提出致命离子束的 40 年后，科技已经发展得日新月异。在这样的条件下，克里斯托菲洛斯得以与一群物理学家深入研究特斯拉当年的提议。剩下的一个问题是如何建造巨大的隧道放置离子束发生器。

“我有一个好的想法。”克里斯托菲洛斯说道。他提议用核武器来制造这么一个巨大的隧道。

克里斯托菲洛斯形象地将其比喻为“核栓剂”。把核燃料放在岩石中，核燃料产生的热会将岩石融化，这样，我们只需要不断往前推进即可获得一条完美的通道。

大多数物理学家对这个想法都不太在意，因此该项目并未成功获得资助。

当然，许多疯狂的 DARPA 项目都获得了资助，尽管其中的多个项目最后都以失败告终。比如，在越南雨林中运输军用物资的机械大象项目；铪弹项目（铪是一种化学元素，由一名牙医在 X 射线中发现），通过在液体中交融的方式对核燃料进行融合（液体需要净化）；一种可以预测下一次恐怖袭击的项目，从而挖掘“群体的智慧”（该项目被认为极具恶趣味而被废止）。

其他 DARPA 的奇思狂想都改变了工业界或者开辟了新的学科。早期的计算机网络——ARPANET 最后进化成了互联网。一套基于卫星的定位技术最后进化成了 GPS，如今已经应用于生活中的各个角落。由 DARPA 安装的全球地震传感器系统，可用于区分地震和核试验，使核试验条约第一个被禁止成为可能。（但是一些军方人员并不认可这套设备。他们认为采用地震监测的方式来探测核爆炸是不可能的。他们还认为，禁止核试验条约是毫无意义的，不应该继续执行，因为其作用永远无法得到证实。他们把推行地震学理念的小型 DARPA 团队视为“无能之辈”。）作为项目的副产物，地震学项目验证了板块构造理论，而该理论永久地改变了地质学。

DARPA 资助建设了第一个计算机图像处理中心。这个项目最后花落犹他大学。本书第 5 章介绍了一个 DARPA 前任项目经理伊凡·苏泽兰，他领导犹他大学的科研小组对该项目进行了研究。伊凡·苏泽兰指导了埃德·卡特穆尔的博士论文。埃德·卡特穆尔后来成立了皮克斯动画公司，并声称 DARPA 对创造力的培养使其受益匪浅。DARPA 也资助了另一位工程师道格拉斯·恩格尔巴特。此人发明了世界上第一个鼠标、第一幅比特图（早期图形界面）、第一个超文本链接，并于 1968 年在被称为“演示之母”的世界首个演示计算机中展示了这些内容。

1970 年，许多人离开了恩格尔巴特的团队，在另一位 DARPA 前项目经理——鲍勃·泰勒麾下进行研究工作。这就是施乐公司帕洛阿尔托研究中心。泰勒声称他是依据 DARPA 的管理办法创建这样一个传奇研究团队的。

许多早期的 DARPA 项目经理（或项目主任）后来都在脸书、谷歌、微软、IBM，或者德雷珀实验室以及麻省理工学院林肯实验室中带领团队开展研究工作。这些小团队的管理准则在美国工业界和公共研究领域大放异彩，拓展了 DARPA 的影响力。

让我们看看这些准则是如何联系前文所述的控制参数，即我们神奇数字公式的变量的。我们将会看到利用这个神奇数字的魔力是如何提升创新力的。

寻找红色气球的六度空间网络

减少行政因素

在传统的结构中，职业阶梯就像永远挖不到头的胡萝卜，升职、拥有更大的办公室、获得更高的薪水、组建更大的团队等等。同样的职业阶梯促使政治游说活动扩散。

DARPA 像是小团体的松散联盟，这里面不存在所谓的职业阶梯。100 多个职业经理人带领各自的团队进行研究。与品牌经理相比，他们拥有更大的自主权和自由。举个例子，2009 年 9 月，空军试飞员道格·威克特在 DARPA 轮值，他当时参与了服务部门设立的一个交流项目。里吉纳·杜根，加州理工大学的一名机械工程专业博士，刚刚被任命为 DARPA 的主任。威克特第一次见到杜根的时候，杜根就让威克特于两个星期后带着他的团队过来，并向他提供新的创意。“就像其他项目组的经理那样。”

当时，杜根以及其他 DARPA 的工作人员正在构思如何庆祝互联网问世 40 周年，圈内人士将 1969 年 ARPANET 的建立看作互联网的问世。1969 年 10 月 29 日，加利福尼亚大学查理·克莱恩的计算机与斯坦福大学的计算机第一次远程通信标志着远程网络的诞生。不过，在克莱恩键入“login”（登录）中的“l”和“o”后，计算机崩溃了。

威克特的想法是测试互联网的能力——将全美各地的人联合起来解决

某一急迫问题的能力。因此,他想出了一个极具创新性的点子——红色气球。DARPA 将在全美 10 个未公开的公园里布置 10 个气象气球，然后观察这些气球多久之后才能被找到。“起初这就像是一个笑话，”威克特说道，“但是，随后人们改变了对这件事的看法。”

一个月之后，也就是 2009 年 10 月 29 日，互联网纪念日这天，杜根宣布了 DARPA 的红色气球挑战项目。12 月 5 日早上，这些气球将被置于公园中，系在树上或者长凳上。第一支发现所有 10 个红气球的团队将会获得 40 000 美金的奖金。从项目发布到比赛日一共只有 37 天的准备时间，这与现实中面临的挑战类似。

比赛开始前 4 个星期,威克特在 DARPA 办公室后院用这 10 个气球（每个 8 英尺宽）进行了测试，并不是每一个人都能领会威克特的思路。因此，威克特给这些人详细说明了自己的想法。

彼得 · 李是 DARPA 最新雇用的计算机科学家，引领 DARPA 的一项全新的计算机技术开发。他来到院子里看了看这些气球。这些气球上都喷上了 DARPA 的椭圆形标志。“这简直太惊人了！ DARPA 的标志就像拉[①]之眼一样！”李对杜根说了自己的这种想法,这让她意识到这并不是一个好主意。因此，DARPA 定制了新的气球。

12 月 5 日早上 10 点，新的气球（没有涂装拉之眼）将在全美各地的公园出现（从佛罗里达到俄勒冈）。DARPA 计划下午 5 点将它们回收，并且在未来的一个星期内每天重复这个过程。但是,仅仅过了 8 小时 52 分 41 秒，麻省理工学院的团队就发现了所有的气球。更加令人吃惊的是，他们在比赛前 4 天才得知这个消息。

他们的制胜之道在于，他们在互联网上设立了富有创意的奖赏机制。他们为每个气球分配 4 000 美元奖金。举个例子来说，如果 A 告诉麻省理工学院团队气球的位置，那么 A 将获得 2 000 美元的奖励；如果 A 的消息

① 拉：太阳神。古代埃及人崇拜的神，是长有鹰头的男人，拉的头顶有一轮太阳和一条蛇。

来自 B，那么 B 将分得 A 奖金的一半，即 1 000 美元。如果 B 的消息来自 C，那么 C 将分得 B 奖金的一半，即 500 美元，以此类推。因此，消息链中每一个节点上的人均能获得奖赏。比赛结束后，4 000 美元奖金中剩下的部分将捐献给慈善组织。

这个计划的精妙之处在于动员了不出家门的宅男宅女们通过传递信息的方式给麻省理工学院团队提供线索，而麻省理工学院团队的网站对所有的链接（这些链接在 2 天内建成）进行了监控。重要的是，那些实地找气球的人也会告诉自己的朋友哪里有气球，然而，由于关系的复杂性，他们的发现很有可能被其他人知晓。换句话说，这是一个非常小的网络，即关于红气球的六度空间网络。麻省理工学院团队在 36 小时内就通过这种方式“雇用”了 4 400 人。

第二名是佐治亚理工学院的团队，他们的行动始于比赛前 3 个星期，他们为了这个项目甚至达到废寝忘食的程度。他们开通了脸书主页、注册了谷歌语音号码并优化了搜索引擎。但是，他们的这种方法仅仅“雇”到了 1 400 人。这个团队声称他们的目标仅仅是获胜而与钱无关，如果获胜，他们就会捐出所有奖金。

这项气球挑战出现了许多出人意料的结果，并不是准备得越早、付出得越多，效果就越好。结合前两章内容，我们发现，激励机制比我们想象的重要。许多著名的学术杂志都刊登了有关激励的文章。理解如何利用互联网调动大众以解决紧急的问题十分重要。例如，利用互联网寻找丢失的小孩或士兵，或者利用互联网调动资源进行灾难恢复等。这些技术在不断地进行测试。美国政府最近提出了一个标签竞赛，参赛队伍需要在 12 个小时内寻找隐藏在 5 个美国和欧洲城市中的“小偷”，为他们提供的信息是 5 人的面部照片。结果又是麻省理工学院那支队伍获胜了。

红色气球计划之所以能在 DARPA 内部成功，就是因为 DARPA 没有职业阶梯。项目经理被雇来领导固定的团队，工作周期通常为 2~4 年（有明确的合同）。DARPA 的这种架构避免了员工花大量时间进行政治游说活动，将聪明才智用于在会议上显摆自己，以及对同事们的奇思狂想进行恣意批评的可能。图 8-2 为 DARPA 团队准备的用于挑战的红气球。

图 8-2 DARPA 团队准备的红气球

使用柔性股权

DARPA 用其他东西代替了传统的职业阶梯结构：让项目经理成为圈子中的公众人物，赋予他们自由选择项目、拟定合同、管理时间节点和设定目标的权利。这种可见性与自主性的结合，产生了巨大的动力，即同行压力。

当我们谈及股权的时候，一般说的是股票期权、分红或其他能够将员工的经济利益与项目捆绑在一起的类似奖励。这些都是股权的有形形式。而同行的认可却是一种无形的股权，不能通过股份或者奖金来衡量，但是能带来更加有效的激励效果。这就好比同时使用胡萝卜和大棒子。

拿破仑曾经说过："战士为勋章而战。"对于公司中层而言，勋章就是同僚的认可。想象一下一名计算机图形学泰斗受邀参加一个学术会议，做完报告后收获一片赞美的感觉。

这种无形的荣誉可以迅速转变为一种有形的收益。如果你的工作需要与外部进行合作，开发新的创意，而你又是被业界认可的管理人才、科学家、发明家或其他富有创意的人，那么公司就会选择你而不是你的竞争对手做项目经理。公司会交给你更多的奇思狂想项目，这会对你的职业生涯产生巨大的促进作用。同时，如果你在业界十分有名，那么你将来也会拥有更多的工作机会。

这种合作伙伴关系也能减少行政干预。小组以外的专家评议能够避免行政思维的干预，从而更加客观。这些公正的评价对一个系统的稳定性有着至关重要的意义（详见第5章）。一个项目的失败到底是因为背后的技术未发挥作用（假设错误），还是因为员工办事不力（操作失败）？一个项目的成功是因为工作人员的杰出工作能力还是因为侥幸？就像我们观看体育比赛的时候，双方是凭实力得分还是靠运气得分，这两种情形之间的区别非常大。

DARPA的准则——提高自主权和知名度，这对一般公司来说并不适用（一般公司不会有颠覆性的研发项目）。尽管如此，每一个组织都能找到提升这种自主性、知名度以及柔性股权的方式。

其中一个例子就是开放式创新的增长。在开放式创新领域，公司与顾客（往往是早期用户或超级粉丝）或合作伙伴（供应商或销售商）联合起来开发新的想法、新的技术或者相关市场。在红气球实验中，人们通过互联网寻找一定范围内的优质资源，这个例子使我们思考如何才能快速激发大众的热情。

在科技领域亦是如此。软件公司通过在开发者社区中发布待测试软件以迅速获得反馈。生物公司与科学家或病人合作进行产品研发已成为一种流行趋势。最近，这种模式跳出了科技圈。一家公司设计了随温度变化的啤酒罐，罐子上的山峰商标可以随温度的变化而变化，当达到最适合饮用的温度时，商标将由白色变为蓝色。卡夫公司也依照这种原理开发了不会融化的巧克力，使我们在夏天免受被巧克力粘牙的尴尬。

开放式创新一箭双雕。一方面，公司常常从热心的参与者（就像在红气球挑战中靠垃圾食品果腹的佐治亚理工学院团队和杰出的麻省理工学院团队）那里获得新想法。同时，他们还提高了柔性股权——圈内同行的认可。当然，在选择开放式创新和保护竞争机密之间，需要好好做出权衡。

随着科技的迅速发展，越来越多的公司都认为这种开放式的创新模式远胜于老式的封闭式创新模式，尤其是当我们看到这些模式所带来的长远收益时。

***

如果说 DARPA 对传统组织结构进行了彻底改革，那么麦肯锡咨询公司仅仅进行了轻微的调整。这家公司作为学生毕业后的首选（我从物理学领域转到生物技术领域之前就在这家公司工作过 3 年），有着 27 000 名员工和 100 亿的税收贡献。尽管世界在飞速发展，但是几十年来，麦肯锡公司一直领跑于全球的管理咨询业务。

和大多数公司一样，麦肯锡公司的职业阶梯也是一个对员工的有力激励。然而，在大多数公司，晋升与否由本部门或者职能部门决定。比如，加利福尼亚分部只能决定其工作人员的晋升问题，一个汽车集团中的项目团队只能决定自己所管辖员工的晋升问题。在麦肯锡，对于重要的人员晋升，相关人员会将其材料给予相关部门而不仅仅局限于其所在部门。这样就会减少本部门、本区域的影响。比方说，在圣弗朗西斯科工作的 A 即将晋升，那么公司会委派在布鲁塞尔工作的 B 前往 A 处，去与 A 的 20 多个同事以及用户进行面谈，对 A 的表现进行评估。这个过程长达 3 个月。这种调查相当耗费精力，调查官最后甚至比你妈妈更了解你。然而时间是就是金钱，一大笔金钱。

但是与长期的影响相比，这种短期的投入还是值得的。领导者希望他们的员工能够永葆创新的活力。这个过程就像业余玩家参加马拉松比赛，你如果没有准备好，就不要参赛，否则会导致严重的后果。如果要参赛，就得做足功课，即使开局落后，也要坚持下来，笑着跑到最后。（我曾经参与过长跑训练，教练经常这么鼓励我们。当我们完成长跑时，他的表情可以说是喜忧参半。这与大型公司进行激进化改革的原理一致。）

DARPA 的模式是极端的：通过撤掉一些职位来消除职场政治游说活动。麦肯锡的做法相对温和，更倾向于对员工进行培训，并在决定是否晋升方面慎之又慎。

牙膏问题

提升员工技能以适应相应的工作

毫无疑问，创新与技能相关，而我们更关注它们是如何产生关联的。对项目的适应性衡量了一名雇员的技能与当下工作之间的关系。如果花费更多时间，那么该雇员能够获得大量成果、一般成果还是一无所获？若毫无成效，则证明你的雇员水平欠缺。就像你的公司有一个大厨房，然而你的雇员连咖啡机都不会用。这说明要么你没有招募到合适的雇员，要么你没有认真培养他们，或者二者皆有。

然而，另一种可能是员工的技能没有问题，而你的公司不能很好地为员工分配与其技能匹配的工作。

在我为麦肯锡工作的前两年，我被安排在一个 4 人工作小组里，为一家商业公司提供服务。这家公司销售在各个超市都能见到的常见物品：肥皂、牙膏、护肤品等。而在我先前的工作中，我在与物理学家、软件工程师以及投资银行交易员打交道时，从未关心过日用品市场，同时，我对市场一无所知。一些项目经理乐于给新人展示新的工作领域与工作技巧，然而，我的领导并非如此。这个项目对我而言就是个灾难。我对其基本没有贡献，我感觉到挫败，并且考虑离职。

对大多数公司而言，如果你的工作做得很差或者领导对你评价较低，那么你可能会被开除。也有一些公司，你在被开除之前，可能会被约谈，然后看看是否还有别的合适的职位。但是麦肯锡专门成立了一个全职团队来管理员工的技能。这个负责人的职责就是发现像我一样技能与岗位不匹配的雇员并进行干预。他把我从原本的工作中解救出来，并将我安排到一个新的项目组。从此之后，我又恢复了自信，并在剩余的2年中表现出色。

我的第一次工作经历就是工作内容与能力不匹配的典型案例。然而，也有可能出现员工能力大大高于项目的情况，在这种情况下，工作内容限制了雇员的发挥。我们想象一下，给一个建筑大师分配一个设计咖啡机的工作。当然，他可能完成得不错，但是可能几个小时过去后他就会感到无聊。当项目不能使雇员的才华得以施展时，花费更多的时间对雇员本身没有任何意义。还记得有关一名雇员把他工作时间的最后一小时用于工作还是游说的插图吗？如果建筑大师没有了用武之地，那么他可能会花费大量时间向他的老板邀功并借机抹黑竞争对手。"项目简单、能力超额会降低项目技能匹配度"，通俗地讲，即"游手好闲，万恶之源"。

因此，项目目标既不能设定得过紧，也不能设定得太松。既要使雇员有所发挥，又不能让雇员长期精神紧绷。为了减少行政干预，需要建立一个健康的体系，这是一个长期的过程，必须日复一日方能见效，就像为了马拉松比赛而长期健身一样。然而，这种长期投资也会带来一个即时红利：它可以帮助公司吸引人才。

想象一下，你刚刚毕业，正犹豫去哪里工作。A公司给你的录用条件很传统，即在谁手底下工作，工资有多少。B公司提供差不多的薪水，除此之外还会根据你的具体情况安排工作，而不受其他行政因素的干扰。人力部门会确保你与新角色完美匹配，可以降低你的职业风险——由于匹配度不够而导致你失败的风险，可导致你被老板解雇（像我差点儿遇到的情形）。它会使你找到令你兴奋的事情，这将有助于你的职业发展。即使工资和机会是相同的，你也更愿意加入B公司。

项目技能适合度的重要性也改变了我们对培训的考虑。管理者通常乐于培训员工，最终目标是获得更好的产品或更高的销售额。送一个咖啡机设计师去一个关于产品设计的研讨会学习，你会得到更好的咖啡机。派一位销售经理到市场营销研讨会学习，你的销售可能会有所改善。培训员工还有另一个好处。一个学习了新技术的设计师会想要实践它们，一个有新技能的营销人员也会想尝试一下新销售策略。培训鼓励在工作上多花时间，这减少了人们在闲聊和人际关系上所花费的时间。换句话说，它提高了组织的适应性。

同样的原则也适用于领导层。乐于让员工参加培训的领导者很可能会花更多的时间与他们的团队在一起。与欣赏你的高绩效团队合作很有趣，但与那些对你的勇气嗤之以鼻的团队共事就没那么有趣了。

一个重要问题

稳定中层

在上一节中，我们看到了 DARPA 是如何使用柔性股权的——获得同行认可。大多数大型或中型公司不仅很少利用软权益的力量，而且对普通（硬）股权如股票期权或奖金的使用也非常不当。例如，大公司通常采用陡峭的股权赠款曲线：高层可获得巨额的（高达基本工资的 100%）股票期权或现金奖励，而相比之下，底层和中层获得的奖励却很少（低于 10%）。这给组织中最脆弱的部分——危险的中间阶层带来了错误的激励。

在组织的较低层级，个人在不依赖其他人的情况下负责一个产品或服务，对其进行评估不太困难。比如这个咖啡机很棒或不好，这款游戏应用程序吸引了用户或者没有，用户喜欢这个 PPT（演示文档）或讨厌它。

在组织的最高层，首席执行官和董事会可以密切地关注内部斗争，并根据需要直接进行干预，将个人事物与集体利益分开。首席执行官和董事会横跨整个组织，在地域瓜分战中获益最少。

在政治游戏与奇思狂想的斗争中，中层人员的风险最大。对中层人员的评估比对最低层人员的评估要复杂得多：不仅仅涉及一台咖啡机，公司有许多产品或服务，可能牵涉几十个外部和内部因素，其中只有少数因素是在一个经理人的控制之下的。而且，这些经理人远没有得到CEO或董事会的密切关注。因此，政治议程上的小火花在无人扑灭的情况下在悄悄燃烧。A想要B的预算，B想要C离开，D想要A的员工人数，等等。陡峭的股权奖励曲线——最高层的高额奖金、最底层的小额奖金——只会增加这些战斗的风险。对于像A、B、C、D这样的中层管理人员来说，他们只需要再上一两个台阶就可以得到丰厚的奖金，仿佛这一切都唾手可得。陡峭的曲线会产生一种中层管理者中的幸存者：对于那些成功击垮同事并存活下来的人来说，这是一个头彩！

如果晋升的奖励没有这样丰厚，比如项目取得成功能让你获得梦想中的头奖，而升职只让你得到了一张用过的纸巾，那么这场战斗就不会那么激烈了。人们会花更多的时间创造伟大的产品或孕育奇思狂想，而鲜有时间在背后互相中伤。将奖励向工作倾斜而不是向晋升倾斜，意味着人们更关注的是结果而不是排名。庆祝排名的例子不仅包括基本工资的大幅增长，还包括任何一种特权：停车场、独立的餐厅、夏威夷之旅、行政研讨会等。

在前一章的模型中，关注结果而不是排名的机制转化为增加公平系数 E 和降低加薪系数 G。这两个系数都提高了神奇数字。换言之，大集团更可能因此有良好的创新机制。最近的学术研究也得出了类似的结论。“工资的增加与生产力的降低、合作的减少和营业额的增加有关。”即一个大 G 是一件坏事。

将奖励更多地转向工作而不是晋升——就像前面提到的减少政治回报所需的改变一样，对管理者提出了很高的要求。给团队里的每个人都开一张奖金支票，年景好的时候给他们10%的基本工资，年景不好的时候什么都不给。困难的是构建一个股东更多、变化更大的系统——一个人因为成功研制出咖啡机多赚了60%，另一个人因为一次失败奖金为0。仔细设计一个容易衡量、容易理解的目标并据此达成一致。公正地评估绩效，以避免年底发生激烈的争吵。将困难的信息与可行的建议一起传达，这样员工就能清楚地了解未来如何获得更大的回报。

但是，重新设计激励机制最困难的地方可能在于商界的希波克拉底誓言：首先不要伤害。出人意料的是，不正当的激励机制很容易出现。

下面就是一个背景稍微不同的例子。当《死海古卷》在死海附近沙漠的洞穴中被贝都因牧羊人发现时，考古学家们表示愿意为每一块新碎片支付报酬。这就是在鼓励牧羊人把他们发现的卷轴都撕成碎片。考古学家们的想法没错，但没有经过深思熟虑。

图 8-3　撕碎《死海古卷》

同样的事情在商界也经常发生。按小时支付承包商工资，会导致问题成倍增加。奖励销售，利润就可能消失（顾客可以被收买）。单纯以数量作为衡量标准，商品或药品被召回或失败的可能性也会激增。把巨额奖金放在最高层，把小额奖金放在最低层，这听起来是个好主意。但它把脆弱的中间层变成了《蝇王》中的场景。

对良好的目标导致非预期效果的研究并没有得到太多的关注。最近的一篇文章《疯狂的目标》分析了一些著名的商业失败案例，这些失败案例都与糟糕的目标有关。例如，在 20 世纪 60 年代，福特公司迫切希望与来自日本的更小、更便宜的汽车进行竞争。因此，福特宣布了一个令人兴奋的扩张目标：公司将生产一款售价不到 2 000 美元、重量不到 2 000 磅的新车——福特斑马（Ford Pinto）。不幸的是，为了尽快实现目标，福特没有给安全检查留下太多时间。油箱就放在后轴后面，只有 10 英寸的空间。后来的诉讼显示，这款车的设计缺陷导致了一个出人意料的隐患：汽车一旦受到冲击，就可能会爆炸。

没有什么完美的激励机制，但正如《死海古卷》的考古学家所发现的那样，我们很容易陷入一个糟糕的境地。

更常见的是一个无用的系统，在这个系统中，奖励没有任何作用。我仍然对大公司根据公司盈利情况向初级或中级员工支付薪酬感到惊讶。如果你的项目收益不超过 1%，那么公司的收益奖金是如何激励你的呢？还不如把精力花在无聊的事情上，比如愚弄你的老板，让他认为你是不可或缺的。（经济学家称公共产品使用中的一个类似问题为“搭便车问题”。）

在刀战时带入一把枪

与其根据公司的盈利情况对员工进行奖励，不如把钱花在能够帮助经理思考细节问题所需的人员和流程上。大型的人力资源团队通常需要一位薪酬专家。而现实中负责薪酬管理的往往是那些只会干剪切、粘贴之类的事务的人。

公司通常会任命首席信息官，由知名的技术专家来创建最先进的计算机网络。想象一下，任命一位首席激励官，他在价值协调方面受过良好培训，只专注于实现最先进的激励体系。如果团队和个人的奖励与真正的成就衡量标准紧密地匹配，那么行政干预会减少多少，创造力会提高多少？

奖励设计一台咖啡机的人就是一个简单的例子。在简单的个人奖励和集体奖励之间，存在着一个有价值且关键的“最佳击球”点：根据集体成果奖励团队。对设计团队进行奖励是很棘手的。它需要仔细考虑许多不同的选择和可能的反向激励。这一分析超出了人力资源部橡皮图章工人的正常经验。换句话说，它需要一个首席战略激励官。一个好的激励官会从有限的资源中寻求最大的回报：用给定的薪酬预算，建立一支最有动力的团队。

在过去 10 年中，研究人们对环境细微变化反应的科学迅速发展（见本章末尾补充部分）。杰出的首席激励官了解认知偏见的复杂心理，擅长运用有形和无形资产，能够发现不正当激励，他们的公司在吸引、留住和激励优秀人才方面可能比竞争对手做得更好。换句话说，他们创造了战略优势。

许多组织规模太小，无法雇用全职人员负责这种工作。当我的公司刚成立时，我们雇不起全职的财务总监或技术总监，所以和其他许多小公司一样，我们雇用了兼职专家。就像首席财务官或首席技术官一样，小型组织也可以聘请兼职专家来研究激励机制。在你与竞争对手争夺人才和奇思狂想时，激励措施是一种武器。如果你的竞争对手都用刀，那么你也许想给自己弄把枪以提升战斗力。

一家成功的欧洲公司的 CEO 在对学者们进行的薪酬调查中做出了回应，他解释了为什么对他来说某些无形资产比现金更重要：

> 我愿意在拥有 1 亿欧元时过得开心。当我退休时，依然会得到人们的尊重，而不愿拥有 10 亿欧元，但不得不和一个哈佛商学院的 MBA（工商管理硕士）一起分享丰厚的回报，让他管理我的公司，在董事会上对我滔滔不绝。

微调跨度

尽管在人力资源部门内部，人们对认知偏差的讨论仍不常见，但几十年来人们一直在讨论管理跨度（每个经理的直接下属数量）。大多数文章关于公司管理跨度的问题与“茶理想的温度是多少”这类问题相同。关于茶的问题，许多人共同的答案可能是室温。显然这是个无意义的问题，问题的答案也没什么用。因为一半人喜欢热茶，一半人喜欢冰茶。

管理跨度问题的答案与之类似。更宽广的跨度（每个管理者拥有 15 个或更多的直接下属）鼓励更宽松的管理、更独立的行动以及更多次的尝试和错误实验，这也导致了更多的失败。更窄的跨度（每个管理者管理 5 个下属或更少）允许更严格的管理、更多的检查和更精确的数据，从而减少失败的次数。公司中没有一个正确的答案：我们根据相变调整工具。当我们装配飞机时，我们需要严格的管理和更多的检查。当我们发明新技术以应用于未来的飞机时，我们需要更多的实验和更宽松的管理。

宽松的管理是比尔·库格伦想表达的意思。他说他领导的团队“将受到一定约束而不会陷入混乱”。库格伦在贝尔实验室负责计算机研究长达 20 年，然后搬到西海岸，加入了一家小型初创公司。两年后，谷歌的创建者们招募他来领导公司的工程师团队。他们刚刚解雇了团队中几乎所有的经理，但几个月后，库格伦说：“他们意识到这可能不是最好的决定……所以我被雇来当监督员。”

工程组最终有超过 5 000 人的雇员负责数据存储工作。库格伦加入时，谷歌每天都在对互联网进行备份。不久之后，又有数十亿封的电子邮件和视频需要他们进行备份。传统的数据存储模式不管用了，库格伦需要全新的解决方案。他重新组织团队，超过 100 名的工程师直接向他汇报，最多时达到 180 人。他团队中的每一个工程主管都管理着 30 人左右，跨度很宽，管理也很松。他鼓励实验和培养奇思狂想，他的团队成功了：他们开发了谷歌用于存储数十亿电子邮件和视频的全新解决方案。一些小组参加了竞争，测试了不同的解决方案，但当那些奇思狂想出现故障时，工程师们聚集在一起，互相帮忙以解决问题。

这让我们想到了另一个原因，广泛的管理跨度有助于培养奇思狂想：它鼓励来自同事的建设性反馈。例如，在施乐的帕洛阿尔托研究中心，整个计算机研究实验室的四五十人直接向鲍勃·泰勒汇报。一位工程师说，这种结构“提供了一种持续的同行评审形式。令人兴奋和具有挑战性的项目获得的不仅仅是财政或行政支持，还有其他（实验室）研究人员的帮助和参与。结果，高质量的工作顺利开展，不那么有趣的工作趋于衰落”。更多的层次“会导致组织中的人员分心，使人员更担心自己的头衔和地位，而不能帮助解决问题”。

泰勒和库格伦对工程师的理解就像卡特穆尔对电影导演的理解一样：创意人才最在意其他创意人才的反馈，要保持对同行意见而非权威的敏感。卡特穆尔为一群电影导演设计了一个系统，让他们定期围绕一个项目进行合作，并向导演提供建议。这就属于来自同事的诚实反馈，而不是来自营销人员或制片人的命令。创意人士对本领域之外的人持怀疑态度。在药物研发领域也有类似的情况：生物学家和化学家最在意同行的批评，而对 MBA 学生的建议就不是很在意。

宽跨度鼓励创意人员，无论是电影导演、软件设计师还是化学家，都可以一起帮助同事解决问题。另一方面，如果跨度是 2，雇员往往会为了升职而破坏同事的工作。

总结：提高这个神奇的数字

减少行政因素：让争取薪酬和晋升的游说变得难以奏效。想办法削弱直接经理的晋升决定权，而更多地依赖于独立评估。

使用柔性股权：识别和应用能产生巨大差异的非财务奖励，例如同行认可、内在激励因素。

提高员工技能以适应相应的工作：强化那些检测员工技能与所分配工作之间不匹配度的流程。发现不匹配时，调整工作或在不同部门之间调配员工。其目标是，员工在工作时压力既不过大也不过少。

稳定中层：识别和避免不正当的激励，善意的行动也会带来出人意料的后果。特别要注意危险的中层人员，这是奇思狂想和政治斗争中最薄弱的环节。

将鼓励晋升的激励转变为以结果为中心的激励。奖励结果，而不看重排名。

在刀战中带上一把枪：对人才和奇思狂想进行争夺的竞争对手可能会使用过时的激励系统。这时就需要引进一位精通该艺术的专家——首席激励官。

微调跨度：在奇思狂想团队（但不是特许经营团队）中扩大管理跨度，以鼓励更宽松的管理、更多的实验，并依靠同行评议解决问题。

补充：从诺贝尔奖、助推到培养奇思狂想

行为经济学是一门快速发展的学科，专门研究动机和环境因素如何影响行为。行为经济学家研究的影响通常很微妙，因为它们往往是隐藏的，或者是基于一种被称为认知偏见的心理学怪癖。在一项研究中，经验丰富的法官被要求在宣判前掷骰子。他们在投出大点数后判决罪犯的刑期比投出小点数后长 60%。

关于法官的例子令人不安，但它是在受控的实验背景下进行的。在现实世界中，病人和医生在分娩时选择的分娩方式令人不安。自 1980 年以来，美国的剖腹产数量翻了一番。如今，近 1/3 的婴儿是通过剖腹产进行分娩的，这已成为美国最常见的外科手术。这一比例远高于世界卫生组织和公共卫生服务机构指导的 10%~15% 的范围（手术增加了母亲罹患严重并发症的风险）。行为经济学家的最新研究表明，扭曲的金融激励政策会导致过度消费。通常，医生和医院从剖腹产中获得的收益比自然分娩更多。一项研究发现，两种分娩方式的收益差异越大，剖腹产率就越高。结果导致一些医院改变了政策：两种分娩方式的价格相同。

剖腹产和顺产同酬并不会告诉医生和病人选择哪种治疗方法。这与安全带法不同，安全带法要求你系好安全带。但它消除了一种反常的激励。鼓励但不强制改变某种行为被称为“助推”。在《助推》一书中，凯斯·桑斯坦和理查德·塞勒提供了丰富的例子，从严肃话题（提高员工退休储蓄

利率的计划）到不太严肃但同样有效的例子（在小便池中画一只苍蝇能减少 80% 的小便溢出）。由于创立了行为经济学这一学科，塞勒获得了 2017 年的诺贝尔奖。丹尼尔·卡尼曼因将个人决策心理学——认知偏差的研究引入经济学而获得了 2002 年诺贝尔奖。

那么，诺贝尔奖、助推与培养奇思狂想的观点之间有什么联系呢？

它们的共同之处在于，对激励政策和环境如何影响行为进行了仔细的分析。有时会以隐藏或意想不到的方式影响行为。不同之处在于，到目前为止，行为经济学已经研究了环境如何影响奇思狂想的决策。前面的章节描述了环境如何影响群体决策——为什么团队和公司会拒绝奇思狂想。

例如，法官在掷出大点数的骰子后下令延长刑期似乎是不理性的。但在这种明显的非理性之下，我们可以看到大脑是如何做出决定的，大脑通过进化来帮助我们有效地完成日常任务。（在掷骰子后做出量刑不是一项日常任务。）同样，一个拒绝奇思狂想的团队似乎是不合理的。我们所做的是探索团队做出上述决定的合理原因。换句话说，为什么团队和公司做出了“可以预见的明显不合理的决定”。

在这两种情况下，理解行为可以帮助我们。我们可能希望设计帮助个体做出更好选择。另一方面，我们希望帮助大集团更好地进行创新。

研究个体与研究群体的区别，可以追溯到菲尔·安德森的“多即不同”理论。安德森获得诺贝尔奖的理由在于他解释了为什么有些材料会突然从金属（导电良导体）转变为绝缘体（不导电），即金属到绝缘体的相变。他还解释了为什么有些材料可以突然从普通金属变成超导体。在超导体中，所有电阻都消失了。两者都是群体行为的例子，要想理解这两种相变中的任何一种，都不能仅仅通过观察孤立的单个电子的行为来理解。

我们希望把这几个诺贝尔奖的获奖成果结合起来：把两个独立学科的原则应用到解决同一个问题上。我们正在研究激励机制的细微变化将如何影响集体决策。

要想理解为什么团队和公司会突然不善于创新了，仅仅通过孤立地分析个体行为是无法找到答案的。良好的创新能力是一种集体行为。这是“更多即不同”的另一个例子。

***

最后，在与团队或群体中的个体合作时，上述所有因素都可以被视为结构中的元素，与之前提到的关于文化的部分形成鲜明对比。

然而，一个词或一个主题被滥用到无意义的程度，并不意味着它就应该被完全摒弃。复杂的系统——许多相互作用的智能体，无论是市场上的买方和卖方、公司的雇员和经理，还是湍急河流中的水分子，都体现着它的含义。最有趣的问题却鲜少有简单的答案。例如，在人体的复杂系统中，某些基因会导致某个人罹患糖尿病或癌症的可能性更大，但生活方式的选择也很重要。喝一加仑[①]含糖饮料会导致糖尿病，吸烟会使肺癌的发病率更高。基因和生活方式都很重要。团队和群体也是如此：结构和文化都很重要。

这本书的目的并不是让你认为某些行为模式是有帮助的（例如庆祝胜利），而其他（如尖叫）模式则不那么有帮助，我们需要补充它。

写在第一部分中，我们看到了从布什和韦尔身上学到的关于组织和结构的经验，我们从国际象棋冠军那里获得了一个启发，它可以帮助我们战胜混乱、停滞和摩西陷阱。在第二部分中，我们看到了相变的科学为如何创造更多的创新团体提供了新思路。从大量的例子中，我们已经看到了这些想法是如何结合在一起，从而赢得战争、治愈疾病，并改变工业生产的。

现在，在结束之前，我们来谈谈另一个话题：我们人类的历史。

---

① 1加仑≈ 3.79 升。——编者注

第三部分

创新的起源

只有学会解释看似简单的事情，你才能体会到解释的本质，从而进一步探索更加细微的问题。

——理查德·费曼

第9章 为什么英语能成为世界通用语言?

从改变世界到实现未来

李约瑟的难题

1937 年 8 月的一个星期日，一位 33 岁的来客拜访了居住在英国剑桥大学校园内的著名生物化学家李约瑟。李约瑟关于胚胎形成和成长的研究成果被认为是可与达尔文的《物种起源》比肩的著作。鲁桂珍从上海出发，历时两个月，行程 8 000 英里，终于见到了这位传奇人物和他的夫人多萝西·李。多萝西·李同样是一位有着丰硕研究成果的著名生物化学家。

鲁桂珍原以为李约瑟是一位白发苍苍的老人。但是见面后她却惊奇地发现李约瑟教授才 30 岁出头，瘦高身材，嗓音圆润，这一切令她非常着迷。鲁桂珍很快了解到，李约瑟兴趣非常广泛：他是一位虔诚的宗教信徒，非常热衷于游泳，同时还是自由恋爱的狂热实践者。在多萝西的撮合下，李约瑟开始与鲁桂珍交往。

李约瑟在日记中写道，几个月后的一个晚上，李约瑟与鲁桂珍躺在床上，吸着香烟。李约瑟突然转向鲁桂珍，询问如何用中文写“香烟”这个单词。他们一起在日记本中写下：

香煙

李约瑟感受到了中文书法的魅力，决心学习中文。鲁桂珍成了他的老师。

李约瑟对中文的兴趣很快扩展到了中国历史。鲁桂珍曾多次跟他说过，西方科学家和学者很少意识到，许多著名的发明和技术事实上起源于中国。

1942年夏天，李约瑟在纸条上写道："为什么科学没有在中国发展起来？"他问鲁桂珍，既然如此多的想法首先出现在中国，那么为什么科技革命首先出现在西欧而不是中国？

鲁桂珍无言以对。李约瑟决定访问中国，对这一问题进行调研。

李约瑟从此再未涉足生物化学领域。最终他完成了一部共27卷、1.5万页、约300万字的巨著。这部巨著被评论家认为"也许是个人完成的关于历史和文化的融合题材最伟大的巨著"。李约瑟最终改变了西方人对于东方世界的认知。他论证了鲁桂珍说过的话：大量的技术、军事和政治进步首先出现在中国。中国在某些领域领先欧洲几个世纪，甚至领先1 000多年。

但是他从未找到那个问题的答案：既然中国古人对人类科技发展做出了很多重要贡献，那为什么科技革命没有在近代中国发生？这一问题最终演变成了著名的李约瑟难题。

***

如果你是来自外太空的外星人，像阅读小说一样阅读人类的历史，从原始人类的狩猎采摘文明到农耕文明，然后迫不及待想知道科学和工业革命会在何地开始，那么你一定会猜想是在中国或者印度。

从公元1世纪中期到2世纪中期的这1 000年中，中国和印度统治着世界的科技和经济领域。这一段时间，它们总共贡献了人类一半以上的GDP。同一时期，5个最主要的西欧国家的GDP仅占世界全部GDP的1%到2%。中国的造纸业和印刷业领先欧洲几个世纪。指南针、火药、大炮、曲轴、深井钻、铸铁、纸币、精密的天文观测台也都首先出现在中国。早在欧洲第一批大学成立的1 000年前，中国人就发明了科举制度，为中国社会培养了一批精英。在此期间，中国人的识字率高达45%。而英格兰人的识字率仅为 6%。15 世纪早期，2.8 万名中国人曾驾驶着 300 艘船只，组成史上最大的一支舰队访问北非。其中最大的一艘船重约 3 100 吨。几十年之后，哥伦布才驾驶着 3 艘 100 吨重的小船去探索美洲大陆。

当时的中国远比欧洲的任何一个国家都更加强大、更加富饶。

但在那之后漫长的时间里发生了一些奇怪的事情。中国的注意力转向了国内，建首都、修长城以及疏通大运河。这些项目耗费了大量的人力物力。中国统治者对行星运动、大气性质等疯狂的想法丝毫不感兴趣。

18 世纪，在英国寻求与中国进行贸易往来时，乾隆皇帝给英王乔治三世“宣谕”道：“……天朝德威远被，万国来王，种种贵重之物，梯航毕集，无所不有，尔之正使等所亲见。然从不贵奇巧，并无更需尔国制办物件。”

不久之后，英国船只“复仇女神号”到达中国沿海地区。几个星期之内，英国舰队就轻易摧毁了中国海军落后的木制帆船。

欧洲人的撒手锏是蒸汽机。

此时印度正处于莫卧儿帝国时期。印度统治者同样迷恋于需要耗费大量人力物力的项目，例如建造泰姬陵。1764 年，东印度公司控制了印度。1857 年，印度成为英国殖民地。

征服清王朝和印度帝国的西欧商品正是 2 000 年来东西方文化交流的产物。东西方文化交流涉及文字翻译、中国的工程技术、印度的数学、阿拉伯国家的天文学、哲学、宗教学、眼镜、指南针以及钟表和医学等各个方面。通过交流人们发现：世界是可知的，真理是可以通过测量和实验证实的，自然界是有其自身规律的。

今天我们认为这一切理所当然。但是对于那个时代的人来说，只有宗教权威、神权统治者或圣人哲学家才能裁决对与错。任何人都可以获得真理的想法是激进而荒谬的。持有不同观点的人往往被视作精神病而被排挤。

这种想法有一个更加现代化的名字：科学方法。它被认为是奇思狂想之母。

几个世纪以后，中国人和印度人会深刻地体会到：失去奇思狂想是致命的。

工业和历史领域的奇思狂想萌芽

本书致力于研究如何在团队内部创造条件来激发奇思狂想。通过研究这些原则，我们便可以回答李约瑟抛出的难题——为什么科技革命发生在欧洲而不是中国、印度或者其他地区。首先，我们来看一下企业中的奇思狂想萌芽是如何形成的。然后我们将这一想法进行扩展：国家的奇思狂想萌芽是如何形成的。

我们将会看到为什么由数百个独立小王国组成的西欧变成了像中国和印度那样的强国，为什么波士顿的生物技术市场孕育出了默克和辉瑞这样的跨国公司，为什么好莱坞的小制作催生了派拉蒙公司和环球电影公司。我们将会看到为什么第谷·布拉赫成功了，而与他同时代的以及5世纪之前的中国人没有成功。我们将会看到为什么西欧成为当时奇思狂想蓬勃萌芽的地区。对于那些想避免重蹈古代帝国覆辙的国家来说，这意味着什么。

我们先来近距离地看看奇思狂想之母。

改变世界的8角分

通向自然原则以及探索自然原则的科学方法可以通过日心说的发展反映出来。如果神权统治者关于天堂和人间最基本的论断是错误的，那么人类需要以一种全新的方式去定义和发现真理。

日心说在公元前4世纪首次被提出，在随后的2 000年内反复出现并不断被压制。公元6世纪，印度天文学家阿耶波多提出地球每24小时自转一周，解释了行星和太阳都会周而复始地自转。14世纪和15世纪，在基督教统治下的欧洲和伊斯兰世界都出现了关于地球运动理论的萌芽。

在波兰，一本在 1510 年左右完成的小册子详细记录了哥白尼关于地球绕太阳运动的学说。身为一名虔诚的基督教徒，他费尽心力地解释为什么他的理论与宗教毫不冲突。梵蒂冈教会鼓励哥白尼发表著作（一个世纪之后哥白尼的理论开始为教会所不容，当时伽利略嘲讽了教会领袖）。哥白尼自己也抵制他的理论，这不仅是因为他需要考虑其他人和教会成员的感受，还因为他无法回答理论中的明显缺陷：既然地球每 24 小时自转一周，那么为什么鸟不会从鸟巢中被甩出呢？如果地球绕太阳公转，那么为什么月球不会被甩在身后呢？换言之，就像每个早期的奇思狂想一样，他的理论充满了瑕疵。

在追随者的努力下，哥白尼最终在 1534 年发表了他的理论。几乎没有人重视他的理论。正如他所担心的那样，大多数人都嘲笑他理论的瑕疵并否决了整个理论。1589 年，意大利最杰出的天文学家乔瓦尼·马吉尼写道："几乎每个人都认为他的假设是荒谬的。"哥白尼去世 50 年后，一位历史学家经过调查后说，在当时的欧洲大约只有 5 位学者相信他的日心说。

其中有一位是迈克尔·马斯特林，他是德国蒂宾根大学的教师。他关于行星运动的课程给 17 岁的开普勒留下了深刻印象。开普勒在日记中这样描述自己：

> 他的外表像一只小狗。他的身体敏捷、壮实，身材也很好。甚至他的胃口都和小狗很相似：他喜欢啃骨头和干面包。
>
> 他不喜欢与人交流，却像小狗一样热心地招待客人。当东西被抢走后，他会突然爆发并咆哮……他讨厌很多人，人们也不喜欢他，但是他的主人很喜欢他。

开普勒对哥白尼的理论非常痴迷。他发现了许多未知的现象和漏洞。

他认为这个理论与古希腊关于天体运动的理论一样复杂，需要几十个圆圈和本轮来描述轨道。它并不比广泛使用的地心系统更加精确，因此也没有太多用处。

正是这种理论上的纯粹让浪漫的开普勒相信，日心说可以更自然地解释行星运动（为什么水星和金星从未远离太阳），以及为什么行星周期会不一致。离太阳近的行星公转周期短，离太阳远的行星公转周期长。

24 岁的开普勒出版了一本书。在书中，他认为行星轨道的形状是由金字塔和立方体组合而成的。他满怀热情地推销自己的书："有史以来我第一次让这个问题变得广为人知……在这里，我们将看到上帝是如何像人类建筑师一样建立世界的！"当然，他所有的观点都是错误的。后来，他放弃了其中的大多数观点。但是，开普勒有着数学家的思维方式。他把书寄给了当时欧洲最著名的天文学家第谷，并立即成为第谷的助理。第谷有着自己的行星运动理论，他希望年轻的开普勒能帮助自己证实这一理论。

第谷分配给开普勒的任务是分析火星运动。刚开始计算时，开普勒假设火星在做圆周运动。在当时，圆周运动被认为是足够精确的。先前所有的行星观测家，包括巴比伦人、希腊人、阿拉伯人、欧洲人，也包括哥白尼和第谷，都假设天体在做圆周运动。但是经过 5 年的分析，开普勒依旧无法解释火星轨道与仪器观测值之间的细微差异。这个误差大概是 8 角分，不到圆周 1% 的 1/20。他运用了数学技巧，假设了多种行星轨道形状，如圆形、本轮、等分以及偏心等，但他依然无法消除这个细小的误差。因此，开普勒推翻了圆周运动的假设，他认为这个假设是人类臆想的，不是自然规律。

从此一发不可收拾。在 1609 年出版的《新天文学》中，开普勒说道："这不可忽略的 8 角分将引领天文学领域的改革。"

在医学、生物学或动物学中，研究对象及其行为的多样性导致这些学科很难存在普适的理论。比如，我们很难找到一个理论去同时解释肾脏的功能和猫的行为。然而，行星年复一年地沿着同一轨道运动。因此，我们可以大胆提出假设，并小心求证。

开普勒关于宇宙运动的观点非常激进。椭圆轨道的观点（甚至是轨道的观点）、太阳引力作用的观点、自然规律支配运动的观点、自然轨道的观点，所有的观点都是崭新的。事实上，是开普勒而不是牛顿改变了人类对世界的认知。后来，为解释开普勒轨道，牛顿统一了当时存在的一些科学观点。在破除对旧观点的迷信方面，开普勒与 300 年后的爱因斯坦可以说是一致的。当时"以太"被认为是宇宙中一切物体的参考系，但爱因斯坦推翻了这个古老的观点。（他的狭义相对论认为物理规律在任何坐标系中都是等价的，没有任何例外。）牛顿的远距离作用引力观点认为行星可以对远处的物体施加神秘的力，但爱因斯坦反对这一观点。（他的广义相对论认为物体扭曲了周围的时空从而产生了力。）

爱因斯坦认为开普勒和自己志趣相投。尽管开普勒的观点不被众人认可，但他没有向宗教压迫、贫穷、悲惨的人生低头，还打破了神秘主义思想。爱因斯坦写道："只有在最大程度上解放自己，打破传统观点的束缚，才有可能做出和开普勒一样的工作。"

图 9-1　志趣相投的人：爱因斯坦和开普勒

和开普勒不同，爱因斯坦的身后有一个支持他的强大科学界。正如本书前面所说，1919 年的日食证实了爱因斯坦的引力理论。对开普勒观点的证实则是一个循序渐进的过程。在开普勒发表《火星战争》的几十年后，天文学家，占星家和航海家才慢慢意识到开普勒的理论远比地心理论更科学。后来，伽利略发现了木星的卫星，威廉·吉尔伯特进行了磁场实验，胡克提出了万有引力理论，直到牛顿统一了这些科学观点，开普勒的奇思狂想才逐渐被大众接受。我们应该铭记的不仅是他的天文发现，还有他思考问题的新方式：用实验结果检验真理，而不是用权威定义真理。

在开普勒去世后的几十年里，科学方法在 17 世纪的西欧兴起并迅速发展，实验工具的革新引起了人类历史上的最大变革。

在数十万年的时间里，人类的寿命几乎没有变化。1800—2000 年，人类的寿命翻了一番。从 1 世纪到 18 世纪，全球人口每年增长不到 0.1%，而到了 20 世纪中期，这个数字增长了 20 倍。在过去的 2 000 年里，世界人均平均经济产出几乎不变，在 450 美元至 650 美元间浮动。而 1800 年至今，这个数字增加了 1 000%。

西欧的一个小国家——主要是英国，驾驶着奇思狂想的战车统治了全世界。这就是英语取代中文、阿拉伯语或北印度语，成为世界通用语言的原因。

培育奇思狂想的三个前提

现在，让我们回到李约瑟难题：为什么发生在西欧？

我们首先需要把两个经常混为一谈的问题分开：为什么有的经济体在增长，有的经济体在倒退。李约瑟难题是起源，其他的问题是由李约瑟难题演变而来的：为什么部分国家远比其他国家更容易接受新科学观点和新工业技术？

例如，海地的经济在 20 世纪的大部分时间都处于倒退状态，而同一时期多米尼加的人均GDP却增长了5倍。这两个国家处于同一个岛上。历史无法重演，但人们可以对此做出解释。在种族、文化、气候或者地理位置方面，海地和多米尼加并无差别。造成这种差别的是两个国家的政治和经济体制的差异。

李约瑟难题并不是关于海地和多米尼加在近代发生的改变的。它想说明所有奇思狂想的起源。为什么17世纪的奇思狂想在西欧出现并迅速发酵，而当时的中国、印度和阿拉伯帝国在财富、贸易、教育、早期科学和技术领域已经在世界上领先了近1 000年。

在9—15世纪的鼎盛时期，伊斯兰世界在数学、天文学、光学、医学以及图书馆、医院、早期教育、天文观测等众多领域领先于中国和西欧，这也为后来西方科学的发展奠定了基础。哥白尼使用的很多数学方法都起源于阿拉伯。11世纪，波斯医生、学者阿维森纳撰写了《医典》，这成为以后7个世纪里在欧洲使用得最广泛的医学教科书。

我们可以再一次排除文化、气候以及地理因素造成的影响。如果西欧的文化、气候或者地理因素比中国、伊斯兰世界以及印度更适合科学进步，那么为什么这些古老文明在经济和技术领域（造纸术、印刷术、磁盘、火炮、运河以及采矿等）领先世界长达数百年？它们的文化不可能发生突变，它们的山脉也不会瞬间被削平。

为了寻找答案，我们在一些行业中寻找，看看是什么催生了奇思狂想。这些行业向我们展示了一个熟悉的模式：相态分离的两个市场以及市场间的动态平衡。我们可以将这种模式应用于国家。相较于文化、气候或地理，我们将会看到促成西方崛起和其他地区衰落的决定性因素。

***

不管是在企业内部还是行业内部，要想促使奇思狂想迅速发展，必须满足三个条件：

（1）相态分离：将奇思狂想团队和特许经营团队分开。

（2）动态平衡：组织间可以进行无缝交流。

（3）临界质量：一个大到可以发生质变的团队。

具体到企业，前两个条件即为布什—韦尔准则。第三个条件则与承诺有关。如果企业没有足够的资金雇用优秀的工人，或者资助早期的想法和项目，不管如何设计，奇思狂想团队终将衰败。为了成长壮大，奇思狂想团队需要连锁反应。越成功的实验室越能吸引到人才。发明家和创意家更有动力进行创新，以使团队再上一层楼，接着他们会得到更多的资助。更多的项目和资金则能保证下一步的成功，这就是连锁反应的良性循环。

达到临界质量需要多少个项目？假设任意一个奇思狂想的成功概率是1/10。至少需要20个这样的奇思狂想才能保证发生临界反应。（10个奇思狂想有65%的可能性取得至少1次成功；20个奇思狂想取得成功的可能性则为92%。）

为了了解这三个条件如何适用于公司之间的行业，而不是公司内部，我们从电影谈起。我们将看到联邦政府如何分离相态。

电影

20世纪初，来自欧洲的年轻移民、废金属收藏家、皮草商和许多出售小饰品的犹太商贩（其中也有一些是天主教使）盯上了托马斯·爱迪生的新发明——电影。他们购买了爱迪生的设备，租了他拍摄的短片，在戏院和游乐场里展示它们。1931年，一位作家将新出现的电影与电灯、电话甚至蒸汽机进行了比较：

> 机械时代的任何发明都没有给人们带来如此广泛的惊奇和兴趣。这个"生动的画面"并不是一种减少劳动力或节省时间的平庸工具，也不是一种为富人创造舒适体验和奢华条件的工具。这是一种能够给普通人带来快乐的浪漫设备。

骗子们带着这股奇妙的浪潮驶向美国，沿途还放纵地播放着爱迪生的电影。他们建立了剧院，聘请作家、各地演员和导演制作自己的电影，以满足这些剧院的需求。爱迪生试图通过他在新泽西州的专利公司来控制或压制他们，他雇用暴徒粉碎设备并烧毁拱廊。于是他们离开西部地区，来到靠近墨西哥的边境，这样，当爱迪生的专利警察出现时，他们就可以带着盗版设备迅速逃离。随后，他们创建了自己的小镇：好莱坞。

在接下来的 30 年里，这些拱廊成了摄影棚。派拉蒙、环球、米高梅、华纳兄弟、哥伦比亚，这些电影公司控制着一切，包括剧院、制作、与人才签订的长期合同等。如果你是一个电影公司的老板，垄断就是光荣的；如果你是明星，垄断就是浮士德式的交易；如果你是一名政府雇用的反垄断律师，垄断就是一个成熟的目标。20 世纪 20 年代，司法部开始对电影制片厂提起诉讼。电影公司曾因大萧条而暂停，重新恢复后，在第二次世界大战时再次暂停。最后，随着 1948 年最高法院对派拉蒙的判决，派拉蒙和其他电影制片厂被解散。任何一个制作电影的公司都不能同时拥有剧院。

新解放的市场催生了一场关于所有权的竞争。电影制片厂被一家汽车零部件公司、两家饮料公司、一家旅馆、一家人才中介公司，以及与一家法国政府银行合作的意大利骗子收购。华纳兄弟与时代公司合并，并与美国在线联手，这是当时规模最大的失败并购案，这次并购案的资金规模达 1 860 亿美元。此时，音乐椅游戏达到了顶峰。

随着音乐节奏放缓，电影行业分成了两个市场。华纳、环球、哥伦比亚、福克斯、派拉蒙和迪士尼是一类，它们都在收购并管理特许经营项目或开发有前景的项目。它们之间的竞争，在于谁能提供尽可能多的渠道向用户提供这些产品。它们的业务包括：在纽约开设晚间娱乐场所、在花旗银行进行杠杆融资、在韩国上映电影、开发 Netflix（奈飞）的点播、任天堂的视频、沃尔玛的玩具、日本的主题公园等等。在它们的季度收益电话会议上，它们与富达基金或普信集团的分析师和投资者讨论大型预算项目，如《钢铁侠》电影的前景，或者患麻疹的人增多是否会影响主题公园收入。分析师预测下一季度的盈利情况和全球市场趋势。专业人士不参与讨论，它们的分析师和投资者对最近收购的新剧本这种细枝末节的问题并不感兴趣。就像洋基队不参与讨论，它们的粉丝和体育记者也对特朗顿的双 A 球员不太感兴趣一样。美国职业棒球大联盟则专注于收购和管理特许经营项目。

第二类市场是由数百家小型独立制作公司组成的高度分散的网络，这些公司集中了剧本、人才和投资者，并通过努力将剧本变成成品电影。它们与其他公司的人争抢新材料、顶级创意人才、电影节的认可度还有资金。富达基金和普信集团不会投资它们。资金来自富人和私人资金管理者，他们愿意将钱押到电影项目上——那些被专业人士抛弃的项目。例如，一个英国间谍利用远程导弹和一只毛茸茸的猫拯救了世界（《007》），或者一个来自孟买贫民窟的男孩出现在智力竞赛节目中（《贫民窟的百万富翁》），或者喜欢剑和比萨的爬行动物（《忍者神龟》）。这是一个创造、培育和交易奇思狂想的市场。

这一行业的存在及蓬勃发展得益于连接两个市场的合作关系网络（动态平衡）。如果没有特许经营的确定性，奇思狂想的高失败率就会使该行业破产。但特许经营会慢慢变得陈旧。没有新型的奇思狂想，大型专业公司将会消失。

大多数的合作都是一次性交易。一个小制片商把一部电影拍出来，然后向大的电影公司招标，争取市场销售权。其他的合作关系涉及面更广。例如，环球影业与想象娱乐公司合作了 30 年，制作了 50 部电影。由想象娱乐公司负责剧本并制作成电影，是通用的分布式。它们合作过的电影包括《阿波罗 13 号》和《美丽心灵》。

电影中的这两个市场，通过合作关系网连接，是行业内部互相分离又处于动态平衡的例子。数以百计的小型电影片商寻找、资助和开发小型电影项目，就是行业中奇思狂想萌芽的例子。

政府干预使寡头垄断解体，引发了电影行业中的相态分离。

在生物医学领域，带来改变的是一项新技术。

药物

一些全球大型制药公司在20世纪80年代主导了药物研发，就像好莱坞电影工作室在20世纪40年代主导了电影行业一样。在这两个行业中，产品开发都始于对行业外创造性工作的借鉴。书籍或杂志中的故事为电影提供了素材（弗莱明书里的英雄是电影《007》中男主角詹姆斯·邦德的原型；漫画《飞侠哥顿》衍生出了《星球大战》这部电影）。同样，大学或国家实验室的研究为新药品的开发提供了切入点。康拉德·布洛赫、迈克尔·布朗、约瑟夫·戈德斯坦等人的胆固醇研究激发了对他汀类药物研究的灵感。

直到20世纪80年代中期，药物研发行业都是这样运行的：学术界使人们产生对某项研究的广泛关注；全球制药公司利用该研究成果生产新药品（产品）并将其出售给用户（分销）。与传统好莱坞巨头一样，大型制药公司控制着药品的生产和分销。在一名为14岁男孩治疗的年轻医生创造了一种全新的药物后，行业环境开始发生改变。

我们使用的大多数药物来自自然界的植物、动物或微生物。这些天然产物中的有效成分是相对较小的分子：从柳树皮提炼出来的阿司匹林有21个原子；从罂粟中提炼出来的吗啡有40个原子；远藤的他汀类药物是从霉菌中提炼出来的，有62个原子。它们通过与蛋白质的反应来治疗疾病，蛋白质是在细胞中完成大部分工作的大分子。当蛋白质发生病变时，细胞可能会失去控制，引发疾病。天然药物通过堵塞过度活跃的蛋白质中的微小缝隙起作用，就像一把插入失控机器人内脏的小扳手一样。阿司匹林可阻断产生炎症的蛋白质，吗啡能够阻断发出疼痛信号的蛋白质，他汀类药物可以阻断一种调节胆固醇水平的蛋白质。化学疗法可以阻断细胞分裂所必需的蛋白质（或其他非常大的分子）。19世纪到20世纪末开发的几乎所有药物都属于这种类型。

一种新型药物的诞生与加拿大的一个男孩有关。1921年12月2日，14岁的伦纳德昏迷后被送往多伦多医院，当时他的体重是65磅，头发脱落，尿液中含丙酮，血糖含量很高。他是众多患有 1 型糖尿病的孩子之一，当时他已经处于 1 型糖尿病晚期。那时最先进的治疗方法是饥饿饮食法，能使寿命延长几个月。25 年前，一位波兰裔德国科学家奥斯卡 · 明科夫斯基发现，去除动物胰腺会引发糖尿病。奥斯卡 · 明科夫斯基和其他许多人试图将动物胰腺作为一种方法对病人进行治疗，但经过 20 多年的失败尝试后，一位著名的美国糖尿病研究人员在教科书中写道："……注射胰腺制剂已被证明是无用且有害的。这一失败始于明科夫斯基并且一直持续到现在。"

与此同时，一位没有研究经验的 29 岁加拿大外科医生（他靠做扁桃体手术和销售医疗器械来为自己的研究提供资金），读到了一篇关于胰腺的文章。他对此非常好奇，并下决心解决这一问题。他在面对这些失败时很勇敢，也可能是因为他没有意识到之前这些失败。他提出从胰腺中提取可以控制血糖的神秘物质的新想法。在多伦多，他在与一个团队的合作过程中，用一些狗进行了实验，并看到了如其所希望的结果。1922 年 1 月 11 日，在他为伦纳德做实验时，他的团队在走廊里焦急地等待着，但并没有发生什么。他们的提取物看起来很浑浊，一位生物化学专家帮他们进行了提炼。12 天后，伦纳德注射了新的混合药物。

在 24 小时内，伦纳德的血糖下降了近 80%，尿液中的丙酮和糖下降了近 90%。"他变得更聪明、更活跃，精神状态也更好，他感觉自己变得更强壮了。"外科医生弗雷德 · 班廷记录道。后来，胰腺提取物被证明是一种蛋白质，班廷称之为胰岛素。它挽救了伦纳德的生命。

有关糖尿病新疗法的消息传播得很快。美国著名的糖尿病研究专家弗雷德里克 · 艾伦博士飞往多伦多寻找药剂。当他带着那个小瓶子回到诊所时，一位护士写道：

> 仅仅是对新希望的期待就可以让患者开始新生活。几个星期没有起床的糖尿病患者开始缓慢地靠着墙壁和家具行走。大肚子、瘦弱的脖子、骷

髅般的脸、虚弱的动作，无论年龄，无论男女。这是一次复苏、一次蠕动，就像某个模糊的春天即将到来……

我可以看到他们沉默着。他们看起来像没有灵魂的怪物,即使彼此对视，也会痛苦地抛弃一些无法忍受的希望。他们只是坐着等待,眼睛直盯着地面。

我们都听到他沿着步道走到走廊入口的脚步声。他的妻子和他一起，他妻子轻快的步伐使他的节奏显得很奇怪。患者的注意力都集中在那个声音上。

当他出现在大门口处时，所有人，几百双眼睛，以渴望的目光看向他。那个瓶子救了他的命。即使是现在，我确信在与他们交谈之前的几分钟，他的声音都充满了对其他病人的担忧，他激动地说他尽力不改变主意。

“我想，”他说，“我想我们有东西给你们。”

胰岛素改变了对药物的定义。蛋白质不再仅仅是药物作用的目标，它们本身也可能是药物。我们不是要用一把小扳手修理一个失灵的机器人，而是要更换整个机器人。

但仍然存在一个问题。为每个糖尿病患者收集动物胰腺并不像砍伐柳树为每位发烧患者制造阿司匹林那样简单。解决这一问题花了 50 年时间。20 世纪 70 年代，基因工程的发展使科学家得以在实验室中将大量纯化的人类蛋白质转化成胰岛素。利用胰岛素治疗糖尿病终于成为现实。

大多数制药巨头都把在实验室培育的蛋白质作为一种新的药物。然而，对于 20 世纪 80 年代早期的少数企业家而言，将蛋白质作为药物的想法并不疯狂，他们创立了生物技术公司。他们首次公开募股的成功（其中最著名的是基因泰克公司，第 5 章描述过）为新型公司建立了一个市场：一个没有收入、没有利润、没有销售力量、没有确定性的市场。如果有的话，它的技术将变成一种产品。那些早期的企业家创造了时至今日仍然可以公开交易的奇思狂想市场。

如果说政府干预打破了好莱坞的工作室系统，那么基因工程就破坏了制药行业系统。它将生产（发明新药的科学家）与销售（销售它们的制药公司）分开了。

制药行业的公司主要是少数大型跨国公司（诺华、辉瑞、默克、强生、礼来等），它们凭借强大的规模和关系，可以在阿根廷发布产品，在法国获得监管批准，在波多黎各生产，获得摩根大通的杠杆融资并在日本确定偿付准则。在它们与分析师和投资者的季度收益电话会议上，专业人士讨论大预算的项目，如胆固醇或糖尿病药物特许经营项目的未来。分析师猜测下一季度的盈利和全球市场趋势。药物研发的专业人士不参与讨论，因为投资者和分析师对分子途径或早期候选药物并不感兴趣，只在乎收购和管理特许经营项目。

关注生物技术市场上数百家小公司的投资者和分析师必须深入了解这一科学研究领域。这些产品通常仍在实验室进行研究或处于临床试验阶段，尚未得到美国食品和药物管理局的批准。仅仅讨论生物学、化学和临床试验数据是无法带来收入的。生物技术公司在原材料（大学或国家实验室的技术）、创新人才（生物学家和化学家）和资金方面展开竞争。这是一个思想没有被主流社会接受的市场，这些思想通常不受专业人士的重视。比如20年前的基因疗法、10年前的免疫疗法以及今天的干细胞疗法。

就像电影界一样，一个共生的合作网络连接着这两个市场。很多交易是一次性的。在第5章中，我们看到一次性交易是如何帮助早期的基因泰克公司生存下来（与礼来公司合作）的，就像与迪士尼的一次性交易帮助皮克斯在早期生存下来一样。许多交易的范围要大得多。总部位于瑞士的罗氏制药公司和位于圣弗朗西斯科的基因泰克公司之间有为期20年的合作关系，可能是该行业迄今为止最大的一次合作。这些靶向药物，包括阿瓦斯丁（曾在第2章中提到）曾受到来自犹大·福克曼研究的启发，赫赛汀改变了乳腺癌的治疗方法。瑞士制药公司合作项目的年销售额超过300亿美元，这些项目为加利福尼亚公司的奇思狂想提供了资源。

数百家生物技术公司是生物医学界奇思狂想的摇篮。

***

电影行业和药物研发行业现在都分为两个市场，一个是由特许经营交易组成的巨头市场，另一个是培育奇思狂想的小型专家市场。这两个市场通过合作网络互相联系。分离和连接分别对应培养奇思狂想的三个条件中的前两个：相态分离和动态平衡。

第三个条件是临界质量，可以用一个例子来说明。

在过去10年中，美国几乎每个主要城市都提出了要将自己塑造为“生物技术中心”的想法。现在假定你刚刚拿到生物学或化学博士，为了找工作，你更有可能搬迁到哪个城市？是拥有少数几家生物技术公司的底特律，还是拥有200多家公司、数百名风险资本家和生物技术企业家，并且每年推出数十家新公司的波士顿？像大多数奇思狂想一样，大多数生物技术公司希望附近有支援，以防公司陷入困境。出于类似的原因，顶级投资者、供应商都涌向波士顿。所有你可能需要的选择和支援都在附近。最近，世界上许多大型生物医学公司都把研究总部搬到了波士顿。他们都想接近其他生物医学公司和其产品。更多的收购意味着更大的风险投资金额，也意味着拥有更多的公司。这是一个虚拟的良性循环圈。

波士顿已达到这一行业的临界质量并被点燃，底特律却没有。

帝国的命运

现在让我们把这三个条件扩展到国家范围。

首先，让我们比较一下两个国家的命运。一个人帮助点燃了欧洲科技革命的火焰。另一个人的想法和方法都相似，两人的天赋类似，后者可能更早在中国点燃科技革命的火焰，但实际上并未成功。

在第谷建造欧洲最好的天文观测仪的5个世纪前，沈括已经开始使用中国最好的天文观测仪了。作为丹麦贵族，第谷得到了丹麦国王的资助。

国王给了他赫文岛和一笔钱财来雇用员工、购买最好的设备。沈括出身寒微，并通过了科举考试。他在业余时间学习天文学，仕途亨通，最终赢得了皇帝的支持，皇帝命他掌管司天监。（欧洲国王和中国皇帝重视天文学的原因类似：通过天文观测以得到上天的警示。）

李约瑟把沈括誉为“中国科学发展史中最有成就的人物”。沈括在众多领域——天文学、数学、材料学、地质学、气象学、制图学、考古学、医学、生态经济学理论、军事战略、解剖学和生态学都取得了令人注目的成就。他是第一个描述磁罗盘并依此来区别北方和磁场中的北极的人（这一创举对航运业产生了巨大影响）。他发现了已知的最早的三角学和中国数学中的最小值（微积分的先驱）。他充分体现了科学的好奇心。比如，沈括曾思考为什么闪电会熔化金属，但不会烧焦木头：

> 在某些木架子上，一些带银嘴的漆器被闪电击中，银熔化掉到地上，但漆器并没有被烧焦。甚至是一把由坚固的钢制成的宝剑也已熔化成了液体，但是附近的木房子并未受到影响。
>
> 人们认为茅草和木头会先被烧掉，但金属却先熔化了，茅草和木头没有受到影响。

像第谷一样，沈括想知道天空中星体的特殊运动。（同星系的大多数星体向东漂移，但在它们的部分轨道上，它们似乎向后移动，朝向西。）他坚持认为，只有进行更精确的测量才可以有更深入的理解。他设计了当时世界上最好的天文仪。他向皇帝请求测量每个行星的位置，为了得到高精度的测量结果，他 5 年来每天晚上坚持 3 次。他雇用才华横溢的助手来完成他的计划（第谷招募了开普勒，沈括招募了盲人数学家魏璞）。

沈括明白自己的项目花费不菲，需要强有力的政治支持。然而他最终失去了政治支持。在第谷的案例中，丹麦国王弗雷德里克二世死后，第谷与新国王发生了争执。他写了封信给年轻的国王克里斯蒂安四世，解释了为什么要继续资助第谷天文台和大量的工作人员。毕竟，第谷是为丹麦带来荣耀的一位知识分子。国王回信说，他被第谷的“大胆和缺乏理智”以及第谷所写的“你和我们一样”等言论激怒。他削减了第谷的资金。第谷失去了赫文岛，被迫流亡国外。沈括作为政权更替的牺牲品被皇帝贬谪。

但关键的区别是，第谷在离开丹麦后，重新找到了新的赞助人——布拉格国王鲁道夫二世，他继续支持第谷的研究。第谷把他的天文台搬到了布拉格，也就是在那里，他结识了开普勒，并继续进行他的天文研究，这最终催生了开普勒的《火星战争》以及他自己的《天文学改革》。

相反，沈括无处可去，没有其他人可以支持他的天文学研究。而且，私人支持天文学研究是非法的。出于巩固统治的目的，沈括对星体的研究数据被保留了下来。

沈括作为隐士，在流放中度过了生命的最后 10 年。他留下了十几个领域的研究成果，名为《梦溪笔谈》。沈括写道：“自从我致仕后，我就住在树林里，过着与世隔绝的生活，隔断了所有的社会关联。偶尔我会回想起和客人聊天的情景，用我的毛笔记录下一两件事……我只能和我的毛笔与砚台交流。”

图 9–2　沈括：我只能和我的毛笔与砚台交流

一个伟大的项目，如果在萌生、发展期内被扼杀，就失去了机会。如果一个早期的药品研究项目被扼杀，处于不受重视的情况，它就无法再得到发展了。在中国或者阿拉伯帝国，当最高统治者扼杀新兴的天文学思想时，它们便再无发展的机会。

11—12 世纪的中国北宋，在沈括那个时期，中国的钢铁产量、纸币、印刷品和市场交易额激增。宋代的科技成果应用于军事（枪支、大炮、炸弹）、运输（带闸门的运河）、航海（磁罗盘、方向舵）和生产制造（水动力应用于纺织品制作）。这一时期被称为“第一个工业奇迹”，而欧洲直到 6 个世纪后才达到北宋此时的生产力和技术创新水平。

中国虽然达到了临界质量但未能成功。因为它未能产生相态分离和动态平衡。政治战争，以及皇帝的偏见会推翻早期“科学家”得出的结论。沈括开始建立一个新天文系统的 7 年之后，皇帝个人觉得够好了，便制止了。皇帝终止了项目，解雇了沈括的主要助手，正如鲁道夫二世告诉第谷他的天文学研究“足够好”，然后解雇了开普勒一样。

宋朝的皇帝没有分离他的奇思狂想团队（相态分离），也没有维持奇思狂想和特许经营之间的平衡（动态平衡）。换言之，他没能做到第二次世界大战期间布什设定的目标。

如果故事是以另一种形式进行讲述的：在历史和文化风险的鞭策下，宋朝皇帝听从了沈括的意见，那么，科学与工业革命很有可能早 5 个世纪在中国发生，全世界现在讲的可能就都是汉语了。

奇思狂想的生命支持

孕育奇思狂想的一个关键作用是通过失败和拒绝来使脆弱的奇思狂想获得生存机会。

如前所述，在药物研发和电影行业，被制药公司或电影工作室内部终止的项目一般都会永久终止（或成为僵尸，半死不活）。然而，在波士顿的小型生物技术公司或好莱坞的小型制片商那里，被终止的项目在遇到新的投资者时也会重新投入运作。例如，治疗癌症的最令人振奋的新方法——触发身体免疫系统对抗肿瘤，就曾被许多大型制药公司拒绝。少数小型生物技术公司与大学和国家实验室的研究者密切合作，使这一项目继续运转。大多数生物技术都失败了，然而有几个成功了，它们改变了治疗癌症的方法。在药物研发方面，绝大多数最重要的难题已经一个个被解决。直到做出最后一次跳跃，这些想法才会赢得广泛赞誉。

第谷虽然失去了丹麦国王的支持，颠沛流离，但是两年后他在布拉格落脚，同样攻破了一个个难题。统治者愿意为远程研究提供资金，不仅使第谷的天文台保留下来，还保留了哥白尼关于日心说的最初想法。尽管哥白尼提出的学说名气很差，但德国威滕伯格的一所学校 60 年来一直在讲授哥白尼提出的学说，直到第谷和开普勒拯救了他的理论。

但只处于奇思狂想孕育阶段——相态分离是不够的。描述西欧现代科学兴起的欧洲中心历史往往忽略了与大帝国定期交流的重要性（动态平衡）。如果没有从印度学者和穆斯林天文学家那里学习数学，就不会有哥白尼理论。如果没有从中国引进航海、运输、通信、灌溉、采矿和军事技术，欧洲就无法积累充足的财富，精英阶层也想象不出天文运动的理论。这些积累都为西欧提供了达到临界质量的资源。

而临界质量是一个必不可少的因素：推翻数千年的教条需要一系列的奇思狂想，而不仅仅是一个。其中一些奇思狂想早就在其他社会单独出现过。在开普勒和牛顿之前的几个世纪里，印度喀拉邦学派就提出了行星绕太阳运行的假想，以及微积分的雏形。但和中国一样，这些研究并没有成功。另一方面，欧洲的临界质量创造了泛欧的发现历程：望远镜（荷兰）、天文望远镜（意大利）、椭圆轨道（德国）和地球运动（波兰），最终将惯性（意大利）和几何（法国）的思想结合成一个统一的理论（英国）。那就是临界质量。

中国和印度是当时世界上的主要国家。当时，西欧国家是全世界新观念奇思狂想的摇篮，就像数百家小型制片商是新电影奇思狂想的摇篮，或者数百家小型生物技术公司是研发新药奇思狂想的摇篮一样。

“大哥”（majors）这个词来自体育运动。在棒球比赛中，“大哥”指的是大满贯赛的球队的球员。但“小鬼”（minors）却能培养年轻人才。这些术语各不相同，但都有类似的结构。棒球的独特之处在于，美国最高法院已经授予棒球特殊的豁免权，这种豁免权允许大联盟管理其成员，从而使小联盟维持下去。

在棒球以外的任何行业中，“小鬼”都可以成长为“大哥”。迪士尼开始是一个二人商店（沃尔特和他的兄弟），它是最小的“小鬼”。它建立在一只大耳朵老鼠和一位公主的童话故事意外成功的基础之上。安进最初是一家小型生物技术公司，如前所述，是一个接近破产的“小鬼”。但其生产的一种药物的惊人成功为它打下了基础，如今安进的年销售额已超过200亿美元。

在世界上的各个国家中，“小鬼”都可以成长为“大哥”。

英国开始时只是一个小小的“小鬼”，就像迪士尼和安进一样。就像上述两个例子一样，它建立在强大的奇思狂想意料之外的成功上——所有奇思狂想的基础。

它将这一想法用于工业化制造、武器制造，演变为“大哥”，在全世界传播其语言和方法。

为什么选择英格兰?

我们一直在关注一个问题：为什么现代科学首先出现在西欧而不是中国、伊斯兰世界或印度？但是还有另一个问题：为什么英格兰与法国、意大利或荷兰针锋相对？

答案不能只由杰出科学家来解释。如前所述，几乎西欧各国的科学家都为科学体系做出了贡献。

运气和时机总是能发挥作用——这是第一次讲述的故事的精髓。布兰奇里奇是棒球名人堂的高管，他创造了棒球联盟系统，招募创新人才：球员在“小鬼”的竞争中崛起并成为“大哥”。他用这个系统建立了 8 个世界级的球队。这就是布兰奇里奇，他引用了这句话：“运气是设计的残余。”

英格兰做了一件非常不错的事情——比其邻居做得好得多，这使得它比邻居更幸运。英格兰是最早在国家建立奇思狂想摇篮的例子。

英国皇家学会成立于 1660 年，几乎汇集了英国现代科学的所有奠基人，包括罗伯特·玻意耳、罗伯特·胡克和艾萨克·牛顿。它为牛顿提供了巨大的帮助。一位历史学家指出，没有英国皇家学会，“令人怀疑的是……会不会诞生一个理论”。换句话说，我们今天所知道的牛顿定律很有可能就是其他名字。例如莱布尼茨在德国独立开发了微积分。荷兰的惠更斯提出了向心力的概念、光的波动理论、现代概率论，并且发明了摆钟。瑞士的丹尼尔·伯努利、德国的莱昂哈德·欧拉、法国的皮埃尔西蒙·拉普拉斯都是数学和物理学领域的巨人，比牛顿晚不了多久。

英国皇家学会帮助牛顿和英国赢得了一场与时间赛跑的比赛，这是一场发现自然真理的比赛。但是英国皇家学会的科学家们并不是纯粹为了基础研究而聚集在一起的：“通过促进技术开发，科学将受到激发并得到培育，从而改善地球上人类的命运。”

1667 年，英国皇家学会的一位历史学家和推动者托马斯·斯普拉特，写下了“非凡的发明”，如“手表或枪”和“治疗流行性疾病的方法”，并宣称“普里克应该拥有这些神奇产品的所有权”。这是皇家学会的目的所在，斯普拉特这样写道：

> 追溯所有获诺贝尔奖的发现的源头，以及设计一个万无一失的流程，这二者使英国站在了西方世界的荣誉之巅。

范内瓦·布什在他的报告中更加大胆地说明了这一点，但这是 3 个世纪前的基本共识。

几乎与斯普拉特写下这些话的时间一致，当时的罗伯特·玻意耳正在完成他关于气体膨胀和压缩的实验，由胡克作为他的助手。胡克已经为玻意耳建造了一台空气泵，它很快就会成为欧洲最重要的研究设备之一。玻意耳正是用这个装置发现了现在以他的名字命名的定律（在温度不变时，一定质量的气体的压强和体积成反比。）

图 9–3 罗伯特·胡克、罗伯特·玻意耳和他们的空气泵

为玻意耳工作了几年后，胡克开始忙于自己的工作（他发明了显微镜，提出了万有引力假说），1675 年，玻意耳聘请了一名新助手，这是一位名叫丹尼斯·帕旁的法国医生。帕旁继续进行空气泵实验，但增加了一个装置。他很好奇，如果他能在泵上增加一个活塞，那么是否能以某种方式创造一个增缩和减压的工作循环。

1687 年，帕旁出版了一本书，描述了如何使用胡克—玻意耳空气泵来制作食物。他把自己的新设备称为"骨头消化器"，因为它可以将骨头压成可食用的碎片。1687 年出版的书是他的第一本书的续集。内容是关于现在被我们称为高压锅的仪器，所以帕旁称之为"新的骨头消化器"。后面一部分是关于如何烹饪牛角及烘干毒蛇的，这可能是葬送领先机会的最好例子，而其背后隐藏的正是玻意耳的空气泵需要解决的问题的答案。它描述了新发明的关键部件：蒸汽机。

皇家学会的学者们没有关注帕旁的想法，特别是在他们发现这个想法竟然写在一本关于烹饪的书的背面的时候。但这些想法并没有逃脱达特茅斯的一位名叫托马斯·纽可曼的手艺人的眼睛。纽可曼对哲学没什么兴趣，却很关注实用的小工具，比如压力锅。

1712 年，纽可曼将气缸内的可移动活塞变为一个实用的蒸汽机。纽可曼的发明迅速传遍整个英格兰。在 19 世纪，人们将继续提高其效率。蒸汽机很快就提高了货物的产量，大大超过人类或动物的力量限制。这种限制使人类社会的生产水平在数千年中保持不变。这一变化始于英格兰，并很快蔓延到欧洲其他地区，因此，西欧迅速崛起，成为世界上发展最快的地区。它打败了许多古老而强大的帝国，使人口呈指数级增长。

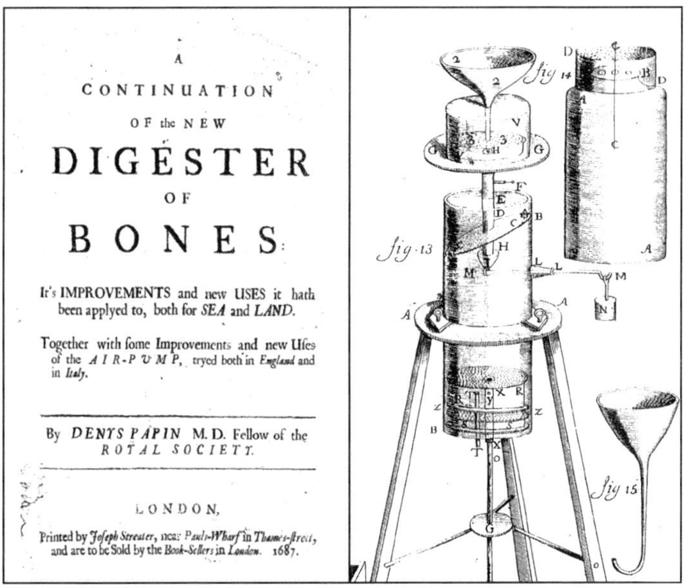

图 9–4　丹尼斯·帕旁的发明，它画在一本关于烹饪的书的背面

***

英国皇家学会、范内瓦·布什在战时创建的奇思狂想摇篮——美国科学研究与发展局、韦尔的贝尔实验室，这三者都有一些共同之处。它们都是当时世界上，甚至迄今最伟大的奇思狂想摇篮。它们带来了科技革命、世界大战的胜利和晶体管。

中国、伊斯兰世界和印度拥有丰富的财富和历史，却错过了科技革命？出于同样的原因，微软错过了移动设备，默克错过了蛋白质药物，一些电影专业人士错过了《我盛大的希腊婚礼》。奇思狂想的成长发生在其摇篮中，而不是在拥有特许权的帝国之中。擅长奇思狂想和擅长特许经营是一个机构的不同相态——无论该组织是一个团队、一个公司，还是一个国家。这就是科学的出现告诉我们的真理。

为了在下一次革命中生存，无论哪个国家的哪位领导人都应该吸取范内瓦·布什和西奥多·韦尔的教训。人们可以通过之前的讲述，在团队、公司乃至国家的失败案例中吸取经验教训。许多人可能会从 1945 年范内瓦·布什应罗斯福总统的要求所写的《科学：无尽的前沿》中获得启发。

罗斯福写信给布什说："思想的新境界就在我们面前，如果我们用和发动这场战争一样的眼光、勇气和动力去开拓，我们就能创造更加充实、更加富有成效的就业机会和更加充实、更加富有成效的生活。"

只需要一点点帮助和一点点科学技术，我们就可以作为个体、团队成员、国家公民，向我们自己的新领地前进。

后记 奇思狂想 vs 颠覆性

该后记主要是为商业理论者或创新理论者准备的。他们可能听说过，甚至偶尔会使用“颠覆性”或“颠覆性创新”（这会让我更加痛苦）这一术语。

首先，为了快点儿扫除阅读障碍，我必须提前说明：第 3 章描述的两种类型的奇思狂想与 1992 年路易斯·高拉姆博什提出的所谓“自适应”与“格式化”的创新无关，也与 1997 年被克莱顿·克里斯坦森称为“持续性”与“颠覆性”的创新无关。两类奇思狂想区分了新策略（S 型）和新产品或新技术（P 型）。高拉姆博什和克里斯坦森区分了持续改进现有产品的技术和最终显著改变市场的颠覆性技术。克里斯坦森特别强调新产品，即新进入者，从市场的“低端”开始，逐渐改善，直到赢得现有的高端用户。

根据定义，S 型和 P 型奇思狂想都可能是颠覆性或者持续性的。反之亦然：颠覆性和持续性创新也都可以是 S 型或 P 型的。它们描述了不同的、不相关的属性，就像身高和头发颜色一样。

奇思狂想（今天）vs 颠覆性（未来）

奇思狂想指的是大多数科学界或商业界领袖认为起不了什么作用的想法或项目，或者说，即使起作用，它也是无关紧要的（它不会赚钱）。一方面，奇思狂想与传统商业智慧相悖。另一方面，一个奇思狂想是否是“颠覆性的”，指的是它能在市场上产生多大的影响。

这本书讲的是前者，而不是后者。因为经验丰富的企业家都知道，现在很多想法和技术被认为是变革性的，但与它们最终的产品相比几乎没有任何相似之处。它们是由那些从未想象过它们最终会拥有什么样的市场的成功者所培育的。快速发展的市场中的早期项目就像龙卷风中的一片叶子。你很难猜到那片叶子最后会落在哪里。

一旦叶子降落，我们就很容易看出它是不是颠覆性的（后见之明）。我们知道晶体管使电子时代出现。我们知道，个人计算机由于使用方便，替代了主机或小型计算机。我们知道沃尔玛在飞速发展，竞争对手消失了。我们知道生物技术的发展会带来重要的药物。但这些想法最初形成的时候呢？

晶体管

20 世纪 40 年代，贝尔实验室的科学家在研究固体的能带理论、锗半导体、表面态的科学，他们能说这些是颠覆性技术吗？他们当时只是希望提高电话系统中的放大器和继电器开关的性能。根据上述定义，他们的目标是持续的。

即使在 1947 年点接触晶体管被发明之后，也没有人知道如何处理它。第一个进行商用的内部助听器直到 1952 年年底才出现。从事晶体管工作的科学家或业务经理是否已经开始讨论颠覆助听器市场的方案了？不，他们正在生产更好的开关。

这个晶体管是不是一个新产品，从低价开始，位于市场的低端？不，它诞生于该国最大的公司，是一项可持续的创新。它最初比真空管贵得多，晶体管的价格是真空管的 20 倍。它首先出售给像军方这样的高端用户。

当然，后来晶体管变得越来越便宜，几乎扰乱了这一市场秩序。

在线搜索

如果时间倒流几十年：谷歌刚刚创立时，它能说它已经开发出了具有颠覆性的创新产品吗？拉里·佩奇和谢尔盖·布林改进算法来为互联网搜索到的结果指定优先权，又称“网页排序”。这比其他搜索引擎对用户的帮助要多得多。根据上述定义，这是一项具有“持续性”的创新。

沃尔玛

对萨姆·沃尔顿而言，在农村地区开设商店是一项具有战略意义的颠覆性创新吗？

“伙计，我已经准备好成为一位大城市的百货商店老板了。”他写道。当时他正打算开设他的第一家店，他本想把店开在圣路易斯，但“就在那时，海伦开始发号施令了”。他的妻子宣布：“只要你不用住在大城市，我愿意和你一起去任何你想去的地方。1 万人的市场对我来说已经足够了。”他最终选择了阿肯色州的本顿韦尔，人口只有 3 000 左右。部分原因是“我想离能捉鹌鹑的地方近一些，而俄克拉荷马州、堪萨斯州、阿肯色州和密苏里州一年四季都可以捉鹌鹑”。

结果就像龙卷风中的叶子。

“事实证明，这是我们学到的第一个重要的教训。”多年后，沃尔顿写道，“这是因为外面世界的生意多到小城镇里的人——包括我在内做梦都想不到。”

宜家

现在，我们来谈谈家具零售。

1948 年，22 岁的瑞典人英格瓦·坎普拉德以小型邮购的形式出售圣诞贺卡、钢笔、相框等，后又将业务扩大至家具。他为当地设计师的作品做广告。他的业务快速增长，足以威胁更大的瑞典家具店。这些大型家具店的老板禁止他参加交易会（一位地毯商朋友曾经用地毯裹住他，把他偷偷带进了一个交易会）。

坎普拉德在瑞典乡村的一个大型空仓库中堆满了他的家具样品，供用户在订购前查看。这是第一个宜家展厅。一名本来打算将桌子放入汽车的员工意识到，他可以通过移除桌腿并将它们放到桌子下以节省空间。由于运输成本上升，他们决定尝试向用户推荐这种家具组装方式。用户同意了，回家自己组装，由于采用了这种组装家具的方式，订单量开始增长。

家具店老板通过禁止设计师与坎普拉德合作进行报复。他被迫招募了自己的设计师。这使宜家的品牌和风格开始形成，你很难叫出这些家具的名字：Poang，Alvangen，Grundvattnet（以上皆为宜家家具的瑞典名字）。

坎普拉德开始制造自己的家具，但这些大型家具店的老板禁止他们的木材供应商和其他制造商与他合作。所以坎普拉德去了波兰，并在当地找到了高质量的供应商，价格只有原来的一半。他将折扣转给了顾客。当然，业务量增长了。几年后，坎普拉德写道："如果它们（瑞典大型家具制造商）跟我们公平竞争，那么谁知道我们能否成功？"

1965 年，宜家在斯德哥尔摩开设了第一家店。因为顾客太多，于是商店经理让顾客直接去商店后面的仓库选购商品。这使得自助仓库诞生。后来的商店都被设计成让用户到仓库中自行选购商品的形式。

2017 年，宜家每年的销售额超过 4 400 万美元，在 49 个国家的 403 家商店中，到店用户达到近 10 亿人次。

没人知道如何利用颠覆性思想建成一家世界上最大的家具商店。这些都是坎普拉德和他的团队在绝境中想出来的小而疯狂的想法。

关于药物研发的真相

在药物研发的早期阶段，产品的市场是无法估计的，这在事后看来甚至有点儿滑稽。引言中提到的安进研发的药物可以增加人体的红细胞，预计可以帮助一小部分肾脏疾病患者，这些患者的肾脏几乎无法产生红细胞。由于预测的市场很小，几乎所有主要的制药公司都拒绝购买该技术。这令安进一度陷入现金危机。后来，研究人员发现，同样的药物可以帮助正在接受化疗的癌症患者，这些患者的血红细胞计数也很低。数百万患者从中受益。安进因此成长为一家市值 1 000 亿美元的公司。

在 20 世纪 80 年代早期，科学家开始在病人身上使用另一种可能有助于治疗癌症的药物，这种药物被称为干扰素。在实验中，这种药物似乎能与病毒相互作用，科学家希望它是一种能够抵御传染病的神奇子弹。然而，实验结果令人失望。肿瘤由病毒引起的观点在当时很流行，因此少数研究人员决定测试干扰素是否可以帮助治疗癌症。头条新闻大肆宣扬早期实验结果："魔药拯救了这个男孩！干扰素非常有效！"后来的癌症实验结果是令人失望的。人们对这种药物的兴趣迅速消退。

多年以后，一些科学家发现，该药确实有令人惊讶的作用：治疗多发性硬化症。直到今天，研究人员还不知道为什么干扰素可以治疗多发性硬化症。科学家曾认为多发性硬化症可能是由病毒引起的。然而，事实证明并非如此。尽管如此，这种药物仍在起作用。该药成为一款年销售额超过 60 亿美元的产品。研究干扰素的科学家是否曾宣称他们正在研究一种"颠覆性技术"？针对的是什么样的市场？

治疗多发性硬化症的投入比想象的要大得多，但不如风湿性关节炎那么大。主要制药公司在首次研发时几乎都把用于治疗风湿性关节炎的新药排除，因为风湿性关节炎被认为是一种老年病，市场很小。今天，治疗风湿性关节炎的先进药物每年的销售额达 300 多亿美元。事实证明，严重的风湿性关节炎只是广泛的自身免疫系统疾病中的一种，这种疾病包括克罗恩病、牛皮癣、溃疡性结肠炎，以及少数可以用这种药物治疗的其他疾病。

几年前，我和一家大型制药公司的 CEO 共进午餐。在他一步步成长的过程中，他从未放弃对营销人员采取质疑的态度。当我们讨论市场上会出现什么样的新药时，他告诉了我一个故事。当他第一次被任命为 CEO 时，他要求他的营销团队列出他们最近推出的 20 个产品的概要，并计算实际销售额中有多少在原有销售项目所预测的范围内，答案是 0。

我们提及的所有这些故事，到底告诉了我们什么？

用“颠覆性创新”来分析历史，培养奇思狂想去实现未来

阐释，解释了为什么优步不具有颠覆性，以及为什么 iPhone 是持续创新的产物。在第 3 章中，我们看到美国航空公司，一个大型企业，在放松管制后，领导航空业针对高端用户进行了许多“持续”创新。然而数百家低成本的专业化航空公司，作为“颠覆性创新”却失败了。

如果晶体管、谷歌、苹果、优步、沃尔玛、宜家、美国航空公司的大数据和其他行业转型创意从一开始就持续创新，而数百个“颠覆性创新者”惨遭失败的话，或许保守与颠覆之间的区别相比于实时调整业务就显得不那么重要了。

这就是我不使用“颠覆性创新”而使用 S 型和 P 型奇思狂想之间的区别的原因，因为团队、公司或任何大型组织对战略和产品都有深刻的信念，有时甚至是无意识的。而奇思狂想有时会挑战这些信念。也许你对产品或商业模式的看法是正确的，人们也许会告诉你一些挑战你信仰的疯狂想法是错误的。但如果它们不是呢？你是不是宁愿在自己的实验室中发现它，也不愿在关于你的竞争对手的新闻稿中读到它？否定这些想法，你将承担多少风险？

我们希望好好规划我们的团队、公司和国家，以培养奇思狂想。我们

需要保持特许经营与奇思狂想之间的微妙平衡。那些摒弃“奇异、巧妙的物品”的人，他们多年后从竞争对手那里拿回了曾经弃之如敝屣的“奇异、巧妙的物品”，然而自己的帝国却已走向灭亡。

致谢

我非常感谢帮助我完成此书的许多朋友和专家，他们耐心地回答了我无数的问题，不厌其烦地数次阅读这本书的手稿，在我偶尔犯错时，他们为我进行了耐心与细致的解释。

感谢几十年来这些世界级的科学导师与朋友们的支持：陈兰博、史蒂夫·沃尔森、鲍勃·劳克林、布莱恩·林恩、莱尼·萨斯坎德，以及已故的詹姆斯·布莱克爵士和犹大·福克曼。感谢在商业和金融领域为我提供建议的朋友们，这么多优秀的人把这么多的时间和精力投入这个有意义的项目，我从他们身上学到了很多，我无法把所有人的名字都列在这里，但你们知道我指的是谁，我真诚地感谢你们所做的一切。

感谢他们提供的宝贵意见、实用的写作建议，以及对本书特定主题写作方面的帮助，他们是克里斯托弗·波南斯、克里斯塔·伯格、多丽·克拉克、苏珊·大卫、土井正树、伊曼·哈里里、远藤章、亚历克斯·法曼、本·菲德尔、乔希·福尔、欧文·金格里奇、马特·戈德、约瑟夫·戈尔茨坦、聂尔·哈乔恩、休·哈尔彭、肯·豪尔瑞、尼尔·约翰逊、曼诺利斯·凯利斯、乔纳森·利夫、珍妮弗·八·李、尼米特·曼卡德、阿特·麦克马洪、道格·米勒、理查德·米勒、罗伯特·蒙哥马利、斯科特·奥尼尔、理查德·普雷斯顿、贝丝·拉什巴姆、苏珊·施密特、吉姆·斯科特、内森·席文、戴维·斯博格尔、史蒂芬·斯托加茨、贝基·斯韦伦、劳伦·特里、菲利普·桑奎特、艾德·特里普、格雷格·华纳、亚历克斯·韦勒斯坦、道格·威克特以及山本亨。感谢三位英雄级的人物阅读了无数的草稿，并就每一个细节提供了宝贵的建议，他们是保罗·克雷格、约翰·汤普森，以及安德鲁·赖特。我很感谢这些勤奋且聪慧的顾问。将他们的名字列于此仅为表达我的感激之情，绝非是要他们为本书负责。书中所有的错误和疏漏都应归于我自己。

特别感谢比尔出版社邀请我参加科技顾问委员会（PCAST）；感谢泽科·鲁比提供的法律咨询；保罗·克雷格作为一名亲切的主持人，多年来一直是我最理想的发布会主持人；感谢奥利维亚·福克斯·卡本尼和丹·艾瑞里为我推荐了吉姆·莱文；感谢蒂姆·哈福德推荐了安德鲁·赖特；感谢蒂娜·卡夫推荐了奇亚·埃弗斯。如果我能早认识奇亚几年，那么这本书的质量肯定会更好。她能运用精湛的研究技巧透过迷雾看清现实，她善于寻找冷僻的参考资料，将数千个不相干学科的 5 000 多篇带有大量注释的期刊文章、书籍章节和新闻进行汇编，使之成为合理的参考资料，她还顺便整理了我多年积攒的笔记。我不知道她是如何在保持着微笑和风度的同时做到这一切的，我对她实在是感激不尽。

弗里曼·戴森是最初激励我写作本书的人（“与专家的预测相反，书籍仍然是传播思想的有效方式”）。在《生命起源》一书中，戴森介绍了一种叫作“初始玩具模型”的新方法，可以用来思考长期问题。正如他在整个职业生涯中一贯的行事风格，他这样做的时候并没去考虑其他专家对于自己的领域被入侵时可能产生的种种想法。这激发我做了同样的事情。

整本书中那些精美的版画插图都是安塔尔·达亚尔的作品。安塔尔将模糊的想法和简约的人物形象转化为极具创意、优美的图片，每幅图都栩栩如生、充满趣味。安塔尔的工作风格与他的艺术风格一样有趣，这使得我们合作时的每一天都充满了欢乐。

在圣马丁出版社，蒂姆·巴特利特作为杰出的编辑、修订者、解读者和建议者，是微观和宏观分析方面的大师。每一位与我交谈的作家都说，能与他合作是多么幸运。他们所言着实不错。还要感谢出版社的其他成员，尤其是艾伦·布拉德肖、劳拉·克拉克、凯瑟琳·海格勒和爱丽丝·菲弗，这些专业人士投入了大量的心血在书稿和作者身上。

吉姆·莱文耐心地将一整本书浓缩成了一篇短文，巧妙地将我引入了一片原本陌生的领域。在我最需要的时候，他让我体会到了发现伟大的思想和重要的故事时的喜悦和激情。我还要感谢与吉姆一起工作的伊丽莎白·费舍尔和马修·胡夫，感谢他们的慷慨帮助。

感谢我的家庭成员对我的支持和鼓励，他们使所有这一切成为可能。对于丹、奥利和母亲，我亏欠他们很多。我的母亲娜塔提供了许多科学方面——尤其是关于天文学的历史的宝贵意见，帮我阅读了数十篇草稿，偶尔也会问我有关未来工作的愿景。

至于伊桑、朱丽叶和玛格达，我永远无法用语言描述他们在我人生中有多重要。我将此书献给我的父亲——我的灵魂导师，而将我自己献给玛格达——我的指路明灯，我们的生命和孩子们在一起。

术语表

复杂系统	由许多相互作用的部分组成的一个整体，其相互作用遵循一定的原则。 例子：（1）水是由许多分子组成的，它们通过电磁力相互吸引和排斥。（2）交通流是指许多司机寻求达到目标速度，同时不撞到其他司机。（3）市场是由希望以最低价格买到最好产品的买家和希望获得最大利润的卖家组成的。
控制参数	能改变复杂系统状态的变量。 例子：（1）水：温度或压力的微小变化可以触发水从固态到液态的转变。（2）交通流：高速公路上车辆密度或平均车速的微小变化会触发从平稳流到阻塞流的转换。（3）市场：一个买主的行为对另一个买主的影响程度叫作"羊群效应"，它可以改变一个市场。较高的羊群效应鼓励泡沫阶段；较低的羊群效应抑制泡沫阶段。
动态平衡	当两个阶段平衡共存，不断交换各自的部分时，任何一方都不会以牺牲另一方为代价而增长或收缩。例如，当冰块和水共存时，分子在两者之间循环。
涌现行为（或整体特性）	整体的一种属性，不能通过单独研究部分来定义或解释。这些行为产生于这些部分如何相互作用，而不是它们各自做什么。 例子：（1）水：冰是坚硬的，撞击时会破碎；液态水在倒出时会流动。不能通过研究水分子来定义或解释这种行为。（2）交通流：高速公路上的汽车可以顺畅地行驶而不受干扰，也可以因小的干扰而堵塞。这些突发行为并不取决于汽车或司机的一些小细节。（3）市场：价格根据需求进行调整，资源往往能得到有效配置，而不管买家在买什么，卖家在卖什么。 与基本定律不同，整体行为可以突然改变。例如，当垄断组织或企业联盟出现在市场上时，价格可能不再适应需求，资源也不能进行有效分配。
虚假的失败	当一个有效的假设由于实验设计上的缺陷而在实验中产生负面结果时。
特许经营	原始产品或服务的后续迭代或更新版本。例如：第 9 种他汀类药物；第 26 部《007》电影；iPhone X。
生存在边缘	生存在边缘：当控制参数将复杂系统带到相变的顶端时。例子：将水温调整到 32 华氏度。相在动态平衡中分离共存。
奇思狂想	一个被忽视的项目，总是被拒绝，它的拥护者通常被视为"疯子"的大胆创新。

续表

登月	一个雄心勃勃、代价高昂的目标，被普遍认为具有重大意义。登月代表一个目标（还有消除贫困的目标）。培育奇思狂想是我们达到目的的途径。
摩西陷阱	当一个全能的领袖成为裁决者来决定奇思狂想的命运。
相位	一个复杂系统的状态，可以一组特定的整体行为为特征。 例子：（1）水分子可以排列成一个刚性的、有序的晶格（固态），也可以随机跳动（液态）。（2）交通流：小干扰可能会呈指数增长，形成堵塞（交通堵塞），也可能没有影响（交通顺畅）。（3）市场：买方可能主要对卖方产品的某些估计公允价值做出反应（理性阶段），也可能主要对其他买方的行为做出反应（泡沫阶段）。
组织阶段	当一个组织被认为是一个复杂的系统时，我们希望这个系统表现出阶段性和阶段性转变。例如，系统处在一个鼓励关注奇思狂想的阶段和一个鼓励关注职业的阶段之间的状态。
相变	两个阶段之间的状态突然变化，即两种整体行为之间的突然变化。 例如：在固体和液体之间；在公路上的交通顺畅和交通堵塞之间；在市场的理性和泡沫阶段之间。
P 型 奇思狂想	一种没有人认为能用的新产品或新技术。
S 型 奇思狂想	一种没有人认为能实现其目标的新战略或商业模式。

附录A 总结：布什—韦尔原则

1. 相态分离
   - 将艺术家和士兵分开
   - 根据相态量身定制工具
   - 注意盲点：培养两种类型的奇思狂想（P 型和 S 型）
2. 创造动态平衡
   - 平等地对待艺术家和士兵
   - 转换管理方式而不是技术：做一位园丁而不是摩西
   - 任命并培训项目负责人，以弥合分歧
3. 传播系统思维
   - 不断提出疑问：为什么团队做出了这个选择
   - 不断提出疑问：如何改进决策过程
   - 找到具有结果思维模式的团队，并帮助他们采用系统思维模式
4. 提高魔法数字
   - 减少行政因素
   - 使用柔性股权（非财务奖励）
   - 提升员工技能以适应相应的工作（扫描不匹配项）
   - 稳定中层（减少对中层管理人员的不正当激励）
   - 在刀战时带上一把枪（雇用一名首席激励官）
   - 微调跨度（对奇思狂想团队宽松，对特许经营团队严格）

对任何拥护奇思狂想的人来说，都要：

- 当心虚假的失败
- 关注由好奇心产生的想法
- 使用系统思维而不是只看结果
- 关注精神、人际关系和时间

前三条原则在本书第一部分第 1~5 章中讨论过，第四条原则在本书第二部分第 7~8 章中讨论过。

1. 相态分离

- 将艺术家和士兵分开。为创意者和执行者分别创建单独的群体，如那些发明晶体管的人和负责接电话的人；那些设计全新武器的人和那些组装飞机的人；你不能要求同一个群体的人同时做这两件事，就像你不能同时要求水同时是液体和固体一样。
- 根据相态量身定制工具。广泛的管理跨度、松散的控制和灵活（创造性）的度量标准最适合奇思狂想团队。狭窄的管理跨度、严格的控制和严格的（定量）指标最适合特许经营团队。
- 注意盲点：培养两种类型的奇思狂想（P 型和 S 型）。确保你的奇思狂想种子里面有两种类型的种子，特别是你最不喜欢的奇思狂想类型。S 型奇思狂想是战略上的小变化，没人认为会起多大作用，P 型奇思狂想则是没人认为会有效果的技术。

2. 创造动态平衡

- 平等地对待艺术家和士兵（员工）。艺术家更喜欢艺术家，士兵更喜欢士兵，团队和公司都需要生存和发展，两种人都需要同样感受到自己的价值并被人欣赏（尽量避免称对方为“傻瓜”）。
- 转换管理方式而不是技术：做一位园丁而不是摩西。创新型成功者往往自己是裁决者（领导陷阱）。相反，应该去创建一个自然的项目转移过程，将奇思狂想从苗圃转移到田地，并且为了得到有用的反馈和市场，还需要将奇思狂想从田地转移到苗圃。注意管理转移的时机：不要太早（太早的话脆弱的奇思狂想会被压碎），不要太晚（太晚的话不容易转移）。只有在需要的时候进行温柔的干预，静静地做一个管理这片苗圃的园丁。

- 任命并培训项目负责人，以弥合分歧。士兵会抵制变革，他们只看到婴儿阶段的艺术家的想法，还未成型。艺术家则希望每个人都能欣赏这个美妙的想法。他们可能没有能力说服士兵进行实验并提供对最终结果至关重要的反馈。培养一些沟通专家，这些人精通艺术家和士兵的语言，以此来弥合分歧。

3. 传播系统思维

- 不断提出疑问：为什么团队做出了这个选择。零级团队不分析为什么失败。一级团队评估产品功能为什么没有满足市场需求（结果心态）。二级团队调查组织为什么会做出这样的决定（系统思维）。他们既分析失败也分析成功，因为他们知道，好的结果不一定总对应着好的决定（可能是运气好）。同样，坏的结果不一定总对应着坏的决定（运气问题），换句话说，他们分析决定的质量，而不是结果的质量。
- 不断提出疑问：如何改进决策过程。识别出关键因素——参与的人、考虑的数据、分析的结果、如何选择以及市场或公司条件如何影响做决策的过程，还有对个人和整个团队的财务或非财务的激励。询问如何改变这些影响以使未来能够更有效地做出决策。
- 找到具有结果思维模式的团队，并帮助他们采用系统思维模式。分析某个产品或者市场在技术上可能是困难的，但这是一件熟能生巧的事情。分析一个团队为什么会做出某个决定是比较棘手的，这需要团队成员具有自我意识及承认错误的勇气，以及坦诚的意见和愿意接受细微反馈的决心。如果由团队外部的专家调解，那么这个过程将会更有效也更愉快。

4. 提高魔法数字

- 减少行政因素。让争取薪酬和晋升的游说变得困难。想办法减少对员工经理的依赖，使做决策的过程在整个公司范围内有更独立的评估流程和公平的标准。
- 使用柔性股权（非财务奖励）。识别并应用能产生重大影响的非财务奖励。例如：同伴的认可，内在的动力。
- 提升员工技能以适应相应的工作（扫描不匹配项）。加大对人员和流程环节的投入，尽早发现员工的技能与其分配的工作之间是否匹配，并帮助经理调整任务或使员工去到更合适的岗位。我们的目标是让员工的工作内容既不过多也不过少。
- 稳定中层（减少对中层管理人员的不正当激励）。确定并调整不合适的激励机制，因为善意奖励也会带来意外后果。特别要注意危险的中层管理人员，这是奇思狂想和政治游说活动中最薄弱的环节。将鼓励为晋升而奋斗的激励转向以结果为目标的激励。表彰结果而不是排名。
- 在刀战时带上一把枪（雇用一名首席激励官）。在人才和奇思狂想的争夺战中，竞争对手可能正在使用过时的激励机制。请一位精通激励机制的专家——首席激励官。

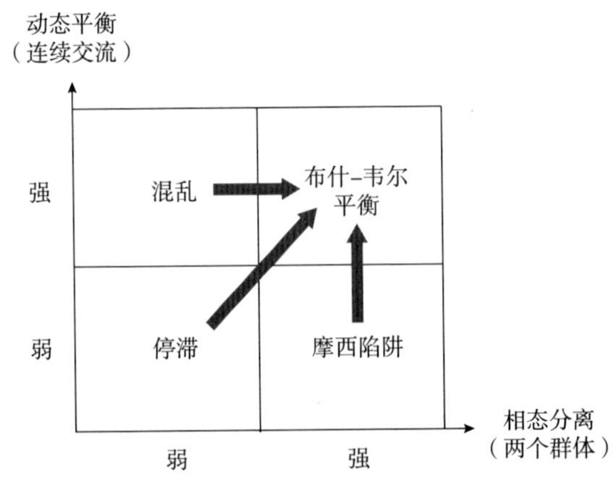

- 微调跨度（对奇思狂想团队宽松，对特许经营团队严格）。在奇思狂想团队中扩大管理范围，以鼓励更宽松的控制、更多的实验和在同级的同事间解决问题。

对于支持奇思狂想的人：

- 当心虚假的失败。参见第 2 章 Friendster 的虚假失败和他汀类药物的虚假失败（在老鼠和狗身上的错误实验结果）。负面的结果是因为想法或测试有缺陷吗？你怎么能相信这是测试中的一个缺陷呢？你如何评价这个假设呢？
- 关心由好奇心产生的想法。当你全身心地投入一个项目时，你会忍不住与批评者争论，并拒绝任何挑战你的人。你可以把这些冲动放在一边，带着真正的好奇心去调查投资者拒绝合作、合伙人离职或用户选择竞争对手的潜在原因，从而提高成功的概率。人们都很难接受没有人喜欢你的想法这件事。要一直问为什么就更难了。
- 使用系统思维而不是只看结果。每个人都会在漫长而黑暗的隧道中走错路，而这条隧道是每个奇思狂想的必经之路。试着去理解做出这些决定的过程，你会收获更多（也会感觉更好）。你是怎么准备的？是什么在影响你？如何改进你的决策过程？
- 关注精神、人际关系和时间。这一点不在正文中，对于任何读到这里的人来说，这都是一个额外的想法。

当你支持一个奇思狂想时，你很容易忘记什么是重要的，以及你为什么要做你正在做的事情。对事物适度的坚持是有好处的，然而超过一定限度会适得其反。

是什么把我从边缘拉回来，进而达到一种更可持续、更有效的坚持？退一步想想，答案是精神、人际关系和时间。

精神

有些人在为更高的权力服务时找到了意义。另一些人则在为国家服务时找到了意义。还有一些人在供养家庭、传播快乐、帮助他人过上更好、更自由的生活中找到了快乐。每个人都有自己的使命或崇高的目标。例如，威廉·福克纳在谈到作家和诗人的崇高目标时说：

> 我相信人类不仅能忍受，还能战胜一切。他是不朽的，不是因为只有他在万物中有无穷无尽的发言权，而是因为他有灵魂，有能够同情、牺牲和忍耐的精神。
>
> 诗人和作家的责任就是写这些东西。他通过唤起人们的勇气、荣誉、希望、自豪、同情、怜悯和牺牲等一些过去的荣耀，来帮助人类忍受痛苦。

当你全身心投入一个项目或事业时，你的头脑和心灵很容易就会不再关心那些无关紧要的事情。我在开始从事学术工作时，就设立了一个追求真理的崇高目标。我转行到生物技术领域时，肩负着改善那些有需求的病人的生活的使命。这两个领域，像所有的目的一样，都能够赚得盆满钵满。只有回到崇高的目标上来，我才能把这两者区别开。

目标滋养精神，而精神是我们前进的动力，它是我们未来奋斗的基础。

我们爱的人

在具有怀疑和不确定性的世界中生存所需要的支持不是来自身外之物，而是来自人。几年前，一位治疗绝症的医生与我分享了一个改变他的人生的观点。他说，在数以百计的临终谈话中，他从来没有听到有人谈论过他们的车位上有什么样的车，也从来没有听到有人谈论过他们有什么样的房子。他们总是谈论家人和爱人。

当我们痴迷某样东西时，我们爱的人往往显得不那么重要。但他们通常是我们最重要的依靠。当我发现自己犯了错误时，我就会回想起那些临终前的谈话。

时间

支持一个疯狂的想法、挑战专家及面对反复的拒绝所带来的焦虑，可能会使人像无头苍蝇一样乱转。完成紧急但不重要的任务会产生成就感和控制感。但时间是我们最宝贵的资源，就像我们爱的人是我们最宝贵的快乐和依靠一样。

我们都会玩各种球类，一位名叫菲利普·雷德的朋友喜欢这么说，但我们知道哪些是橡胶球，哪些是玻璃球。对我来说，精神、我们爱的人和时间正是需要我们小心处理的，要避免放弃或失去它们。

附录B 创新公式

第 7 章所描述的公司简化模型（物理学家称为玩具模型），可用于说明组织内部相变的概念及推导文中所示的方程。

拔河部分第 7 章的树形图描述了管理设计结构。管理范畴 S 为常量。员工位于树的最底层（1 级），他们受公司雇用，负责项目的具体事务。（例如用户服务公司的客服，软件公式的程序员，等等。）往上一个等级（2 级）是项目管理层。第三等级以及更高层是职业经理层（项目管理的经理，例如区域主管、监事会）。公司中员工的数量应为 $N=(S^L-1)/(S-1)$，其中，L 为公司等级的总数目。若 $L=2$，那么公司仅有两个等级，只有 1 个项目，员工数量应该为 $S+1$。

给出薪水模型：$C=C_S+C_E$，其中第一项为基本工资，第二项为以股权单位形式持有的股票，例如，限制性股票或股票期权。（加上年度现金奖金项并不难，但我们从最简单的模型开始。）假定更高等级的基本工资以固定比例 g 递增，因此基本工资公式为 $C_S=C_{S0}(1+g)^{\ell-1}$。将股权价值按面值的百分比写下来，是 $C_E=aN_{EU}(\ell)P_{sh}$，其中 N_{EU} 为ℓ级平均拥有权益单位数，P_{sh} 为公司股票价格，常数 a 为恒定的百分比数值。将股权价值简单近似为面值的倍数，这在企业内部的实践中得到了普遍的使用，为了更精细的细节而使用例如布莱克斯科尔斯（BlackScholes）之类的更复杂的模型完全没有必要。（常见的雷德福员工薪酬调查报告以及上市公司报告准则都遵循这一做法。）下一步，假设股权与工资的增长比例相同，也就是说 $N_{EU}(\ell)=N_{E0}(1+g)^{\ell-1}$。也就是说，若 $g=15\%$，那么职员每升一级，工资与股权就会增加 15%。

为了分析员工的努力和公司价值之间的关系，假设组织的企业价值 V_{ent} 为单个项目期望价值之和（也就是说，非项目贡献很小，可忽略不计），为了简单起见，假定所有项目的期望价值相同，为 V_0。为了分析行为与激励之间的关系，将员工选择在其控制范围（V_{sp}）内，将项目预期价值最大化所花费的工作时间的百分比写为 x，将用于政治活动的部分（将晋升到下一个管理级别的可能性最大化，与项目工作分开）写为 y。假定工作总时间确定，则 $x+y=1$。

不难分析，在项目范围 V_{sp} 内，ℓ 级员工薪酬随着政治活动时间比例的变化而变化，即

$$\frac{\mathrm{d}\ln C}{\mathrm{d}y}=\tilde{g}\,R_{\mathrm{P}}-\left(\frac{C_{\mathrm{E}}}{C}\right)\left(\frac{V_{\text{sp}}}{V_{\text{ent}}}\right)R_{\mathrm{S}}.$$

其中，$\tilde{g}=\ln(1+g)$；$R_{\mathrm{P}}=(\mathrm{d}\ell/\mathrm{d}y)$ 是职位等级的晋升率，即政治活动将带来晋升的可能性。$R_{\mathrm{S}}=(\mathrm{d}\ln V_{\mathrm{SP}}/\mathrm{d}x)$ 表示技能增长速率，即由于投入工作的时间不断增加而使分配项目的价值提高的比值（本文称为项目－技术配合）。在该模型中，公司的员工将时间完全投入项目，有（$x=1, y=0$），也就是说，在政治中不投入时间，则本段讨论的公式的值恒小于 0。换言之，当政治项（等式右边第一项）小于项目项（等式右边第二项）时，增加政治时间比值（y）将会导致工资减少。我们称这样的现象为无政治条件。

在职业经理组织中，由于跨度随着等级的增加而增加，政治现象首先会出现在最底层中（$\ell=3$）。该等级的经理每个人管理 S 个项目。组织中所有的项目总数为 $S^{L-2}\approx N/S$（当 S 足够大）。因此该层中有（$V_{\text{sp}}/V_{\text{ent}}$）$=S^2/N$。确保在组织中不存在政治环境的条件为

$$N<\frac{ES^2F}{\tilde{g}}.$$

其中 $E=C_E/C$；$F=R_s/R_p$ 为组织健康度；$\tilde{g}=\ln(1+g)\approx g$（g 足够小）。

***

专家们将认识到，相变的概念具有严格的数学定义——必须满足热力学极限，且存在无穷多个相互作用的物体。然而，科学家们经常将这些想法应用于非无限系统：例如高速公路上的汽车，或者摇滚音乐会上的人群。

该领域最负盛名的期刊《物理评论快报》(*Physical Review Letters*)在2013年5月的一期上，发表了一篇分析重金属音乐会相变的文章。分析显示："'mosh pit'类似于一种无序的气体状态，而'circle pit'是一种有序的涡流状态。"作者在这些音乐会中确定了相分离，并提供了一个双参数的相图，以提供易于理解的可视化动态（正如我们在第6章中对森林和高速公路所做的那样）。

虽然有时会有这样的感觉，但参加重金属音乐会的人数并不是无限的。相变的科学被用来描述有限系统，因为它帮助我们理解大型系统如何以及为什么会突然发生变化。我们利用这种理解来帮助我们管理这些系统，将其作为设计更安全的森林经济、更好的高速公路，或者——正如我们第一次在这里做的——成立更多创新的公司的想法来源。

N 无论是有限大还是无限大，其倒数 $1/N$ 都足够小（对于包含100多个组件的系统，有限尺寸效应往往小于1%）。

然而，纯粹主义者可能想要求出可以被定义为在通常的严格意义上存在相变的 *N* 的下限。这就是上一页模型中的情况。我们可以考虑随着 *N* 的增加而减小的补偿增加速率，g 也就是 $\tilde{g}N\to g_0$，其中 g_0 是独立于 *N* 的常数。此时在大 *N* 限制下，系统将在 $S^2_{critical}=g_0/EF$ 临界处产生管理跨度（组织树的陡度）的相变。而另一种不同但相关的模型，在不做无补偿升职速率假定的情况下，也在大 *N* 极限中显示出一个明确的过渡。如果假设一个恒定的现金红利比例（与股权相反），我们就会发现一个类似的无政治条件，如上面所述，但是用红利比例 *B* 替换了 ES^2/N。这个模型在大 *N* 极限中也有很好的转变现象。

插图清单

Scientist and piranha: Antar Dayal, AntarWorks LLC.

Water, ice, and hammer: Antar Dayal, AntarWorks LLC.

Tug-of-war: Antar Dayal, AntarWorks LLC.

Life on the edge: Antar Dayal, AntarWorks LLC.

The Battle of the Atlantic: Antar Dayal, AntarWorks LLC.

"Through superiority in the field of science": Antar Dayal, AntarWorks LLC.

Bush, Conant, Compton, and Loomis at UC Berkeley. © 2010 The Regents of the University of California, through the Lawrence Berkeley National Laboratory.

Ice to water: Antar Dayal, AntarWorks LLC.

The first patient to receive a statin: Akira Yamamoto.

Akira Endo: Antar Dayal, AntarWorks LLC.

Brown, Endo, and Goldstein: Akira Endo.

Lindbergh and Trippe: Pan American World Airways, Inc. Records, Special Collections, University of Miami Libraries, Coral Gables, Florida.

The *China Clipper*: Clyde Sunderland, collection of SFO Museum.

Chang letter to Trippe (1947): Trippe Family Archive, courtesy of the Pan Am Historical Foundation.

Pan Am launches the Jet Age: Antar Dayal, AntarWorks LLC.

Audience for 3D movie: J. R. Eyerman/The LIFE Picture Collection/Getty Images.

Meroë Morse: Polaroid Corporation Records, Baker Library, Harvard Business School.

Land and daughter: Polaroid Corporation Records, Baker Library, Harvard Business School.

Edwin Land unveils the first instant-print picture: *New York Times*, February 22 © 1947.

William Wegman Polaroid photography: © William Wegman.

Andy Warhol Polaroid photography: © Bill Ray.

Life: The SX-70: Co Rentmeester/The LIFE Picture Collection/Getty Images.

Land and Polavision machines: AP Photo/Bill Polo.

"And he came down from the hill with the tablet": Antar Dayal, AntarWorks LLC.

Tubby the Tuba: Antar Dayal, AntarWorks LLC.

Bond battles an evil monkey: Antar Dayal, AntarWorks LLC.

Garry Kasparov: Reuters/Jeff Christensen.

Sir Isaac Explain'd: Public domain. Note: the cover has been edited for readability.

Nagoya Dome: Tadaki et al., "Phase Transition in Traffic Jam Experiment," *New J. Phys.* 15 (2013).

Humphrey Bogart: Yousuf Karsh.

How do crickets harmonize?: Antar Dayal, AntarWorks LLC.

Sample content from an online terror cell: *Science* 352 (June 17, 2016): 1459. Reprinted with permission from AAAS.

Map of an online terror network: *Science* 352 (June 17, 2016): 1459. Reprinted with permission from AAAS.

Predicting when conflict will erupt: *Science* 352 (June 17, 2016): 1459. Reprinted with permission from AAAS.

Tug-of-war: Antar Dayal, AntarWorks LLC.

Launch of *Sputnik*: By permission of the Marcus family. Library of Congress, Prints & Photographs Division, LC-DIG-ds-04944.

The DARPA team prepares: DARPA.

Shredding the Dead Sea Scrolls: Antar Dayal, AntarWorks LLC.

Richard Feynman: Tamiko Thiel, via Wikimedia Commons.

Einstein and Kepler: Antar Dayal, AntarWorks LLC.

Shen Kuo: Antar Dayal, AntarWorks LLC.

Hooke, Boyle, and air pump: Rita Greer, via Wikimedia Commons.

Papin's discovery: Public domain.

参考文献

Because sources mostly do not overlap between chapters, a bibliography is provided for each chapter, to make it easier for the reader to browse related subjects.

序言

Miller's piranha: Company reports; interview with Richard Miller. *Amgen*: See Introduction note for *"unable to repeat"* on page 315. *Nokia*: Cord, 19, 39, 118–20; Fox; Baker; O'Brien; Troianovski. *Merck*: Company reports. For more on Merck and the statins, see chapter 2. **Quotations:** *"law firm with a drug"*: Goozner, 128; conversations with industry insiders. *"synonymous with success"*: Baker. *"least hierarchical"* and *"have a bit of fun"*: Fox. *"After* The Lion King*"*: Catmull, 130–131. *"more is different"*: Anderson. For good surveys of the field of emergence see Ball; Gell-Mann; Johnson; Laughlin; and Miller.

Anderson, P. W. "More Is Different." *Science* 177 (1972): 393.
Baker, Stephen, et al. "Nokia: Can CEO Ollila Keep the Cellular Superstar Flying High?" *Bus. Week* 3590 (1998): 54.
Ball, Philip. *Why Society Is a Complex Matter.* Springer, 2012.
Binder, Gordon M., and Philip Bashe. *Science Lessons.* Harvard, 2008.
Catmull, Edwin, and Amy Wallace. *Creativity, Inc.* Random House, 2014.
Cord, David J. *The Decline and Fall of Nokia.* Schildts & Söderströms, 2014.
Fox, Justin. "Nokia's Secret Code." *Fortune* 141 (2000): 160.
Gell-Mann, Murray. *The Quark and the Jaguar.* Macmillan, 1994.
Goldwasser, E. "Erythropoietin: A Somewhat Personal History." *Persp. Biol. Med.* 40 (1996): 18.

Goozner, Merrill. "The Longest Search: How Eugene Goldwasser and Epo Gave Birth to Biotech." *Pharm. Exec.* 24 (2004): 112.

Johnson, Steven. *Emergence*. Scribner, 2001.

Laughlin, Robert B. *A Different Universe*. Basic Books, 2005.

Miller, John H. *A Crude Look at the Whole*. Basic Books, 2016.

O'Brien, Kevin J. "Nokia's New Chief Faces a Culture of Complacency." *NY Times*, Sept. 26, 2010.

Troianovski, Anton, and Sven Grundberg. "Nokia's Bad Call on Smartphones." *WSJ*, July 19, 2012.

Welte, Karl. "Discovery of G-CSF and Early Clinical Studies." In *Twenty Years of G-CSF*, edited by G. Molineux et al., 15. Springer, 2012.

第 1 章

Dr. Angelina Callahan of the History Office of the Naval Research Laboratory kindly provided transcripts from a 1953 interview with Leo Young.

For thorough accounts by military historians of the role of radar in World War II, see Allison, *New Eye*; Brown, *Radar History*; Burns, "Technology"; and Guerlac, "Radar War." Roberts's *Storm of War* offers an excellent, broad World War II history. Dimbleby's *Battle of the Atlantic* does the same for the theater described in this chapter. Two concise guides to the vast literature on World War II are in Weinberg, *Short Introduction*, and D. Kennedy, *Freedom from Fear.*

Introduction and **The *Dorchester*:** *Radar at the NRL:* Allison, 39–82; Christman, 43–56 (which has been overlooked by most histories); Guerlac, *WWII*, 42–92; Page, 19–40; Young interview. *Radar at Pearl Harbor:* Prange, 366–75; US Congress, "Pearl Harbor," part 27, 527–29. **Quotations:** *"secret war . . . in vain"*: Churchill, *Finest Hour*, 337. *"irrespective of fog"*: Allison, 40. *"since the airplane"*: US Joint Board on SIP, 1. *"well exceed"*: Allison, 116. *"wild dream"* and *"pained me"*: Christman, 49, 56.

How not to fight a war: Bush, *Action*; Wiesner; Zachary. **Quotations: "***how not to fight"*: Bush, *Action*, 74. *"lower caste"*: Bush, *Arms*, 19. *"already had a chemist"*: Greenberg, 58. *"rifle and bayonet"*: US War Department, 474. *"damn professors"*: Kevles, 133. *"tendency to fight a war"*: Bush, *Action*, 89. *"almost with awe"*: *Time*, "Yankee." *"await achievement"*: Stewart, epigraph.

Gathering storm: Wiesner; Zachary, 61–117; Sherwood, 154. **Quotations:** *"sea captains"*: Zachary, 23. *"wing of the President"*: Kevles, 301. **"***do-gooders"* and *"minor miracles"*: Bush, *Action*, 35. *"OK, FDR"*: Zachary, 112; Bush, *Action*, 36. *"explore the bizarre"* and *"end run"*: Bush, *Action*, 102 and 31–2.

Life at 32 Fahrenheit: *Military, academic resistance:* Bush, *Action*, 69–120; Kevles, 243–47, 254–58. *Loomis:* Alvarez, 309–31; Conant, 108–32, 213–17, 309. *Radar in England:* Phelps, 23–78; Rowe; Jones, *Secret War. Battle of Britain:* Bungay, 104, 122, 199, 334–36; Moore, 104; Murray, 47. *British-American relations:* Phelps, 124–25, 140. *Loomis* *and the Tizard Mission:* Bowen, 150–63; Conant, 179–208; Phelps, 152–62, 176–203, 214–45. **Quotations:** *"tight organization," "close collaboration," "damned civilian,"* and *"Army did not want"*: Bush, *Action,* 28–30, 103, 104. *"describe that weapon"*: Lovell, 15. *"finest hour"*: Churchill, 1940. *"would be nil"*: Bungay, 334. *"foul specimen"*: D. Kennedy, 443.

Massacre: *Role of technology in the U-boat war:* Baxter, 37–52, 136–86; Brown, 334–48; Burns; Guerlac, "Radar War"; P. Kennedy, 5–73; Kevles, 302–15; US Joint Board on SIP; Williamson. *American coast:* Dimbleby, 243–65; Gannon, *Drumbeat,* 214–41. *U-boat blockade:* Bungay, 339; Churchill, *Ring,* 4–5; Dimbleby, 121–46, 327–43, 376–89; D. Kennedy, 566–72; P. Kennedy, 30–37, 66–116. In mid-December 1942, Britain's fuel supply was 300,000 tons for commercial use and one million tons for emergency military use. Consumption ran at 130,000 tons per month—a runway of 10 months (Roskill, 217–18). *LORAN:* See chapter 1 note for *"a pilot could calculate his location"* on page 318. **Quotations:** *"help yourselves!"* and *"tanker"*: Dimbleby, 260, 246. *"mushroom cloud"*: Gannon, *Drumbeat,* 216. *"massacre"*: Churchill, *Hinge,* 96. *"swallowed"* and *"swept through"*: Middlebrook, 250, 252.

One at a time: *May 1943 battles:* Burns, 343, 353–54; Churchill, *Ring,* 8–10; Dimbleby, 401–23; Gannon, *Black May*; Roberts, 370–71; Rohwer, 318–31. *Proximity fuse (spelled "fuze" at the time):* Baldwin; Baxter, 221–42; Bush, *Action,* 106–12; Conant, 271–72; Hartcup, 39–45. *OSRD achievements:* Bush, *Frontier*; Baxter. *Bush and the bomb:* Goldberg; Bush, *Action,* 56–63; Zachary, 189–217. **Quotations:** *"driven under water" and other U-boat messages:* Syrett, 130–34. *"one at a time"*: Gretton, 156–57. *"some months past"*: Baxter, 46. *"we had lost"*: Doenitz, *Memoirs,* 341. *"funny fuse"*: Baldwin, 279.

Endless Frontier and **Eight Nobel Prizes:** *FDR's hidden illnesses:* Goldsmith; Lomazow. *Vail, AT&T:* Gabel, 345–48; Galambos; Gertner, 20–28; Hoddeson; Paine, 221–44; Reich, *American,* 151–84; Reich, "Bell Labs," 512–18. *Jewett and Bush:* Bush, *Action,* 32–37; Jewett. **Quotations:** *"flat on its face"*: Kenny. *"pacemaker"*: Bush, *Frontier,* 19. *"the scientific method"*: *NY Times,* "Defense." *"Soviet Russia"*: Kaempffert. *"epoch-making"*: *BusinessWeek. "a week to get to you"*: *NY Times,* "Phone."

The Bush-Vail Rules: *Bond:* See chapter 5. *3M:* Hindo. *Jobs:* See chapter 5. **Quotations:** *"In embryo"*: Bush, *Action,* 72. *"combat regiment"*: Bush, *Action,* 26. *"task allocation"*: Reich, "Bell Labs," 519. *"unbalancing the whole"*: Vail, 351. *"military men"*: Bush, *Action,* 298. *"child psychologist"* and *"what the devil"*: Bush, *Action,* 40, 111. *"I've seen"*: Kevles, 309. *"hot potato"*: Bush, *Action,* 45–46.

Allison, David K. *New Eye for the Navy.* Naval Research Lab, 1981.

Alvarez, Luis. "Alfred Lee Loomis." In *Biog. Mem. vol. 51.* Nat. Acad., 1980.

Baldwin, Ralph B. *The Deadly Fuze.* Presidio, 1980.

Baxter, James Phinney. *Scientists Against Time.* Little Brown, 1946.

Bernstein, Barton J. "American Conservatives Are the Forgotten Critics of the Atomic Bombing of Japan." *Merc. News,* July 31, 2014.

Bowen, E. G. *Radar Days*. Adam Hilger, 1987.
Breslin, Jimmy. *Branch Rickey*. Penguin, 2011.
Brown, Louis. *A Radar History of World War II*. Institute of Physics, 1999.
Budiansky, Stephen. *Blackett's War*. Knopf, 2013.
Bungay, Stephen. *The Most Dangerous Enemy: A History of the Battle of Britain*. Aurum, 2000.
Burns, R. W. "Impact of Technology on the Defeat of the U-Boat September 1939–May 1943." *IEE Proc. Sci. Meas. Tech.* 141 (1994): 343.
Bush, Vannevar. *Science: The Endless Frontier*. 1945.
———. *Modern Arms and Free Men*. Simon and Schuster, 1949.
———. *Pieces of the Action*. Morrow, 1970.
Business Week. "The Trend: 'Science—The Endless Frontier.'" July 21, 1945.
Christman, Albert B. *Target Hiroshima*. Naval Institute, 1998.
Churchill, Winston. *The Second World War, Vol. II: Their Finest Hour*, 1986 [1949]; *Vol. IV: The Hinge of Fate*, 1986 [1950]; *Vol. V: Closing the Ring*, 1986 [1951]. Houghton Mifflin Harcourt.
———. "Speech in the House of Commons." July 30, 1934; June 18, 1940.
Conant, Jennet. *Tuxedo Park*. Simon and Schuster, 2002.
CSPO. "Science the Endless Frontier 1945–1995." Center for Science, Policy and Outcomes, Columbia, 1998.
Dimbleby, Jonathan. *The Battle of the Atlantic*. Viking, 2015.
Doenitz, Karl. *Memoirs: Ten Years and Twenty Days*. World, 1959.
Einstein, Albert. Letter to Franklin D. Roosevelt, dated Aug. 2, 1939; delivered Oct. 11, 1939.
England, J. Merton. *A Patron for Pure Science*. NSF, 1983.
Erskine, Ralph. "Tunny Reveals B-Dienst Successes against the 'Convoy Code.'" *Intel. Nat. Sec.* 28 (2013): 868.
Fisher, David E. *A Race on the Edge of Time*. McGraw-Hill, 1987.
———. *A Summer Bright and Terrible*. Shoemaker & Hoard, 2005.
Gabel, Richard. "The Early Competitive Era in Telephone Communication, 1893–1920." *Law Cont. Prob.* 34 (1969): 340.
Galambos, Louis. "Theodore N. Vail and the Role of Innovation in the Modern Bell System." *Bus. Hist. Rev.* 66 (1992): 95.
Gannon, Michael. *Operation Drumbeat*. Harper & Row, 1990.
———. *Black May*. HarperCollins, 1998.
Gardner, W. J. R. *Decoding History*. Macmillan, 1999.
Gertner, Jon. *The Idea Factory*. Penguin, 2012.
Goldberg, Stanley. "Inventing a Climate of Opinion: Vannevar Bush and the Decision to Build the Bomb." *Isis* 83 (1992): 429.
Goldsmith, Harry S. *A Conspiracy of Silence*. iUniverse, 2007.
Greenberg, Daniel S. *The Politics of Pure Science*. 1967. U. Chicago, 1999.
Gretton, Peter. *Convoy Escort Commander*. Cassel, 1964.
Guerlac, Henry. *Radar in World War II*, vol. 8. 1987. Am. Inst. Phys., 1946.

Guerlac, Henry, and Marie Boas. "The Radar War against the U-Boat." *Military Affairs* 14 (1950): 99.
Hartcup, Gordon. *The Effect of Science on the Second World War.* St. Martin's Press, 2000.
Hasegawa, Tsuyoshi. *Racing the Enemy.* Harvard, 2005.
———, ed. *The End of the Pacific War.* Stanford, 2007.
Hindo, Brian. "At 3M, A Struggle between Efficiency and Creativity." *Bloomberg.com,* June 11, 2007.
Hoddeson, Lillian. "The Emergence of Basic Research in the Bell Telephone System, 1875–1915." *Tech. Cult.* 22 (1981): 512.
Jarboe, Kenan, and Robert Atkinson. "The Case for Technology in the Knowledge Economy." Prog. Pol. Inst., 1998.
Jewett, F. B. "The 1943 Medalist." *Elec. Eng.* 63 (1944): 81.
Jones, Reginald V. "Winston Leonard Spencer Churchill, 1874–1965." *Biog. Mem. Fell. Roy. Soc.* 12 (1966): 35.
———. *Most Secret War.* Penguin, 2009.
Kaempffert, Waldemar. "Dr. Bush Outlines a Plan." *NY Times,* July 22, 1945.
Kelly, Cynthia C., ed. *Manhattan Project.* Black Dog & Leventhal, 2007.
Kennedy, David M. *Freedom from Fear.* Oxford, 1999.
Kennedy, Paul M. *Engineers of Victory.* Random House, 2013.
Kenny, Herbert. "At 80, Scientist Bush Looks Back at Eventful Years." *Boston Globe,* Sep. 20, 1970.
Kevles, Daniel J. *The Physicists.* Knopf, 1971.
Lane, Julia. "Assessing the Impact of Science Funding." *Science* 324 (2009): 1273.
Lomazow, Steven, and Eric Fettmann. *FDR's Deadly Secret.* PublicAffairs, 2009.
Lovell, Stanley P. *Of Spies & Stratagems.* Pocket Books, 1963.
Middlebrook, Martin. *Convoy SC.122 & HX.229.* Allen Lane, 1976.
Moore, Kate, and the Imperial War Museum. *The Battle of Britain.* Bloomsbury, 2010.
Murray, Williamson. *Strategy for Defeat: The Luftwaffe, 1933–1945.* Air Univ. Press, 1983.
NAS. *Rising above the Gathering Storm, Revisited.* Nat. Acad. Press, 2010.
New York Times. "Phone to Pacific from the Atlantic." Jan. 26, 1915.
———. "Tesla, At 78, Bares New 'Death Beam.'" July 11, 1934.
———. "Research for Defense." July 21, 1945.
Page, Robert M. *The Origin of Radar.* Anchor Books, 1962.
Paine, Albert Bigelow. *In One Man's Life: Being Chapters from the Personal & Business Career of Theodore N. Vail.* Harper, 1921.
PCAST (President's Council of Advisors on Science & Technology). "Report to the President: Transformation and Opportunity; The Future of the U.S. Research Enterprise," 2012.
Perutz, M. F. "That Was the War." *New Yorker,* Aug. 12, 1985.
Phelps, Stephen. *The Tizard Mission.* Westholme, 2010.
Prange, Gordon W., et al. *Pearl Harbor.* McGraw-Hill, 1986.

Reich, Leonard S. "Industrial Research and the Pursuit of Corporate Security: The Early Years of Bell Labs." *Bus. Hist. Rev.* 54 (1980): 504.
———. *The Making of American Industrial Research*. Cambridge, 1985.
Rinzler, J. W. *The Making of* Star Wars. Del Rey, 2007.
Roberts, Andrew. *The Storm of War*. HarperCollins, 2009.
Roosevelt, Franklin D. Cable communication with Winston Churchill, May 4, 1941.
———. Letter to Vannevar Bush, Nov. 17, 1944.
Roskill, Stephen W. *The War at Sea, 1939–1945: Vol. II*. HMSO, 1954.
Rohwer, Jürgen. *Chronology of the War at Sea, 1939–1945. Vol. II: 1943–1945*. Trans. D. Masters. Ian Allen, 1974.
Rowe, Albert P. *One Story of Radar*. Cambridge, 1948.
Sherwood, Robert E. *Roosevelt and Hopkins*, revised ed. Harper, 1950.
Snow, C. P. *Science and Government*. Harvard, 1961.
Stewart, Irvin. *Organizing Scientific Research for War*. Little, Brown, 1948.
Syrett, David. *The Defeat of the German U-Boats*. U. South Carolina, 1994.
Tighe, W. G. S. "Review of Security of Naval Codes and Ciphers, September 1939 to May 1945." Public Record Office, 1945.
Time. "Yankee Scientist." Apr. 3, 1944.
US Congress Joint Committee on the Investigation of the Pearl Harbor Attack. *Hearings before the Joint Committee*. USGPO, 1946.
US Joint Board on Scientific Information Policy. *Radar: A Report on Science at War*. 1945.
US War Department, *Annual Reports*. USGPO, 1920.
Vail, Theodore N. *Views on Public Questions; a Collection of Papers and Addresses of Theodore Newton Vail, 1907–1917*. Priv. print., 1917.
Walker, J. Samuel. "Recent Literature on Truman's Atomic Bomb Decision: A Search for Middle Ground." *Dipl. Hist.* 29 (2005): 311.
———. Interview with Cindy Kelly, Mar. 16, 2014.
———. *Prompt and Utter Destruction*, third ed. UNC, 2016.
Weinberg, Gerhard L. *World War II: A Very Short Introduction*. Oxford, 2014.
Wiesner, Jerome. "Vannevar Bush." In *Biog. Mem.*, vol. 50. Nat. Acad., 1979.
Williamson, Gordon. *U-Boat Tactics in World War II*. Osprey, 2010.
Young, Leo. Interview. October 15, 1953.
Zachary, G. Pascal. *Endless Frontier*. MIT, 1999.

第2章

The Three Deaths: *Gleevec:* Vasella; Wapner; Monmaney. *Tehran:* Bohlen, 141–45. *FDR's health:* Lomazow, 56–60, 94–101; Bruenn; Lahey; Winik, 485–86, 507–12, 520–21. *Early heart disease history:* Leibowitz, 1–103; Steinberg, 4, 9–10. *NHI, Framingham:* Mahmood; Steinberg, 36–37; Strickland, 52–53; Truswell, 21–24. *Mortality trends:* Ford; Jones; NHLBI, 23 (75%); NIH; interview with Paul Sorlie, NHLBI. **Quotations:** *"over my dead body"*: Wapner, 156. *"great drops of sweat"*: Bohlen, 143–44. *"out of the blue"*: Lomazow, 9. *"hardly had a place . . . quiet, liquor, opium"*: Heberden, 366–69.

Fungi don't run: *Cholesterol-lowering trials:* Steinberg, 125–74; Truswell, 51–62, 109–20. *Endo, first statin:* interviews with Akira Endo, Joseph Goldstein, and Ed Scolnick; Brown, "Tribute"; Daida; Endo, "Gift"; Endo, "Origin"; Endo, "Perspective." *Keys:* Keys; Steinberg, 33–35; *Time*; Taubes, 16–41; Truswell, 33–38; **Quotations:** *"disgusting"* and *"start to think"*: *Time*. *"like sumo wrestlers"*: Daida, 686.

Saved by chickens: *Cholesterol, Endo:* as above; Yamamoto; Steinberg, 174–86; Tobert. *Brown and Goldstein history:* Brown, "Side Trips"; Brown, "Nobel Lecture"; interview with Joseph Goldstein. **Quotations:** *"thousands of fat chemists"*: Mann, 645. *"All well-controlled trials"*: McMichael, 173. *"little more than zero"*: *Lancet*, 605. *"Gilbert and Sullivan"*: Steinberg, 104.

A $90 billion "coincidence": *Merck and Sankyo:* See chapter 2 note for *"to collaborate, rather than compete"* on page 321. *Within days of:* Li, 60; Steinberg, 178; Vagelos, 134. *Statin development and usage, reviews:* Collins; Goldfine; Goldstein; Li; Steinberg, 171–211; Truswell, 115–19; and references therein. **Quotations:** *"sudden, unbelievable, the thrill of discovery"*: Vagelos, 134–35. *"dramatic effect"*: Goldfine, 1752. *"fungal extracts"*: Brown, "Tribute," 16.

Counting the arrows in your ass: Begley; Cooke, *Folkman's War*, 180–87, 283–90, 296–99; Ferrara et al.; Folkman; Genentech; Rosenfeld; Stone. **Quotations:** *"go to the bathroom"* and *"cured cancer again"*: Begley. *"Spousal Activation Factor"* and *"clown"*: Folkman, "Fine Line," 4, 13. *"Maybe we don't have to die"*: McAlary. *"Judah will cure cancer"*: Kolata. *"sign for me"*: Folkman, *Acad. Ach.* *"careers wouldn't be harmed"*: Ezzell. *"only wish"*: Cooke, "Progeny." *"arrows in his ass"*: Cooke, *Folkman's War*, 154.

Lessons from the surprising fragility: *Social networks:* interview with Ken Howery; Cowley; Kirkpatrick, 87–90; Thiel. *Deak Parsons:* Christman, 42–56. *Folkman:* King; Cooke, *Folkman's*, 296–98. **Quotations:** *"little-known bit," "revolutionize naval weaponry,"* and *"door-to-door salesman"*: Christman, 43, 47, 49.

Alberts, Alfred W. "Discovery, Biochemistry and Biology of Lovastatin." *Am. J. Cardio.* 62 (1988): J10.

Begley, Sharon, et al. "One Man's Quest to Cure Cancer." *Newsweek*, May 18, 1998.

Bohlen, Charles E. *Witness to History, 1929–1969.* Norton, 1973.

Brown, Michael S., and Joseph L. Goldstein. "A Receptor-Mediated Pathway for Cholesterol Homeostasis." In *Nobel Lectures Phys. Med. 1981–1990*, 284. World Scientific, 1993.

———. "A Tribute to Akira Endo." *Athero. Supp.* (2004): 13.

———. "Scientific Side Trips." *J. Biol. Chem.* 287 (2012): 22418.

Bruenn, H. G. "Clinical Notes on the Illness and Death of President Franklin D. Roosevelt." *Ann. Int. Med.* 72 (1970): 579.

Christman, Albert B. *Target Hiroshima.* Naval Institute, 1998.

Collins, Rory, et al. "Interpretation of the Evidence for the Efficacy and Safety of Statin Therapy." *The Lancet* 388 (2016): 2532.

Cooke, Robert. *Dr. Folkman's War.* Random House, 2001.

——. "Dr. Folkman's Progeny." *Vector*, Spring 2008.

Cordes, Eugene H. *Hallelujah Moments*. Oxford, 2014.

Cowley, Stacy, and Julianne Pepitone. "Facebook's First Big Investor, Peter Thiel, Cashes Out." *CNNMoney*, Aug. 20, 2012.

Daida, Hiroyuki. "Meet the History: The Discovery and Development of 'Statin,' the Penicillin of Arteriosclerosis." *Shinzo (Heart)* 37 (2005): 681.

Endo, Akira. "The Origin of the Statins." *Athero. Supp.* 5 (2004): 125.

——. "A Gift from Nature: The Birth of the Statins." *Nat. Med.* 14 (2008): 1050.

——. "A Historical Perspective on the Discovery of Statins." *Proc. Jap. Acad. Series B* 86 (2010): 484.

Ezzell, Carol. "Starving Tumors of Their Lifeblood." *Sci. Am.* 279 (1998): 33.

Ferrara, Napoleone, and Anthony P. Adamis. "Ten Years of Anti-Vascular Endothelial Growth Factor Therapy." *Nat. Rev. Drug Disc.* 15 (2016): 385.

Ferrara, Napoleone, et al. "Discovery and Development of Bevacizumab." *Nat. Rev. Drug Disc.* 3 (2004): 391.

Folkman, Judah. "Tumor Angiogenesis: Therapeutic Implications." *New Eng. J. Med.* 285 (1971): 1182.

——. "The Fine Line between Persistence and Obstinacy in Research." Speech given in 1996. Folkman collection, Harvard Medical Library, Countway Library of Medicine, Box 45 Folder 19.

——. Academy of Achievement Interview, June 18, 1999.

——. "Is Angiogenesis an Organizing Principle in Biology and Medicine?" *J. Ped. Surg.* 42 (2007): 1; and *Nat. Rev. Drug Disc.* 6 (2007): 273.

Ford, Earl S., et al. "Explaining the Decrease in U.S. Deaths from Coronary Disease, 1980–2000." *New Eng. J. Med.* 356 (2007): 2388.

Genentech press release. "Positive Results from Phase III Avastin Study in Metastatic Colorectal Cancer," June 1, 2003.

Goldfine, Allison B. "Statins: Is It Really Time to Reassess Benefits and Risks?" *New Eng. J. Med.* 366 (2012): 1752.

Goldstein, Joseph L., and Michael S. Brown. "A Century of Cholesterol and Coronaries." *Cell* 161 (2015): 161.

Heberden, William M. D. *Commentaries on the History and Cure of Diseases*. 1806. Luke Hansard, 1772.

Jones, David S., and Jeremy A. Greene. "The Decline and Rise of Coronary Heart Disease." *Am. J. Pub. Health* 103 (2013): 1207.

Kannel, William B., et al. "Factors of Risk in the Development of Coronary Heart Disease." *Ann. Int. Med.* 55 (1961): 33.

Keys, Ancel, et al. "Lessons from Serum Cholesterol Studies in Japan, Hawaii and Los Angeles." *Ann. Int. Med.* 48 (1958): 83.

King, Ralph T., Jr. "Human Test to Begin on Tumor Drug Despite Mixed Results of NCI Mice Tests." *WSJ*, Sep. 13, 1999.

——. "Novel Cancer Approach from Noted Scientist Hits Stumbling Block." *WSJ*, Nov. 12, 1998.

Kirkpatrick, David. *The Facebook Effect*. Simon & Schuster, 2010.

Kolata, Gina. "A Cautious Awe Greets Drugs That Eradicate Tumors in Mice." *NY Times*, May 3, 1998.

Lahey, Frank. "Memo Regarding the Health of Franklin Delano Roosevelt," July 10, 1944. The memo was publicly revealed only 63 years later, in Goldsmith, Harry S., *A Conspiracy of Silence*, iUniverse, 2007.

Lancet. "Can I Avoid a Heart-Attack?" 1 (1974): 605.

Leibowitz, Joshua O. *The History of Coronary Heart Disease*. Wellcome, 1970.

Li, Jie Jack. *Triumph of the Heart*. Oxford, 2009.

Lomazow, Steven, and Eric Fettmann. *FDR's Deadly Secret*. PublicAffairs, 2009.

Mahmood, Syed S., et al. "The Framingham Heart Study." *The Lancet* 383 (2014): 999.

Mann, George V. "Diet-Heart: End of an Era." *New Eng. J. Med.* 297 (1977): 644.

McAlary, Mike. "I Cling to This Hope for Life." *NY Daily News*, May 6, 1998.

McMichael, John. "Fats and Atheroma: An Inquest." *Br. Med. J.* 1 (1979): 173.

Monmaney, Terence. "The Triumph of Dr. Druker." *Smithsonian* 42 (2011): 54.

NHLBI: National Heart Lung and Blood Institute. "Morbidity & Mortality: 2012 Chart Book on Cardiovascular, Lung, and Blood Diseases."

NIH: National Institutes of Health. "Heart Disease Fact Sheet." Oct. 2010.

NRC: National Research Council. NRC/1980: *Issues and Current Studies*. Nat. Acad. Sci., 1981.

Rosenfeld, Philip J., et al. "Ranibizumab for Neovascular Age-Related Macular Degeneration." *New Eng. J. Med.* 355 (2006): 1419.

Steinberg, Daniel. *The Cholesterol Wars*. Academic Press, 2007.

Stone, Edwin M. "A Very Effective Treatment for Neovascular Macular Degeneration." *New Eng. J. Med.* 355 (2006): 1493.

Strickland, Stephen P. *Politics, Science, and Dread Disease*. Harvard, 1972.

Taubes, Gary. *Good Calories, Bad Calories*. Knopf, 2007.

Thiel, Peter. *The James Altucher Show*, Oct. 2, 2014.

Time. "Medicine: The Fat of the Land." Jan. 13, 1961.

Tobert, Jonathan A. "Lovastatin and Beyond." *Nat. Rev. Drug Disc.* 2 (2003): 517.

Truswell, A. Stewart. *Cholesterol and Beyond*. Springer, 2010.

Vagelos, P. Roy, and Louis Galambos. *Medicine, Science and Merck*. Cambridge, 2004.

Vasella, Daniel. *Magic Cancer Bullet*. HarperBusiness, 2003.

Wapner, Jessica. *The Philadelphia Chromosome*. The Experiment, 2013.

Winik, Jay. *1944: FDR and the Year That Changed History*. Simon & Schuster, 2015.

Woodruff, H. Boyd., Exec. Adm. Merck Sharp & Dohme Research Laboratories Division. Letters to Issei Iwai, Director of Product Planning Dept., Sankyo, Apr. 16, 1976, and Sep. 23, 1977.

Yamamoto, Akira, Hiroshi Sudo, and Akira Endo. "Therapeutic Effects of ML-236B in Primary Hypercholesterolemia." *Athero.* 35 (1980): 259.

Yancopoulos, George D. "Clinical Application of Therapies Targeting VEGF." *Cell* 143 (2010): 13.

第3章

Doug Miller of the Pan Am Historical Foundation; Nicola Hellmann-McFarland of the University of Miami Libraries, Coral Gables, special collections department; and Ed Trippe kindly provided access to archival materials.

Introduction and **The two types:** *Pan Am brand:* Gandt, 54–55; Petzinger, 19; Verhovek, xix–xx; Davey. *Decline:* Dunlap; Lester, 263–69; Pyle. *Google, Walmart:* Doerr, 3–5; Vise, 40–43; Walton, 32–54. *Facebook:* see chapter 2. *Airline bankruptcies:* Cohen, C224; Dempsey, 427. *Eclipse of 1919:* Overbye. **Quotation:** *"just a toy"*: Paine, 98–99.

JT and Crando: *Trippe:* Bender, 22–26, 101–2, 135; Daley, 95–96. *Crando:* Petzinger, 350–51; Rubin; Zellner. *Long Island:* Bender, 60–63; Daley, 9–11. **Quotations:** *"Yale gangster"*: Bender, 13. *"politest"*: Bender, 490. *"if you don't win"* and *"Where were you?"*: Maxon. *"batshit"*: Petzinger, 55. *"academic eggheads"*: Petzinger, 102 ("Crandall does not recall the comment but does not deny making it"). *"kerosene in his blood"*: Rubin.

The pie industry: *AA innovations*: Cohen; Petzinger; Reed; Rubin. **Quotations:** *"legalized warfare"*: Rubin. *"cannibalistic"*: Zellner. *"Tuesday as opposed to Friday"* and *"yield management"*: Petzinger, 304.

JT and Lindy: *C. A. Lindbergh (CAL) flight and mania:* Berg, 112–32, 135–63; CAL, *AoV*, 70–83; Jackson, 271–77, 305–25; Van Vleck, 42–44. *Prior attempts:* Connor; Jackson, 369–70. *CAL, Trippe, Latin America:* Bender, 100–101; Berg, 172–75, 191; CAL, *AoV*, 83–96; Van Vleck, 56–64; Daley, 60–68, 484. *S-38:* Bender, 182–85, 100–101; Davies, 12–13. *Radio navigation, Fatt crash:* Aeronautical—1929, 108–9; Aeronautical—1930, 52; Bender, 155–63; Daley, 43–55. *Miles flown:* Daley, 484. *Honeymoon tour:* Bender, 136–40; Berg, 214–18; *NY Times*, "Lindbergh Log"; *NY Times*, "Four On Flight." **Quotations:** *"flight of the gulls"*: Daley, 41. *"load shifting," "Nordic race," "smiling American boy,"* and *"Not even Columbus"*: Berg, 108, 116, 121, 142. *"boy in evening dress"*: A. Lindbergh, 89. *"three hundred miles"*: CAL, *AoV*, 93–94. *"not enough to keep me busy"*: Daley, 55.

The dangerous virtuous cycle: *Atlantic:* Daley, 105–8; Davies, 30; Van Vleck, 93. *Pacific:* Bender, 226; Conant; Daley, 152–53; Davies, 36; Jackson, 369–70; Van Vleck, 92. *Wake, Midway, Guam:* Daley, 106–8, 135–44; Van Vleck, 95. *China Clipper:* Bender, 248–53; Daley, 165–75; Davies, 38; Nugent; Van Vleck, 101. **Quotations:** *"flying boat," "about to witness," "glorious history,"* and *"we all ducked"*: Daley, 110, 169–74.

Wars, loonshots, and cuckoo clocks: *FDR, Churchill:* Bender, 329–68; Daley, 302–14, 336–37; Van Vleck, 135–36. *Chang meeting:* Daley, 387–95, 512–13; Chang; Leslie. *Rockets:* see chapter 3 note for *"dismissed by academics and the military"* on page 323; Ford, 137; Brentford. *CAL vs. FDR:* Olson. *CAL, Goddard, Germany:* Berg, 210–14, 463–70; CAL, *Journals*, 101, 104–5, 955–59. *Return:* Daley, 330–32, 397–98; Gandt, 29–30. **Quotations:** *"high schools"* and *"regrets the error"*: *NY Times*, Jan. 13, 1920, and July 17, 1969. *"your own Dr. Goddard"*: Berg, 472. *"dented the myth"*: Arthur Schlesinger, cited in Olson, xv. *"Our next President"*: Berg, 419. *"appeaser"*: *NY Times*,

"Lindbergh Quits." *"young man's wings," "from Jesus to Judas"*: Berg, 437, 433. *"white and shaky"*: CAL, *Journals*, 958.

The Jet Age: *Comet:* Anderson, 202–4; Bender, 467–68; Pushkar; Verhovek, 7–9, 17–18. *The 707:* Bender, 469–76; Daley, 396–414; Verhovek, 28–29, 108–10; *WSJ. Hotels, missiles, moon:* Bender, 486; Daley, 426–27; Gandt, 8–9. **Quotations:** *"Elizabethan era"*: Verhovek, 10. *"earthquake victim"*: Bender, 475.

One more turn: *The 747:* Daley, 430–39; Bender, 500–507; Petzinger, 19. *Monopoly weakens:* Daley, 346, 420; Petzinger, 99–100. *Deregulation, S-type loonshots:* Petzinger, 31–32, 122–53, 286, 351–52. *Decline:* Bender, 515–25; Bennett; Crittenden; Daley, 440–49; Gandt, 283–84; Petzinger, 100–101. **Quotation:** *"If you buy it"*: Irving, 195.

Watch your blind side: *IBM, Microsoft, Intel:* Chandler, 118; Chposky, 45; McGregor; Sanger.

Aeronautical Chamber of Commerce: Aircraft Year Books 1929 and 1930.
Anderson, Dale, et al. *Flight and Motion*. Sharpe, 2009.
Bender, Marylin, and Selig Altschul. *The Chosen Instrument*. Simon and Schuster, 1982.
Bennett, Robert A. "Pan Am's Disappearing Act." *NY Times*, Jan. 18, 1987.
Berg, A. Scott. *Lindbergh*. Putnam, 1998.
Boyne, Walter J. *The Messerschmitt Me 262*. Smithsonian, 1980.
Brentford and Chiswick Local History Society. "Finding Private Browning," Sep. 23, 2004.
Bush, Vannevar. *Modern Arms and Free Men*. Simon and Schuster, 1949.
Chandler, Alfred Dupont, et al. *Inventing the Electronic Century*. Harvard, 2001.
Chang, Kia-ngau. Letter to Juan T. Trippe, Sep. 8, 1947, and "Memorandum Re China," n.d. 1947 (Trippe Family Archive, courtesy Pan Am Historical Foundation).
Christensen, Clayton M. *The Innovator's Dilemma*. Harvard, 1997.
Chposky, James, and Ted Leonsis. *Blue Magic*. Facts on File, 1988.
Clary, David A. *Rocket Man*. Hyperion, 2003.
Cohen, Isaac. "American Airlines," in *Strategic Management*, 10th ed., edited by C. Hill and G. Jones. Cengage Learning, 2013, C224.
Conant, Jane Eshleman. "Dole Air Race—1927." *SF Call-Bulletin*, Oct. 10, 1955.
Connor, Roger. "Even Lindbergh Got Lost." *Air & Space Mag.* Accessed Oct. 6, 2017.
Crittenden, Ann. "Juan Trippe's Pan Am." *NY Times*, July 3, 1977.
Daley, Robert. *An American Saga*. Random House, 1980.
Davey, Helen. "Orphaned by Job Loss." *Huffington Post*, April 4, 2010.
Davies, R. E. G. *Pan Am: An Airline and Its Aircraft*. Orion, 1987.
Dempsey, Paul. "The Financial Performance of the Airline Industry Post-Deregulation." *Houston Law Rev.* 45 (2008): 421.
Doerr, John. *Measure What Matters*. Penguin, 2018.

Dunlap, David W. "Final Pan Am Departure." *NY Times*, Sep. 4, 1992.
Ford, Brian J. *Secret Weapons*. Bloomsbury, 2011.
Galambos, Louis. "Theodore N. Vail and the Role of Innovation in the Modern Bell System." *Bus. Hist. Rev.* 66 (1992): 95.
Gandt, Robert. *Skygods*. William Morrow, 1995.
Irving, Clive. *Wide-Body: The Triumph of the 747.* William Morrow, 1993.
Jackson, Joe. *Atlantic Fever.* Farrar, Straus and Giroux, 2012.
King, Benjamin, and Timothy Kutta. *Impact: The History of Germany's V-Weapons in World War II.* Sarpedon, 1998.
Leslie, John C. Letter to Samuel F. Pryor, April 25, 1974. (Courtesy of Pan Am Records, Special Collections, U. of Miami Libraries, Coral Gables, FL.)
Lester, Valerie. *Fasten Your Seat Belts*. Paladwr, 1995.
Lindbergh, Anne M. *Bring Me a Unicorn: Diaries and Letters, 1922–1928*. HBJ, 1972.
Lindbergh, Charles A. *The Wartime Journals of Charles A. Lindbergh*. HBJ, 1970.
——. *Autobiography of Values*. HBJ, 1978.
MacDonald, Charles. "Lindbergh in Battle." *Collier's* 117 (1946).
Maxon, Terry. "Tales from the Beat: Robert L. Crandall." *Dallas News*, Sep. 6, 2015.
May, Ernest R. "1947–48: When Marshall Kept the US out of War in China." *J. Mil. His.* 66 (2002): 1001.
McGregor, Jena. "The Biggest Mass Layoffs of the Past Two Decades." *Wash. Post*, Jan. 28, 2015.
NY Times. "Lindberghs to Take Four on Flight South." Sep. 18, 1929.
——. "Lindbergh Log Sent by Radio Operator." Sep. 23, 1929.
——. "Lindbergh Quits Air Corps; Sees His Loyalty Questioned." April 29, 1941.
Nugent, Frank. "Warner's China Clipper." *NY Times*, Aug. 12, 1936.
Olson, Lynne. *Those Angry Days*. Random House, 2013.
Overbye, Dennis. "The Eclipse That Revealed the Universe." *NY Times*, July 31, 2017.
Paine, Albert Bigelow. *In One Man's Life: Being Chapters from the Personal and Business Career of Theodore N. Vail*. Harper, 1921.
Pavelec, Sterling Michael. *The Jet Race and the Second World War*. Praeger, 2007.
Petzinger, Thomas. *Hard Landing*. Times Business, 1995.
Pushkar, Robert. "Comet's Tale." *Smithsonian*, June 2002.
Pyle, Mark. "December 4, 1991: The Last 'Clipper' Flight." *Airways Mag.*, Dec. 4, 2016.
Reed, Dan. *The American Eagle*. St. Martin's Press, 1993.
Rubin, Dana. "Bob Crandall Flies Off the Handle." *Texas Monthly*, Aug. 1993.
Sanger, David E. "IBM Sells Back Much of Intel Stake." *NY Times*, June 12, 1987.
Van Vleck, Jenifer. *Empire of the Air*. Harvard, 2013.
Verhovek, Sam. *Jet Age*. Avery, 2010.
Vise, David A., and Mark Malseed. *The Google Story*. Bantam Dell, 2005.
Wall Street Journal. "Pan American Orders 25 Jet Planes." Oct. 14, 1955.

Wallace, Max. *The American Axis*. St. Martin's Press, 2004.
Walton, Sam. *Made in America*. Doubleday, 1992.
Wedemeyer, General Albert C. *Wedemeyer Reports!* Holt, 1958.
Zellner, Wendy, and Andrea Rothman. "The Airline Mess." *Bus. Week* 3273 (1992): 50.

第 4 章

Introduction, Han Solo's escape, and **Disappearing fish:** *Polaroid achievements:* below. *Early Land:* Campbell, 198–200; Fierstein, 4–14; McElheny, 21–47. *Headlight glare:* Fierstein 5–6, 40–41; McElheny, 23, 28–29, 35–36, 50–57, 71, 86–107. *Sunglasses:* Campbell, 199–200; Fierstein, 20, 33–34; McElheny, 63–64; *Newsweek*, "General Patton." **Quotations:** *"stunning"*: *Time*, 81. *"remarkable"*: Cordtz, 85. *"can't stop using it"*: *Fortune*, 31. *"nearly impossible"*: Land, "Letter." *"read the Bible," "doing to excess," "obsolete words," "most exciting single event," "see into my head,"* McElheny, 20, 34, 37, 60, 420. *"After the bellboy . . . anything like this"*: Manchester, *New World*, 44. *"every second man"*: *Life*, "Light Control," 72.

From art fair to warfare: *Harvard:* C. Kennedy papers; McElheny, 109–11; Middeldorf; *NY Times*, "Kennedy." *Vectograph:* Fierstein, 31–37; McElheny, 115–18, 126–39. *3D movies:* McElheny, 118–25. *Adams, artists:* Adams, 293–307; Bonanos, 8–13; Fierstein, 24–25, 71–73. *Diversity:* Bonanos, 14–15, 35–36; *Life*, "Bonanza," 82; McElheny, 59–60, 210–18. **Quotations:** *"more beautiful than the originals"*: Kennedy, 212. *"irritate"*: Middeldorf, 373. *"hear the dripping water," "soul mate"*: McElheny, 19, 219.

An obvious question: *Inventing instant pictures:* Fierstein, 42–53; Laurence; McCune; McElheny, 164–88. *Lean times:* Fierstein, 52; Wensberg, 11, 90–91. *Countless advances:* overviews, Bonanos; more technical, McElheny. *Sales:* Bonanos, 55; Holt. *New molecule:* McElheny, 233. *Color vision:* Land, "Experiments"; McElheny, 245–77; F. Smith. *El Capitan, Carter:* Adams, 302–6; McElheny, 205. *Intimacy pictures:* Bonanos, 71–73. **Quotations:** *"see them now"* and *"from 1943 to 1972"*: McElheny, 163. *"meet me at five"* and *"red phone"*: Bonanos, 21. *"lots more outgo"* and *"Everyone went wild"*: McCune. *"greatest advances"*: Manchester, "60 Seconds," 167. *"what Mr. Land has done"*: *NY Times*, "Does the Rest." *"Nobel Prizes"*: Bernstein.

Polavision: *Instant movies:* Bonanos, 111–21; Czach; McElheny, 409–24. *Small successes and final failure:* Bonanos, 117; McElheny, 431–35. *Land's exit:* Bonanos, 135–56. **Quotations**: *"what the phonograph does for the Ear"*: Edison. *"a second revolution"*: Czach. *"impossible concepts into hardware"*: Ortner. *"the film I had just made"*: Fantel. *"highlight of his career"*: Shumacher. *"more scientific and aesthetic appeal"*: *Time*, "Instant Movies." *"cruel misuse of language"*: McElheny, 433.

Photons, electrons, and Richard Nixon: *CCDs:* Boyle; G. Smith. *Polaroid's digital efforts:* Tripsas. *NRO declassified materials:* Perry. *The Land Panel, U2:* Burrows, 110–27; McElheny, 278–305, 322–40; Norris, 49–51; Richelson, 12–15, 51–54, 58–59; TCP; Wang,

49–53. *Czechoslovakia:* Richelson, 170. *The battle over CCD surveillance:* Perry, 521–33. *KH-11:* Burrows, 217–21; Perry, 77–81; Richelson, 198–202. **Quotations:** *"second term," "cautious step," "quantum jump," "presidential backing,"* and *"Nixon's desire"*: Perry, 526–33. *"the influence he has had"*: Webster.

Falling in love: *Selling film:* Bonanos, 145–46; Estrin. **Quotations:** *"bottom line's in heaven"*: Wensberg, 229; McElheny, 420. *"principal cheerleader"*: Czach. *"He was boss"*: Blout, 47. *"hubris"*: Gonci.

Adams, Ansel. *Ansel Adams: An Autobiography.* Little, Brown, 1985.

Bernstein, Jeremy. "I Am a Camera." *NY Rev. Books* 35 (1988): 21.

Blout, Elkan. "Polaroid: Dreams to Reality." *Daedalus* 125 (1996): 39.

Bonanos, Christopher. *Instant: The Story of Polaroid.* Princeton, 2012.

Boyle, Willard, and George E. Smith. "Charge Coupled Semiconductor Devices." *Bell Sys. Tech. J.* 49 (1970): 587.

Burrows, William E. *Deep Black.* Berkley Books, 1986.

Business Week, "Love Is Ammunition for a Texas Airline." June 26, 1971.

Campbell, F. W. "Edwin Herbert Land." *Biog. Mem. Fell. Roy. Soc.* 40 (1994): 197.

Cordtz, Dan. "How Polaroid Bet Its Future on the SX-70." *Fortune*, Jan. 1974.

Czach, Elizabeth. "Polavision Instant Movies." *Moving Image* 2 (2002): 1.

Edison, Thomas. Patent Caveat 110: Peephole Kinetoscope; Motion picture cameras, filed Oct. 8, 1888.

Estrin, James. "Kodak's First Digital Moment." *NY Times*, Aug. 12, 2015.

Fantel, Hans. "Instant Movies: Shoot Now, See Now." *Pop. Mech.*, Aug. 1977.

Fierstein, Ronald K. *A Triumph of Genius.* Ankerwycke, 2015.

Fortune. "Dr. Land's Latest Fantasy." June 1972.

Gonci, Richard. "A Boston Story in 50 Words." *Boston Globe*, Mar. 17, 2017.

Harvard University. "Kennedy, Clarence. Papers and Photographs, 1921–1958."

Holt, D. D. "Three Living Leaders." *Fortune*, Mar. 23, 1981.

Kennedy, Clarence. "Photographing Art." *Magazine of Art*, Apr. 1937.

Land, Edwin H. "Experiments in Color Vision." *Sci. Am.* 200 (1959): 84.

———. "Chairman's Letter to Shareholders." *Polaroid Annual Report*, 1980.

Laurence, William L. "One-Step Camera Is Demonstrated." *NY Times*, Feb. 22, 1947.

Life. "Light Control: Polaroid Filters Make Enemy Targets Easier to See." Feb. 7, 1944.

———. "Unique Company Hits a Photographic Bonanza." Jan. 25, 1963.

Manchester, Harlan. *New World of Machines.* Random House, 1945.

———. "Pictures in 60 Seconds." *Sci. Am.*, April 1947.

McCune, William. Oral History, Concord Public Library, July 11, 1996.

McElheny, Victor K. *Insisting on the Impossible.* Perseus, 1998.

Middeldorf, Ulrich. "Clarence Kennedy 1892–1972." *Art Journal* 32 (1973): 372.

New York Times. "The Camera Does the Rest." Feb. 22, 1947.

———. "Dr. Kennedy Dies: Art Historian, 79." July 31, 1972.

Newsweek. "General Patton." July 26, 1943.

Norris, Pat. *Spies in the Sky.* Springer, 2008.

Ortner, Everett H. "Instant Movies." *Pop. Sci.*, July 1977.

Perry, Robert L. *A History of Satellite Reconnaissance*. Ed. James Outzen. NRO, 2012.

Richelson, Jeffrey. *The Wizards of Langley*. Westview, 2001.

Shumacher, Edward. "Polaroid Corp. Unveils Home Movie Camera." *Wash. Post*, Apr. 27, 1977.

Smith, F. Dow. "The Vision and Color World of Edwin Land." *Optics & Phot. News*, Oct. 1994, 30.

Smith, George E. Oral History, January 17, 2001.

TCP. "Report by the Technological Capabilities Panel." In *Foreign Relations of the United States, 1955–1957, Nat. Sec. Pol., Vol. XIX*. GPO, 1955.

Time. "Polaroid's Big Gamble on Small Cameras." June 26, 1972.

Tripsas, Mary, and Giovanni Gavetti. "Capabilities, Cognition, and Inertia: Evidence from Digital Imaging." *Strat. Man. J.* 21 (2000): 1147.

———."Photography: At Long Last, Land's Instant Movies." May 9, 1977.

Wang, Zuoyue. *In Sputnik's Shadow*. Rutgers, 2008.

Webster, William H. "Proposed Remarks by William H. Webster, Director of Central Intelligence, at the Security Affairs Support Association Dinner." Bolling Air Force Base, May 25, 1988.

Wensberg, Peter C. *Land's Polaroid*. Houghton Mifflin, 1987.

第5章

Introduction and **Eight megabytes of sexual satisfaction:** *Factory:* Isaacson, 225; Schlender, 108–9; Stross, 124–25. *Businessland, NeXT sales:* Stross, 233–34, 274. *Sun:* Stross, 212–15, 258–59. *NeXT decline:* Linzmayer, 215; Pollack, "Quitting"; Stross, 218–20, 255, 274, 301–2, 329. **Quotations:** *"Jobs is back"* and *"Jobs is known for"*: Pollock, "Star." *"This is a revolution"* and *"One of my heroes"*: Jobs, NeXT Introduction. *"'wow' back"*: *Newsweek*. *"Vatican II"*: W. Smith. *"piss on it"*: Cringely, 311. *"write Sony a check"*: Hume. *"can of paint"*: Shore. *"sexual satisfaction"*: *San Francisco Examiner*. *"kick the shit"* and *"screaming"*: Stross, 210. *"risk our company"*: Jobs, NeXT Introduction. *"Biggest mistake I made"*: Stross, 301. *"Jobs is not one of them"*: Pitta, 137.

When Moses doubles down: *Exit from Apple:* Isaacson, 180–210; Schlender, 87–92; Sculley, 284–317. *Wozniak on early Apple: Wozniak*, 150–206. *Market share:* Reimer. *Bozos:* Sculley, 241. *Apple decline:* Schlender, 72–88; Sculley 227–91. *Fan:* Elliot, 30–31. *Get out of hardware:* Isaacson, 232; Stross, 310. **Quotations:** *"unbalancing the whole"*: Vail, 351. *"get his name"*: Sculley, 230.

Isaac Newton vs. Steve Jobs: *Newton and predecessors:* see chapter 5 note for *"launched Newton on the path"* on page 327. *Raskin:* Elliott; Hertzfeld; Isaacson, 108–13; Lammers, 227–45. **Quotations:** *"unsociable temper"*: Newton. *"shithead who sucks"*: Isaacson, 95; Linzmayer, 74. *"the story's too complicated"* and *"tablet"*: Schlender, 403–4.

Futureworld and **From Tubby to PIC:** *3D in Utah:* Catmull, 16–17; Price, 10–15; Rubin, 106–13. *Schure:* Price, 16–29; Rubin, 103–33. *Lucas:* Price, 30–35; Rubin, 137–41. *The PIC:* Catmull, 30; Linzmayer, 225–28. *Alan Kay:* Catmull, 39; Price, 64–66; Rubin, 298–99. *Jobs buys Pixar:* Catmull, 41–44; Linzmayer, 218–19; Price, 61, 72–74; Rubin, 411–13. **Quotations:** *"wasted two years":* Rubin, 130. *"office of the future":* Price, 20; A. Smith, 13–14. *"madman in Long Island":* Rubin, 121. *"the house of Utah":* A. Smith, 17. *"turns out to be a minuscule market":* Miller. *"compete with Apple":* Catmull, 41. *"after the divorce":* Price, 67. *"How could GM":* Price, 73. *"at the Movies":* Wilson.

Fire-hydrant years and **Buzz and Woody save the day:** *Pixar stumbles, PIC falls:* Catmull, 53; Deutschman, 120–22; Linzmayer, 219–22; Price, 111–16. Toy Story, *Disney:* Catmull, x–xi, 55–56; Linzmayer, 220–23; Price, 69, 93–95, 117–39. *IPO:* Linzmayer, 222–23; Levy, 153–60. **Quotations:** *"will explode":* Linzmayer, 219. *"PC industry in 1978":* Wilson. *"ankle-deep":* Kahney. *"more emotion and humor":* Schlender, 169. *"visually astounding":* Rechtshaffen. *"rebirth":* Larsen. *"dawn":* Ebert.

Movies and drugs and **Balancing Ugly Babies and the Beast:** *Genentech:* Hughes, 94–97; Robbins-Roth, 19–22. *Bond, monkey:* Broccoli, 126–78; Lycett, 393. **Quotations:** *"ill-shapen":* Bacon, 387. *"Originality is fragile":* Catmull, 131, 135. *"not even good enough"* and *"Limey truck driver":* Broccoli, 128, 177.

How to win at chess and **Rescue operations:** *Candor at Pixar:* Catmull, 85–105. *Genentech publications:* Fraser. *Jobs 2.0:* Isaacson, 293–339; Schlender, 194–248. *iTunes:* Isaacson, 394–403. **Quotations:** *"I'm not a filmmaker":* Schlender, 333. *"left-handed helix":* Winslow. *"Attila the Hun"* and *"Los Alamos":* Schlender, 222, 234. *"best innovation":* Isaacson, 334. *"miracle":* Baxter, 7.

The first three rules: *Xerox PARC:* Hiltzik; D. Smith. *Kodak:* Estrin. **Quotations:** *"innovation landfill":* Elliot, 162. *"had to sandbag":* Hiltzik, 264–65 (quoting John Ellenby). *"drought":* Catmull, 130–31.

Bacon, Francis. *Francis Bacon: The Major Works*. Ed. Brian Vickers. Oxford, 2008.
Ball, W. W. Rouse. *A Short Account of the History of Mathematics*. Dover, 1960.
Baxter, James Phinney. *Scientists against Time*. Little, Brown, 1946.
Broccoli, Albert R., and Donald Zec. *When the Snow Melts*. Boxtree, 1998.
Catmull, Edwin E., and Amy Wallace. *Creativity, Inc*. Random House, 2014.
Cohen, I. Bernard. *The Newtonian Revolution*. Cambridge, 1980.
Cringely, Robert X. *Accidental Empires*. Addison-Wesley, 1992.
Deutschman, Alan. *The Second Coming of Steve Jobs*. Broadway, 2000.
Ebert, Roger. "Toy Story." *RoberEbert.com*, Nov. 22, 1995.
Elliot, Jay, and William Simon. *The Steve Jobs Way*. Vanguard, 2011.
Elliott, Andrea. "Jef Raskin, 61, Developer of Apple Macintosh, Is Dead." *NY Times*, Feb. 28, 2005.
Estrin, James. "Kodak's First Digital Moment." *NY Times*, Aug. 12, 2015.

Fraser, Laura. "The Paper." Genentech: web.archive.org/web/*/www.gene.com/stories/the-paper.
Gal, Ofer, and Raz Chen-Morris. *Baroque Science*. U. Chicago, 2013.
Hall, A. Rupert. *Isaac Newton: Adventurer in Thought*. Cambridge, 1992.
Hertzfeld, Andy. *Revolution in the Valley*. O'Reilly, 2004.
Hiltzik, Michael. *Dealers of Lightning*. Harper, 1999.
Hooke, Robert. *Philosophical Experiments and Observations of the Late Eminent Dr. Robert Hooke*. W. Derham, 1726.
Hughes, Sally Smith. *Genentech*. U. Chicago, 2011.
Hume, Brit. "Steve Jobs Pulls Ahead of Microsoft Rival in Race for PC Supremacy." *Wash. Post*, Oct. 31, 1988.
Inwood, Stephen. *The Man Who Knew Too Much*. Macmillan, 2002.
Isaacson, Walter. *Steve Jobs*. Simon and Schuster, 2011.
Jardine, Lisa. *The Curious Life of Robert Hooke*. Perennial, 2005.
Jobs, Steve. Video: The NeXT Introduction. San Francisco, Oct. 12, 1988.
Kahney, Leander. "The Wilderness Years." *Newsweek* Oct. 10, 2011, 20.
Kasparov, Garry, and Mig Greengard. *How Life Imitates Chess*. Bloomsbury, 2007.
Lammers, Susan M. *Programmers at Work*. Tempus, 1986.
Larsen, Josh. "Toy Story." *Larsen on Film*, June 10, 2010.
Levy, Lawrence. *To Pixar and Beyond*. Houghton Mifflin Harcourt, 2016.
Linzmayer, Owen W. *Apple Confidential 2.0*. No Starch Press, 2004.
Lycett, Andrew. *Ian Fleming*. 1995.
Miller, Michael W. "Producers of Computer Graphics for Hollywood Find New Opportunities in Science and Industry." *WSJ*, Sep. 16, 1985.
Nauenberg, Michael. "Robert Hooke's Seminal Contribution to Orbital Dynamics." *Phys. Persp.* 7 (2005): 4.
Newsweek. "Mr. Chips: Steve Jobs Puts the 'Wow' Back in Computers." Oct. 24, 1988.
Newton, Isaac. Letter to Edmond Halley, June 20, 1686.
Pitta, Julia. "The Steven Jobs Reality Distortion Field." *Forbes*, Apr. 29, 1991, 137.
Pollack, Andrew. "The Return of a Computer Star." *NY Times*, Oct. 13, 1988.
———. "A Co-Founder of Next Is Quitting the Company." *NY Times*, May 4, 1991.
Price, David A. *The Pixar Touch*. Knopf, 2008.
Rechtshaffen, Michael. "Toy Story." *Hollywood Reporter*, Nov. 20, 1995.
Reimer, Jeremy. "Total Share: 30 Years of Personal Computer Market Share Figures." *Ars Technica*, Dec. 15, 2005.
Robbins-Roth, Cynthia. *From Alchemy to IPO*. Perseus, 2000.
Rubin, Michael. *Droidmaker*. Triad, 2005.
San Francisco Examiner. "Eight Megabytes of Sexual Satisfaction." Oct. 16, 1988.
Schlender, Brent, and Rick Tetzeli. *Becoming Steve Jobs*. Crown, 2015.
Sculley, John, and John A. Byrne. *Odyssey*. Fontana, 1987.
Shore, Joel, and Kristen Hedlund. "NeXT Pulls No Punches." *Comp. Resell. News*, Dec. 4, 1989.

Smith, Alvy Ray. "Digital Paint Systems." *IEEE Ann. Hist. Comp.* 23 (2001): 4.

Smith, Douglas K., and Robert C. Alexander. *Fumbling the Future.* William Morrow, 1988.

Smith, Wes. "The Cult of Steve." *Chicago Tribune*, Oct. 23, 1988.

Stross, Randall E. *Steve Jobs and the NeXT Big Thing.* Macmillan, 1993.

Vail, Theodore Newton. *Views on Public Questions: A Collection of Papers and Addresses of Theodore Newton Vail, 1907–1917.* Priv. print., 1917.

Whiteside, D. T. "Before the Principia." *J. Hist. Astr.* 1 (1970): 5.

Wilson, John W. "Look What Steve Jobs Found at the Movies." *Bus. Week*, Feb. 17, 1986, 37.

Winslow, Ron. "Genentech's Levinson Sets the Record Straight on DNA." *WSJ*, Jan. 14, 2009.

Wozniak, Steve, and Gina Smith. *iWoz.* Norton, 2006.

插 曲

Death of Smith: Rae, 434–35; Ross, 434–36. *Misinterpretations:* see Interlude note for *"prized his works on ethics"* on page 328. *Smith and Newton:* Hetherington. *The invisible hand:* Kennedy; Rothschild, 116–56; Wight. *Phase transitions, emergence overviews:* Ball; Gell-Mann; Laughlin; Solé; Strogatz. **Quotations:** *"notably rare exceptions"*: Greenspan. *"Germany largely at peace"*: Buchanan, 45. *"ultimate laws"*: Greene, 373. *"cliché not discussed"*: Laughlin, "Theory," 30. *"go to another world"*: Rae, 435. *"invisible chains"* and *"greatest discovery"*: Smith, "Astronomy," 45, 105. *"mildly ironic joke"*: Kennedy, 239; Rothschild, 116.

第6章

Introduction; Jane Austen, physicist; and **Phase diagrams:** *Traffic, popular:* Ball, 156–77. *Traffic, technical reviews:* Helbing; Nagel. *Nagoya Dome:* Tadaki. *Traffic interventions:* Treiber, 403–22. *Turbulence, golf:* Tsinober; Grinham. **Quotation:** *"understand simple things"*: Feynman, 230.

From gas masks to forest fires, How to be simple, and **Six degrees of Kevin Cricket:** *Percolation, history:* Bacaër, 121–26; Broadbent; Grimmett; Hammersley; Hammersley and Morton (Druid circles); Kendall. *Percolation, epidemics:* reviewed in Newman, 591–675; Pastor-Satorras. *Forest fires:* Hantson (models); Malamud (Yellowstone); Scott, 349 (slope); Sullivan (models); Weir (humidity); Zinck (models). *Small world:* Strogatz, 233–48; Watts, *Degrees*, 31–42, 69–74, 93–95. *Networks, reviewed:* Newman. **Quotation:** *"The old-timer"*: Scott, 342.

The power in the tail and **When terror goes viral:** Interview with Neil Johnson. *Fat tails, reviews:* Gabaix; Farmer; Johnson, *Financial*; Mandelbrot; Sornette. *Conflict* *data:* Bohorquez (insurgent conflicts); Clauset (terror events); Johnson, "Online Ecology"; Radicchi.

Anderson, Philip W. *More and Different.* World Scientific, 2011.

Bacaër, Nicolas. *A Short History of Mathematical Population Dynamics.* Springer, 2011.

Ball, Philip. *Critical Mass.* Farrar, Straus and Giroux, 2004.

Bohorquez, Juan C., et al. "Common Ecology Quantifies Human Insurgency." *Nature* 462 (2009): 911.

Broadbent, S. R., and J. M. Hammersley. "Percolation Processes." *Math. Proc. Camb. Phil. Soc.* 53 (1957): 629.

Brown, Laurie M., and Tian Yu Cao. "Spontaneous Breakdown of Symmetry." *Hist. Stu. Phys. Bio. Sci.* 21 (1991): 35.

Brown, Timothy J., et al. *Coarse Assessment of Federal Wildland Fire Occurrence Data.* Nat. Wildfire Coordinating Group, 2002.

Buchanan, Mark. *Forecast.* Bloomsbury, 2013.

Carroll, Sean M. *The Particle at the End of the Universe.* Dutton, 2012.

Clauset, Aaron, et al. "On the Frequency of Severe Terrorist Events." *J. Conflict Resolution* 51 (2007): 58.

Cooper, Leon N., and Dimitri Feldman, eds. *BCS: 50 Years.* World Scientific, 2011.

Farmer, J. Doyne, and John Geanakoplos. "The Virtues and Vices of Equilibrium and the Future of Financial Economics." *Complexity* 14 (2009): 11.

Feynman, Richard P. *Perfectly Reasonable Deviations.* Basic Books, 2005.

Gabaix, Xavier. "Power Laws in Economics: An Introduction." *J. Econ. Persp.* 30 (2016): 185.

Gell-Mann, Murray. *The Quark and the Jaguar.* Macmillan, 1994.

Greene, Brian. *The Elegant Universe.* Norton, 1999.

Greenspan, Alan. "How Dodd-Frank Fails to Meet the Test of Our Times." *Financial Times,* Mar. 30, 2011.

Grimmett, Geoffrey, and Dominic Welsh. "John Michael Hammersley." *Biog. Mem. Fell. Roy. Soc.* 53 (2007): 163.

Grinham, T. "How Do Dimples on Golf Balls Affect Their Flight?" *Sci. Am.* 290 (2004): 111.

Hammersley, J. M. "Origins of Percolation Theory." In G. Deutscher et al., *Percolation Structures and Processes,* Ann. Israel Phys. Soc. 5 (1983), 47.

Hammersley, J. M., and K. W. Morton. "Poor Man's Monte Carlo." *J. Royal Stat. Soc. B* 16 (1954): 23.

Hantson, Stijn, et al. "Global Fire Size Distribution." *Int. J. Wildland Fire* 25 (2016): 403.

Helbing, Dirk. "Traffic and Related Self-Driven Many-Particle Systems." *Rev. Mod. Phys.* 73 (2001): 1067.

Hetherington, Norriss S. "Isaac Newton's Influence on Adam Smith's Natural Laws in Economics." *J. Hist. Ideas* 44 (1983): 497.

Hoddeson, Lillian, ed. *The Rise of the Standard Model.* Cambridge, 1997.

Johnson, Neil F., et al. "New Online Ecology of Adversarial Aggregates: ISIS and Beyond." *Science* 352 (2016): 1459.

———. *Financial Market Complexity*. Oxford, 2003.

Kendall, David. "Toast to John Hammersley." In *Disorder in Physical Systems*, edited by G. Grimmett and D. Welsh., 1. Oxford, 1990.

Kennedy, Gavin. "Adam Smith and the Invisible Hand." *Econ. Journal Watch* (2009): 63.

Krugman, Paul. *The Self-Organizing Economy*. Blackwell, 1996.

Laughlin, R. B., and David Pines. "The Theory of Everything." *PNAS* 97 (2000): 28.

———. *A Different Universe*. Basic Books, 2005.

Lederman, Leon, and Dick Teresi. *The God Particle*. Houghton Mifflin Harcourt, 1993.

Malamud, Bruce D., et al. "Forest Fires: An Example of Self-Organized Critical Behavior." *Science* 281 (1998): 1840.

Mandelbrot, Benoit B., and Richard L. Hudson. *The (Mis)Behavior of Markets*. Basic Books, 2004.

McLean, Iain. *Adam Smith: Radical and Egalitarian*. Edinburgh, 2006.

Mirowski, Philip. *More Heat Than Light*. Cambridge, 1989.

Montes, Leonidas. "Newtonianism and Adam Smith." In *The Oxford Handbook of Adam Smith*, edited by C. Berry et al., 36. Oxford, 2013.

Nagel, Kai, et al. "Still Flowing: Approaches to Traffic Flow and Traffic Jam Modeling." *Op. Res.* 51 (2003): 681.

Newman, M. E. J. *Networks: An Introduction*. Oxford, 2010.

Pastor-Satorras, R., et al. "Epidemic Processes in Complex Networks." *Rev. Mod. Phys.* 87 (2015): 925.

Radicchi, Filippo, and Claudio Castellano. "Leveraging Percolation Theory to Single out Influential Spreaders in Networks." *Phys. Rev. E* 93 (2016).

Rae, John. *Life of Adam Smith*. Macmillan, 1895.

Romilly, Sir Samuel. "Letter LXXI, To Madam G—," Aug. 20, 1790, in *Memoirs of the Life of Sir Samuel Romilly*, edited by His Sons, Vol. I (1840), 404.

Ross, Ian S. *The Life of Adam Smith*. Oxford, 2010.

Rothschild, Emma. *Economic Sentiments*. Harvard, 2001.

Schofield, Robert E. "An Evolutionary Taxonomy of Eighteenth-Century Newtonianisms." *Stu. Eighteenth-Cent. Cult.* 7 (1978): 175.

Scott, Andrew C., et al. *Fire on Earth: An Introduction*. Wiley, 2014.

Smith, Adam. *An Inquiry into the Nature and Causes of the Wealth of Nations*. Glasgow Ed., Vol. 2. Oxford, 1976.

———. "History of Astronomy." In *Essays on Philosophical Subjects*. Glasgow Ed., Vol. 3. Oxford, 1980.

Solé, Ricard V. *Phase Transitions*. Princeton, 2011.

Sornette, Didier. "Physics and Financial Economics (1776–2014)." *Rep. Prog. Phys.* 77 (2014).

Strogatz, Steven H. *Sync: The Emerging Science of Spontaneous Order*. Hyperion, 2003.

Sullivan, A. L. "A Review of Wildland Fire Spread Modelling, 1990–2007. 2: Empirical and Quasi-Empirical Models." *Int. J. Wildland Fire* 18 (2009): 369.

Tadaki, Shin-ichi, et al. "Phase Transition in Traffic Jam Experiment on a Circuit." *New J. of Physics* 15 (2013).

Treiber, Martin, and Arne Kesting. *Traffic Flow Dynamics*. Springer, 2013.

Tsinober, A. *An Informal Conceptual Introduction to Turbulence*. Springer, 2009.

Watts, Duncan J. *Six Degrees: The Science of a Connected Age*. Norton, 2003.

Watts, Duncan J., and Steven H. Strogatz. "Collective Dynamics of 'Small-World' Networks." *Nature* 393 (1998): 440.

Weir, John. "Probability of Spot Fires during Prescribed Burns." *Fire Mgmt. Today* 64, no. 2 (2004): 24.

Wight, Jonathan B. "The Treatment of Smith's Invisible Hand." *J. Econ. Educ.* 38 (2007): 341.

Witten, Edward. "Phil Anderson and Gauge Symmetry Breaking." In *PWA90*, edited by P. Chandra et al., WSPC, 2016.

Zinck, Richard D., and Volker Grimm. "Unifying Wildfire Models from Ecology and Statistical Physics." *Am. Naturalist* 174 (2009): E170.

第7章

Mormons, murder, and monkeys: *Assassination:* Roberts, *VII*, 99–109; Wicks. *Mormonites:* Bowman, xiv. *Missouri militia:* Roberts, *III*, 202–4. *Conspiracy, trial:* Wicks, 157–80, 216–21, 233. *Young's revelation:* Young, 170. *To Utah, 150 at a time:* Data on company sizes from Church Historian's Press. *Monkey brains and magic numbers:* Bennett (Morin); Fost, 64 (Minerva); Dunbar. *Criticism:* Andrew. **Quotations:** *"resigned to my lot"*: Roberts, *VI*, 605. *"to revive us"* and *"our feelings at the time"*: Roberts, *VII*, 101. *"Cast behind you"*: Brodhead, 57 (citing Emerson 1838 address). *"exterminated"*: Roberts, *III*, 192. *"the right place"*: Ostling, 44. *"To be groomed"*: Dunbar, *Grooming*, 1. *"smallest independent units"*: Dunbar, "Constraint," 686. *"parking spaces"*: Gladwell, 185.

The magic number: *Management trends:* O'Leonard; Rajan.

Andrew, R. J., et al. "Open Peer Commentary on 'Coevolution of Neocortical Size, Group Size and Language in Humans.'" *Behav. Brain Sci.* 16 (1993): 681.

Bennett, Drake. "The Dunbar Number." *Bloomberg BusinessWeek*, Jan. 14, 2013: 52.

Bowman, Matthew Burton. *The Mormon People*. Random House, 2012.

Brodhead, Richard H. "Prophets in America ca. 1830." *J. Mormon Hist.* 29 (2003): 43.

Church Historian's Press. "Brigham Young Vanguard Company (1847)." *Mormon Pioneer Overland Travel, 1847–1868.*

De Vany, Arthur S., and W. David Walls. "Motion Picture Profit." *J. Econ. Dyn. Control* 28 (2004): 1035.

Dunbar, Robin. "Neocortex Size as a Constraint on Group Size in Primates." *J. Hum. Evol.* 22 (1992): 469.

———. "Coevolution of Neocortical Size, Group Size and Language in Humans." *Behav. Brain Sci.* 16 (1993): 681.
———. *Grooming, Gossip, and the Evolution of Language*. Harvard, 1996.
Epstein, Edward Jay. *The Hollywood Economist 2.0*. Melville, 2012.
Fost, Joshua. "New Look at General Education." In *Building the Intentional University*, edited by Stephen M. Kosslyn and Ben Nelson. MIT, 2017.
Gladwell, Malcolm. *The Tipping Point*. Little, Brown, 2000.
Leipzig, Adam. "Sundance 2014." *Cultural Weekly*, Jan. 22, 2014.
O'Leonard, Karen, and Jennifer Krider. "Leadership Development Factbook 2014." Bersin by Deloitte, 2014.
Ostling, Richard N., and Joan K. Ostling. *Mormon America*. HarperCollins, 2007.
Rajan, Raghuram G., and Julie Wulf. "The Flattening Firm." *Rev. Econ. Stat.* 88 (2006): 759.
Roberts, Brigham H. *History of the Church of Jesus Christ of Latter-day Saints*. Deseret News, Vol. III (1905); Vol. VI (1912); Vol. VII (1932).
Sparviero, Sergio. "Hollywood Creative Accounting." *Media Ind. J.* 2 (2015).
Wicks, Robert Sigfrid, and Fred R. Foister. *Junius and Joseph*. Utah State, 2005.
Wong, Chi H., et al. "Estimation of Clinical Trial Success Rates and Related Parameters." *Biostat* (2018).
Young, Brigham. *The Complete Discourses of Brigham Young*. Ed. R. S. Van Wagoner. Vol. 1. Smith-Pettit, 2009.

第8章

Web of DARPA: *NSF, NIH:* see chapter 1 note for *"epoch-making"* on page 319. *Sputnik:* Brzezinski, 145–47, 176; Drury (Teller); *Newsday*; Schwartz. *McElroy, DARPA:* Daye; Hafner, 13–24. The name of the organization changed between ARPA and DARPA three times (1972, 1993, 1996). For simplicity I use the current name in all instances. **Quotations:** *"go out of circulation"*: Bush, 63. *"freeway overpasses"*: Weinberger, 34. *"our survival"*: Mieczkowski, 16. *"gravest danger"*: Roberts. *"lots of soap"* and *"the proposals are suggestions"*: Hafner, 14, 19.

A giant nuclear suppository: *Christofilos:* Jacobsen, 66–69; Weinberger, *Imagineers*, 94–97. *Mechanical elephants and more:* Mervis; Meyer; Taleyarkhan; Weinberger, *Imagineers*, 204; Weinberger, "Scary Things." *Created new disciplines:* DARPA, "Breakthrough Technologies"; Weinberger, *Imagineers*, 98–103 (seismology). *DARPA, Utah, Xerox PARC, Engelbart:* Catmull, 11–13; Rubin, 106–7; Weinberger, *Imagineers*, 121; Hern; Hiltzik, 14–18; Smith, 61–78, 87–88. **Quotations:** *"suppository"* and *"bunch of incompetents"*: Weinberger, *Imagineers*, 96, 101. *"profoundly influenced"*: Catmull, 13. *"developed at DARPA"*: Hiltzik, 145.

Six degrees of red balloons and **A toothpaste problem:** *ARPANET:* Cerf. *Balloon Challenge:* Pickard; Tang; Trewhitt; interview with Doug Wickert. *DARPA structure:* Dugan; Mervis; Travis. *Coors, Kraft:* Martinez, 63–73, 139–53. **Quotations:** *"fueled by* *donuts"*: Trewhitt. *"a bit of colored ribbon"*: attributed to Napoleon Bonaparte, speaking to the captain of HMS *Bellerophon* on July 15, 1815.

A shredding problem: *Dead Sea Scrolls:* Gell-Mann, 323. *Academic studies:* Bloom; Ordóñez; Wade. *Coughran:* Hill; Bock, 388 (180 reports); interview with Bill Coughran. *Taylor, PARC:* Smith, 76–79; Hiltzik, 150–53. **Quotations:** *"increased [wage] dispersion"*: Wade, 528. *"rather be worth 100 million"*: Bandiera, 625. *"keeping the reins"*: Hill. *"wasn't the best decision"*: interview. *"tended to wither"*: Hiltzik, 152. *"organizational distractions"*: Smith, 77 (both citing Charles Thacker, leader of the Alto personal computer project; coinventor of ethernet).

Postscript: See chapter 8 notes for *"jail terms"* on page 333 and *"for both types of deliveries"* on page 333.

Allin, Sara, et al. "Physician Incentives and the Rise in C-Sections." *NBER Working Paper*, Mar. 1, 2015.
Ariely, Dan. *Predictably Irrational*. Rev. ed. HarperCollins, 2009.
Bandiera, Oriana, et al. "Matching Firms, Managers, and Incentives." *J. Labor Econ.* 33 (2015): 623.
Bersin & Associates. "High-Impact Leadership Development," 2011.
Bloom, Matt, and John G. Michel. "The Relationships among Organizational Context, Pay Dispersion, and Managerial Turnover." *Acad. Mgmt.* 45 (2002): 33.
Bock, Laszlo. *Work Rules!* Twelve, 2015.
Brzezinski, Matthew. *Red Moon Rising*. Times Books, 2007.
Bush, Vannevar. *Pieces of the Action*. Morrow, 1970.
Catmull, Edwin E., and Amy Wallace. *Creativity, Inc.* Random House, 2014.
Cerf, Vinton G. "The Day the Internet Age Began." *Nature* 461 (2009): 1202.
Csaszar, Felipe A. "An Efficient Frontier in Organization Design." *Org. Sci.* 24 (2013): 1083.
DARPA. "Breakthrough Technologies for National Security," Mar. 2015.
Daye, Derrick. "Neil McElroy Memo." *Branding Strategy Insider*, June 12, 2009.
Drury, Allen. "Missiles Inquiry Will Open Today." *NY Times*, Nov. 25, 1957.
Dugan, Regina E., and Kaigham J. Gabriel. "'Special Forces' Innovation." *Harv. Bus. Rev.*, Oct. 1, 2013.
Gell-Mann, Murray. *The Quark and the Jaguar*. Macmillan, 1994.
Hafner, Katie, and Matthew Lyon. *Where Wizards Stay Up Late*. 1998. Touchstone, 1996.
Hern, Daniela. "The Mother of All Demos, 1968." *WIRED*, Dec. 13, 2013.
Hill, Linda A., et al. "Collective Genius." *Harv. Bus. Rev.*, June 2014.
Hiltzik, Michael A. *Dealers of Lightning*. HarperCollins, 1999.
Jacobsen, Annie. *The Pentagon's Brain*. Little, Brown, 2015.
Kahneman, Daniel. *Thinking, Fast and Slow*. Farrar, Straus and Giroux, 2013.
Levitt, Steven D., and Stephen J. Dubner. *Freakonomics*. Rev. ed. William Morrow, 2005.
Martinez, Marian Garcia, ed. *Open Innovation in the Food and Beverage Industry*. Woodhead, 2013.
Mervis, Jeffrey. "What Makes DARPA Tick?" *Science* 351 (2016): 549.
Meyer, Josh. "Trading on the Future of Terror." *LA Times*, July 29, 2003.

Mieczkowski, Yanek. *Eisenhower's Sputnik Moment.* Cornell, 2013.
Newsday. "Russia Wins Space Race." Oct. 5, 1957.
NPW (National Partnership for Women and Families). "Why Is the US Cesarean Section Rate So High?" Aug. 2016.
Ordóñez, Lisa, et al. "Goals Gone Wild." *Acad. Mgmt. Persp.* 23 (2009): 6.
Pickard, Galen, et al. "Time-Critical Social Mobilization." *Science* 334 (2011): 509.
Roberts, Chalmers M. "Enormous Arms Outlay Is Held Vital to Survival." *Wash. Post and Times Herald*, Dec. 20, 1957.
Rubin, Michael. *Droidmaker.* Triad, 2006.
Sah, Raaj K., and Joseph E. Stiglitz. "The Architecture of Economic Systems: Hierarchies and Polyarchies." *Amer. Econ. Rev.* 76 (1986): 716.
Sakala, Carol, et al. "Maternity Care and Liability." *Women's Health Issues* 23 (2013): e7.
Schwartz, Harry. "A Propaganda Triumph." *NY Times*, Oct. 6, 1957.
Smith, Douglas K., and Robert C. Alexander. *Fumbling the Future.* William Morrow, 1988.
Taleyarkhan, R. P., et al. "Evidence for Nuclear Emissions during Acoustic Cavitation." *Science* 295 (2002): 1868.
Tang, John, et al. "Reflecting on the DARPA Red Balloon Challenge." *Comm. ACM* 54 (2011): 78.
Thaler, Richard H. *Misbehaving: The Making of Behavioral Economics.* Norton, 2016.
Travis, John. "Interview with Michael Goldblatt." *Biosec. and Bioterr.* 1 (2003): 155.
Trewhitt, Ethan. Accessed July 20, 2018. https://cacm.acm.org/blogs/blog-cacm/76324-preparing-for-the-darpa-network-challenge.
Wade, James, et al. "Overpaid CEOs and Underpaid Managers: Fairness and Executive Compensation." *Org. Sci.* 17 (2006): 527.
Weinberger, Sharon. "Scary Things Come in Small Packages." *Wash. Post*, Mar. 28, 2004.
———. *The Imagineers of War.* Knopf, 2017.

第9章

The Needham Question: For a popular overview of Needham's decades-long relationships with Lu and with China, see Winchester, the source for the opening anecdote. For a bibliography on Needham and the Needham Question, see Nathan Sivin's entry in the Oxford Bibliographies. *Lu and Needham:* Winchester, 34–57 (citing Needham's diaries); Lu, 2–8, 24–25, 29–34. *Needham Question, reviewed:* Finlay; Sivin, "Revolution." *GDP:* Maddison, 379–81. *Civil service:* Elman. *Literacy:* R. Allen, 25; Mokyr, 292. *Navy:* Dreyer; Hobson, 140–48; Morris, 16, 517. *India:* Metcalf, 29–91; Walsh, 100–136. **Quotations:** *"When you have learned":* Feynman, 230. *"bushy white beard":* Lu, 2. *"almost a lisp"* and *"why not develop":* Winchester, 37, 57. *"greatest single act":* Finlay, 265. *"so much like my own":* Needham, "Foreword," xi. *"There is nothing we lack":* Maddison, 164.

Eight minutes that changed the world and **Three conditions for a loonshot nursery:** *Earth's motion:* Dutta; Eastwood; Linton, 24–39, 115–22; Padmanabhan, 5–13; Ragep; Ramasubramanian; Weinberg, 66–72, 77–86, 132–40. *Copernicus, Church:* Koestler,

144–53; Westman, 133–34, 197. *Kepler:* Gingerich, "Kepler"; Koestler; Voelkel. *Hooke:* see chapter 5 note for *"launched Newton on the path"* on page 327. *Growth data:* Maddison, 72, 376, 382. *Islamic science:* Al-Khalili; Lindberg, 27–167; Ragep; Saliba; see chapter 9 note for *"no Copernican theory"* on page 336. **Quotations:** *"as being absurd"*: Voelkel, 22. *"a little lap-dog"*: Koestler, 236. *"For the first time"*: Kepler, "Letter" (trans: Baumgardt, 31–32). *"exists only in the mind"*: Kepler, *Astronomy*, 234 (trans. Koestler, 319). *"These eight minutes"*: Kepler, *Astronomy*, 286. *"kindred spirit"*: Cohen, "Kepler," 27. *"freeing himself"*: Einstein, 226.

Movies, **Drugs**, and **The fate of empires:** *Rise of Hollywood:* Easton, 21–23; Gabler; Hampton 7–13, 71–79; Gil; Russell, 237–39. *Leonard, insulin:* Banting; Bliss. *Drug discovery, biotech histories:* Hughes; Robbins-Roth; Sneader. *Tycho:* Christianson; Thoren. *Shen:* Sivin, "Shen"; Sun, 21–80; Zuo; Needham, vol. 3, 135–45, 262, 415–35, 603–18. *Shen project and assistant:* Sun, 61–69. **Quotations:** *"No other invention"*: Hampton, 13. *"useless and harmful"*: F. Allen, 813–15. *"he felt stronger"*: Banting, 144. *"It was a resurrection"*: Kienast, 14–15. *"the most interesting character"*: Needham, vol. 1, 135. *"On certain wooden shelves"*: Needham, vol. 3, 482. *"audacity"* and *"our equal"*: Thoren, 380. *"Since I retired"*: Sivin, "Shen," 10; Zuo, 211 (Sivin translates the final phrase as "to chat with" rather than "to talk to").

Loonshot life support and **Why England:** *Wittenberg school:* Voelkel, 22; Westman, 141–70. *Kerala school:* Joseph, 372–444; Plofker, 217–253. *Royal Society:* Gribbin; Sprat. *Boyle, Papin, pump:* H. F. Cohen, 111–25; Papin; Shapin, *Air-Pump*, 274–76; Shapin, *Truth*, 356–58; Wootton, 491–93, 499–508. **Quotations:** *"Science was to be fostered"*: Merton, 234. *"It is doubtful"*: Cohen, *Modern Science*, 72. *"extraordinary Inventions . . . Glory of the Western World"*: Sprat, 74–79.

Acemoglu, Daron, and James Robinson. *Why Nations Fail*. Crown, 2012.

Alito, Samuel A., Jr. "The Origin of the Baseball Antitrust Exemption." *J. Supreme Court Hist.* 34 (2009): 183.

Al-Khalili, Jim. *The House of Wisdom*. Penguin, 2011.

Allen, Frederick M. *Studies Concerning Glycosuria and Diabetes*. Harvard, 1913.

Allen, Robert C. *Global Economic History*. Oxford, 2011.

Banting, F. G., et al. "Pancreatic Extracts in the Treatment of Diabetes Mellitus." *Can. Med. Assoc.* 12 (1922): 141.

Baumgardt, Carola. *Johannes Kepler: Life and Letters*. Philosophical Library, 1951.

Bliss, Michael. *The Discovery of Insulin*, 25th Anniv. Ed. U. Chicago, 2007.

Brandt, Loren, et al. "From Divergence to Convergence: Reevaluating the History behind China's Economic Boom." *J. Econ. Lit.* 52 (2014): 45.

Christianson, J. R. *On Tycho's Island*. Cambridge, 2000.

Cohen, H. Floris. "The Rise of Modern Science as a Fundamental Pre-Condition for the Industrial Revolution." *Öst. Zeit. Ges.* 20 (2009): 107.

Cohen, I. Bernard. "Kepler's Century: Prelude to Newton's." *Vistas in Astr.* 18 (1975): 3.

———. "Introduction." In *Puritanism and the Rise of Modern Science*, edited by I. B. Cohen, 1–111. Rutgers, 1990.

Daly, Jonathan W. *Historians Debate the Rise of the West.* Routledge, 2014.
———. *The Rise of Western Power.* Bloomsbury, 2014.
Diamond, Jared M., and James A. Robinson, eds. *Natural Experiments of History.* Harvard, 2011.
Dreyer, Edward L. *Zheng He.* Pearson Longman, 2007.
Dutta, Amartya. "Āryabhata and Axial Rotation of Earth." *Resonance* 11 (2006): 51.
Easton, Carol. *The Search for Sam Goldwyn.* U. Mississippi, 2014.
Eastwood, Bruce, and Hubert Martin. "Michael Italicus and Heliocentrism." *Greek, Roman, Byz. Stud.* 27 (1986): 223.
Einstein, Albert. *Out of My Later Years.* Philosophical Library, 1950.
Elman, Benjamin. *A Cultural History of Civil Examinations in Late Imperial China.* U. California, 2000.
Feynman, Richard P. *Perfectly Reasonable Deviations.* Basic Books, 2005.
Finlay, Robert. "China, the West, and World History." *J. World Hist.* 11 (2000): 265.
Gabler, Neal. *An Empire of Their Own.* Crown, 1988.
Gil, Alexandra. "Breaking the Studios." *NYU J. Law & Liberty* 3 (2008): 83.
Gingerich, Owen. "The Great Martian Catastrophe and How Kepler Fixed It." *Phys. Tod.* 64 (2011): 50.
Gingerich, Owen, and Robert S. Westman. "The Wittich Connection." *Trans. Am. Phil. Soc.* 78 (1988): i.
Goldstone, Jack A. *Why Europe?* McGraw-Hill, 2009.
Golinski, Jan. *British Weather and the Climate of Enlightenment.* U. Chicago, 2007.
Gribbin, John. *The Fellowship.* Allen Lane, 2005.
Hampton, Benjamin Bowles. *A History of the Movies.* Covici, Friede, 1931.
Hobson, John M. *The Eastern Origins of Western Civilization.* Cambridge, 2004.
Hodgson, Marshall G. S. *The Venture of Islam.* U. Chicago, 1974.
Hughes, Sally Smith. *Genentech.* U. Chicago, 2011.
Jacob, Margaret C. *Scientific Culture and the Making of the Industrial West.* Oxford, 1997.
Jaramillo, Laura, and Cemile Sancak. "Why Has the Grass Been Greener on One Side of Hispaniola?" *IMF Staff Papers* 56 (2009): 323.
Joseph, George G. *The Crest of the Peacock.* 3rd ed. Princeton, 2011.
Kepler, Johannes. *New Astronomy.* Trans. William H. Donahue. Cambridge, 1992.
———. "To the Baron von Herberstein and the Estates of Styria," May 15, 1596.
Kienast, Margate. "I Saw a Resurrection." *Sat. Eve. Post* 211 (July 2, 1938): 14.
Koestler, Arthur. *The Sleepwalkers.* Macmillan, 1959.
Lin, Justin Y. *Demystifying the Chinese Economy.* Cambridge, 2012.
Lindberg, David C., and Michael H. Shank. *The Cambridge History of Science: Vol. 2, Medieval Science.* Cambridge, 2013.
Linton, C. M. *From Eudoxus to Einstein.* Cambridge, 2004.
Lu, Gwei-Djen. "The First Half-Life of Joseph Needham." In *Explorations in the History of Science and Technology in China*, edited by G. Li et al. Shanghai, 1982, 1–38.

Lunde, Paul, and Zayn Bilkadi. "Arabs and Astronomy." *Saudi Aramco World*, Jan./Feb. 1986, 4.

Maddison, Angus. *Contours of the World Economy, 1–2030 AD*. Oxford, 2007.

McClintick, David, and Anne Faircloth. "The Predator." *Fortune*, July 9, 1996.

Merton, Robert K. *The Sociology of Science*. U. Chicago, 1973.

Metcalf, Barbara D., and Thomas R. Metcalf. *A Concise History of Modern India*. Cambridge, 2006.

Mokyr, Joel. *A Culture of Growth: The Origins of the Modern Economy*. Princeton, 2016.

Morris, Ian. *Why the West Rules—For Now*. Profile, 2010.

Needham, Joseph. *Science and Civilization in China*. Cambridge, 1954–2015.

———. "Foreword." In Edgar Zilsel, *The Social Origins of Modern Science*. Kluwer, 2003.

Padmanabhan, T., et al., eds. *Astronomy in India*. Springer, 2010.

Papin, Denis. *A Continuation of the New Digester of Bones: Its Improvements, and New Uses It Hath Been Applyed to, Both for Sea and Land: Together with Some Improvements and New Uses of the Air-Pump*. J. Streater, 1687.

Plofker, Kim. *Mathematics in India*. Princeton, 2009.

Ragep, F. Jamil. "Tūsī and Copernicus: The Earth's Motion in Context." *Sci. Context* 14 (2001): 145.

———. "Copernicus and His Islamic Predecessors." *Hist. Sci.* 45 (2007): 65.

Ramasubramanian, K., et al. "Modification of the Earlier Indian Planetary Theory by the Kerala Astronomers." *Curr. Sci.* 66 (1994): 784.

Robbins-Roth, Cynthia. *From Alchemy to IPO*. Perseus, 2000.

Roston, Tom. "'Slumdog Millionaire' Shoot Was Rags to Riches." *Hollyw. Rep.*, Nov. 4, 2008.

Russell, Thaddeus. *A Renegade History of the United States*. Simon and Schuster, 2011.

Saliba, George. *Islamic Science and the Making of the European Renaissance*. MIT, 2007.

Shapin, Steven. *A Social History of Truth*. U. Chicago, 1994.

Shapin, Steven, and Simon Schaffer. *Leviathan and the Air-Pump*. Princeton, 2011.

Sivin, Nathan. "Shen Kua." In *Science in Ancient China*. Aldershot, 1995.

———. "Why the Scientific Revolution Did Not Take Place in China—or Didn't It?" *Chinese Science* 5 (1982): 45 (Revised 2005).

Sneader, Walter. *Drug Discovery: A History*. Wiley, 2005.

Sprat, Thomas. *The History of the Royal Society of London*. London, 1734 [1667].

Sun, Xiaochun. "State and Science: Scientific Innovations in Northern Song China, 960–1127." PhD thesis, U. Pennsylvania, 2007.

Thoren, Victor E. *The Lord of Uraniborg*. Cambridge, 1990.

Voelkel, James R. *The Composition of Kepler's Astronomia Nova*. Princeton, 2001.

Walsh, Judith E. *A Brief History of India*. 2nd ed. Facts on File, 2011.

Weinberg, Steven. *To Explain the World*. Harper, 2015.

Westman, Robert S. *The Copernican Question*. U. California, 2011.

Winchester, Simon. *The Man Who Loved China*. HarperCollins, 2008.

Wootton, David. *The Invention of Science*. HarperCollins, 2015.

Xu, Ting, and Khodadad Rezakhani. "Reorienting the Discovery Machine: Perspectives from China and Islamdom." *J. World Hist.* 23 (2012): 401.

Zuo, Ya. "Capricious Destiny: Shen Gua (1031–1085) and His Age." PhD thesis, Princeton, 2011.

附 录

Transistors: Gertner, 98–114; Riordan, 164–224. *IKEA:* Barthélemy; Collins; Kristoffersson, 15–21; Torekull, 49–84. *Amgen:* Binder, 26–27. *Interferon:* Edelhart; Jacobs; Pieters. **Quotations:** "*Helen spoke up,*" "*quail hunting,*" and "*small-town America*": Walton, 27, 41, 64. "*honest fight*": Torekull, 84. "*magic drug*": Edelhart.

Barthélemy, Jérôme. "The Experimental Roots of Revolutionary Vision." *MIT Sloan Mgmt. Rev.*, Oct. 2006.

Binder, Gordon M., and Philip Bashe. *Science Lessons*. Harvard, 2008.

Christensen, Clayton M. *The Innovator's Dilemma*. Harvard, 1997.

Christensen, Clayton M., et al. "What Is Disruptive Innovation?" *Harv. Bus. Rev.*, Dec. 2015.

Collins, Lauren. "House Perfect." *New Yorker*, Oct. 3, 2011.

Edelhart, Michael. "Putting Interferon to the Test." *NY Times Mag.* 130 (April 26, 1981): 32.

Galambos, Louis. "Theodore N. Vail and the Role of Innovation in the Modern Bell System." *Bus. Hist. Rev.* 66 (1992): 95.

Gertner, Jon. *The Idea Factory*. Penguin, 2012.

Goozner, Merrill. "The Longest Search: How Eugene Goldwasser and Epo Gave Birth to Biotech." *Pharm. Exec.* 24 (2004): 112.

Jacobs, Lawrence, and Kenneth P. Johnson. "A Brief History of the Use of Interferons as Treatment of Multiple Sclerosis." *Arch. Neur.* 51 (1994): 1245.

King, Andrew A., and Baljir Baatartogtokh. "How Useful Is the Theory of Disruptive Innovation?" *MIT Sloan Mgmt. Rev.*, Sep. 2015.

Kristoffersson, Sara. *Design by IKEA*. Bloomsbury, 2014.

Lepore, Jill. "What the Gospel of Innovation Gets Wrong." *New Yorker*, June 16, 2014.

Pieters, Toine. *Interferon*. Routledge, 2005.

Riordan, Michael, and Lillian Hoddeson. *Crystal Fire*. Norton, 1997.

Torkekull, Bertil. *The IKEA Story*. Trans. Joan Tate. Litopat, 2011 [1998].

Walton, Sam. *Made in America*. Doubleday, 1992.

译者说明

如何为团队营造创新环境？如何不断地培育创新项目？这是译者所在的航天飞行动力学重点实验室多年以来一直在思考和不断实践的课题。2019 年，《自然》杂志推荐了萨菲·巴赫尔教授的《相变》一书，实验室教授们饶有兴趣地与研究生们一起分享和讨论。

在研读过程中，我们发现《相变》在关于创新项目培育与团队发展方面独具视角。这本书融合了工业界、学术界以及教育界众多案例和多位专家学者的不同见解，详细阐述了确保创新的萌芽不被忽视的方法，以及将其转化为新型产品、技术或者战略的系统性思维。基于相变原理，作者还深入分析了创新的脆弱性、创新途中的陷阱、技术创新与营销策略创新的差异等深层次问题。此外，作者还揭示了团队或组织生存与发展的规律，探讨了婚姻的秘密、森林火灾的成因、恐怖活动蔓延的规律、摩门教兴衰的密码等一系列极具启示意义的复杂问题。这本书能够为读者打开一个崭新的视野，无论是对企业家、官员、科学家，抑或对一名普通员工，这本书都极具价值。

这本书是西北工业大学“航天飞行动力学国防科技重点实验室”的师生们一边学习一边完成翻译的，有二十多位研究生和教授参与了翻译与校订工作，在此一并感谢。如有不准确之处，欢迎指正交流。

2020 年 9 月